그림으로 배우는

C

Programming
Basic

다카하시 마나 저
서재원 역

YoungJin.com **Y.**
영진닷컴

그림으로 배우는
C Programming 2nd Edition

YASASHII C DAI 5 HAN

ISBN 978-89-314-6584-6

독자님의 의견을 받습니다
이 책을 구입한 독자님은 (주)영진닷컴의 가장 중요한 비평가이자 조언가입니다. 저희 책의 장점과 문제점이 무엇인지, 어떤 책이
출판되기를 바라는지, 책을 더욱 알차게 꾸밀 수 있는 아이디어가 있으면 팩스나 이메일, 또는 우편으로 연락주시기 바랍니다.
의견을 주실 때에는 책 제목 및 독자님의 성함과 연락처(전화번호나 이메일)를 꼭 남겨 주시기 바랍니다. 독자님의 의견에 대한
바로 답변을 드리고, 또 독자님의 의견을 다음 책에 충분히 반영하도록 늘 노력하겠습니다.

이메일 : support@youngjin.com
주 소 : (우)08591 서울특별시 금천구 가산디지털 1로 128 가산디지털1로 128 Stx-V타워 4층 401호
파본이나 잘못된 도서는 구입하신 곳에서 교환해 드립니다.

STAFF

저자 다카하시 마나 | **역자** 서재원 | **기획** 기획1팀 | **총괄** 김태경 | **진행** 최윤정
표지 디자인 이주은 | **본문 디자인** 신혜미 | **인쇄** 제이엠

머리말

  C 언어는 가장 많이 보급되어 있는 프로그래밍 언어 가운데 하나입니다. 그러나 'C 언어는 조금 어렵다'라고 생각하는 분들도 많은 것 같습니다.

  이 책은 이렇게 C 언어를 어렵다고 느끼시는 분들을 위한 입문서입니다. 프로그램을 배운 경험이 없는 분도 쉽게 학습할 수 있게 구성했으며, 프로그래밍의 기초부터 설명하기 때문에 다른 프로그래밍 언어의 지식이 없어도 쉽게 학습할 수 있습니다. 또한 일러스트를 풍부하게 사용해서 가능한 알기 쉽도록 개념을 설명했습니다.

  이 책에는 많은 예제 프로그램이 수록되어 있습니다. 프로그래밍의 고수가 되기 위한 지름길은 실제로 프로그램을 입력해서 실행해 보는 것입니다. 제시된 예제를 하나씩 확인해 가면 서 학습을 진행하기 바라며, 이 책이 여러분에게 도움이 되길 진심으로 기원합니다.

저자 다카하시 마나

C 언어 개발환경의 사용법

C 언어 프로그램은 ① 소스 코드 작성 → ② 컴파일 실행 → ③ 링크 실행 → ④ 프로그램 실행 순으로 작성합니다. 여기에서는 'VisualStudio'의 사용법을 통해서 프로그램 실행까지의 순서를 설명하겠습니다. ①~④번 과정의 자세한 내용은 제1장을 참고하기 바랍니다.

 # VisualStudio의 사용법

VisualStudio는 마이크로소프트사가 제공하는 통합 개발환경입니다. 마이크로소프트에서 제공하는 정보에 따라 설치하고 시작하세요. 이 책에서는 커뮤니티 에디션을 사용합니다.

● 사용 전의 설정

https://visualstudio.microsoft.com/ko/vs/older-downloads/#visual-studio-2017-and-other-products

이 책을 집필하는 시점(2017년)의 최신 버전에서는 설치하거나 설치를 변경할 때 설치 선택 화면에서 "C++를 사용한 데스크톱 개발"을 골라야 합니다. 또한 30일 이상 사용하는 경우에는 마이크로소프트 계정으로 로그인을 해야 합니다.

위 링크를 클릭하고, 'Visual Studio 2017 및 기타 제품' 항목의 오른쪽에 위치한 다운로드 버튼을 눌러서 다운로드 하세요.

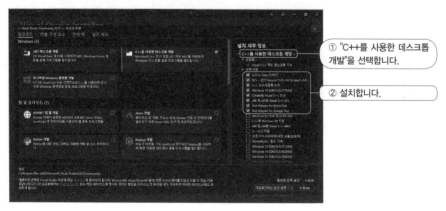

① "C++를 사용한 데스크톱 개발"을 선택합니다.

② 설치합니다.

- 프로그램의 작성 순서

1. 메뉴에서 [파일] → [새로 만들기] → [프로젝트]를 선택하면 [새 프로젝트] 창
이 표시됩니다. [Visual Studio에 설치되어 있는 템플릿] 항목에서 [빈 프로젝
트]를 선택합니다. [이름]에는 'Sample1'이라고 입력한 후 [확인] 버튼을 클릭
합니다.
[위치]에는 사용이 편한 폴더를 지정합니다. 아래 그림에서 'C:\CSample\01'
은 C 드라이브의 CSample 폴더 내의 01 폴더를 나타냅니다.

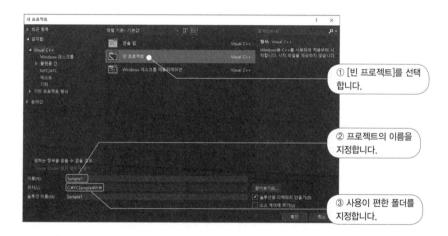

2. 하위 시스템을 설정합니다. 먼저 메뉴에서 [프로젝트] → [속성]을 선택하면
'XXX 속성..' (여기에서는 'Sample1 속성..') 화면이 열립니다. 화면 왼쪽에서
[구성 속성] → [링커] → [시스템]을 선택한 뒤, 오른쪽 [하위 시스템] 목록에
서 '콘솔(/SUBSYSTEM:CONSOLE)'을 선택합니다.

> 역주 : 이 과정을 거쳐야만 출력 결과를 확인할 수 있습니다.

3. 메뉴에서 [프로젝트] → [새 항목 추가]를 선택하면 [새 항목 추가] 창이 표시됩니다. 왼쪽 목록에서 [코드]를, 오른쪽 목록에서 [C++ 파일(.cpp)] 항목을 선택합니다. [이름]에는 'Sample.c'라고 입력한 후, [추가] 버튼을 클릭합니다 [위치]에는 소스 파일을 저장하기 위한 폴더를 지정합니다. 앞의 과정 **1**에서 지정한 '폴더 이름 + 솔루션 이름 + 프로젝트 이름'이 자동적으로 입력되어 있습니다. 아래 그림의 'C:\CSample\01\Sample1\Sample1'의 경우에는 C 드라이브의 CSample 폴더 안에 소스 파일이 저장됩니다.

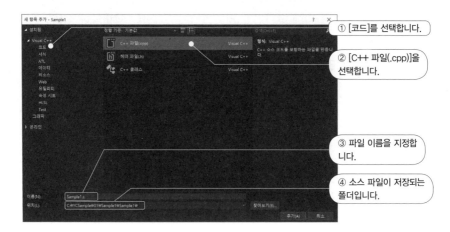

4. 코드 파일이 만들어지면, 그 위에 소스 코드를 입력할 수 있게 됩니다. 이 책을 참고해서 소스 코드를 입력합니다. (…① 소스 코드의 작성)

소스 코드를 입력합니다.

5. 소스 코드를 입력했으면 [빌드] → [솔루션 다시 빌드]를 선택합니다. 소스 파일의 저장, 컴파일, 링크가 실행됩니다. (…② 컴파일 실행 + ③ 링크 실행) 비주얼 스튜디오의 메뉴에 [빌드] 항목이 보이지 않는다면, 과정 **2**를 수행했는지를 점검하여 주십시오.

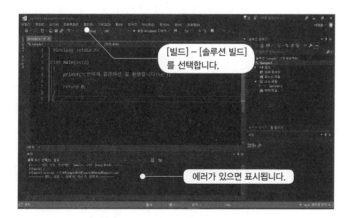

[빌드] – [솔루션 빌드]를 선택합니다.

에러가 있으면 표시됩니다.

코드의 문법이 틀리면 에러가 표시됩니다. 입력한 코드를 확인합시다.

VisualStudio는 3장 이후부터 사용하는 표준 입력함수(scanf() 함수), 문자열 조작 함수(strcpy() 함수) 등을 사용한 코드를 컴파일할 때 보안 에러를 표시합니다. 하지만 아래와 같이 에러를 처리하는 방법을 설정하면 코드를 컴파일할 수 있습니다.

- 메뉴에서 [프로젝트] → [(프로젝트 이름) 속성]을 선택합니다. 프로퍼티 화면이 열리면, 화면 왼쪽에 위치한 목록에서 [구성 프로퍼티] → [C/C++] → [고급]을 선택하고, 화면 오른쪽에 열린 패널에서 '특정 경고를 사용 안 함' 항목에 '4996'을 입력합니다.

그리고 표준함수 대신에 보안함수를 이용할 수도 있습니다. 이 경우에는 코드가 바뀔 수 있으니 주의하세요.

영진닷컴 홈페이지(www.youngjin.com)에서 이 책에 실린 코드 외에도 보안 기능을 사용한 코드도 다운로드 받을 수 있으니 참고하시기 바랍니다.

6. 메뉴에서 [디버그] → [디버깅 하지 않고 시작]을 선택합니다. 명령 프롬프트가 자동으로 시작되면서 프로그램이 실행됩니다. 프로그램의 실행을 종료시키려면 아무 키나 누릅니다(…④ 프로그램의 실행). 만약 비주얼 스튜디오의 메뉴에 [빌드] 항목이 없거나, 명령 프롬프트가 프로그램 실행 후에 곧바로 사라진다면, 과정 **2**를 수행했는지를 점검합니다.

　다른 예제 프로그램을 작성할 경우에는 과정 **1**로 돌아가서 새로운 프로젝트를 작성합니다. 또한 과정 **4**로 돌아가서 편집기로 새로운 코드를 입력할 수도 있습니다. 단, 과정 **4**로 돌아갈 경우 이미 작성한 프로그램을 덮어쓰게 됩니다.

- **제8장에서 주의할 점** : 제8장과 같이 파일을 나누어서 컴파일할 경우에는 과정 **2**로 돌아가서 새로운 항목을 추가합니다.
- **제12장에서 주의할 점** : 제12장과 같은 파일 입출력에서는 과정 **5**까지 진행한 후, Windows의 명령 프롬프트로 프로그램을 실행합니다.

❶ Windows 7에서는 시작 버튼을 누르고, [모든 프로그램] → [보조 프로그램] → [명령 프롬프트]를 선택해서 명령 프롬프트를 실행합니다. Windows 8.1에서는 시작 화면에서 모든 응용 프로그램을 표시하고, 표시된 응용 프로그램 목록의 [Windows 시스템 도구]에 있는 [명령 프롬프트]를 선택합니다. Windows 10에서는 시작 버튼을 마우스 오른쪽 단추로 누르고, 표시된 메뉴에서 [명령 프롬프트] 또는 [Windows PowerShell]을 선택합니다.

❷ 'cd 프로그램이 생성된 폴더 이름'을 입력해서 프로그램을 작성한 폴더로 이동합니다. 프로그램은 보통 '솔루션 폴더 이름 + 구성 폴더 이름' 안에 '프로젝트 이름(.exe)'라는 이름으로 들어 있습니다. 예를 들어, **1** ~ **5**단계를 따랐다면 'C:\YCSample\01\Sample1\Debug' 폴더에 'Sample1(.exe)'라는 프로그램이 들어갑니다. 이 경우에는 'cd C:\YCSample\01\Sample1\Debug'를 입력합니다.

❸ '프로그램 이름'를 입력해서 프로그램을 실행합니다. **1 ~ 5**단계를 따랐다면 'Sample1'을 입력합니다. 만약, Windows PowerShell을 사용한다면, 앞에 './'를 붙인 './Sample1'을 입력하세요.

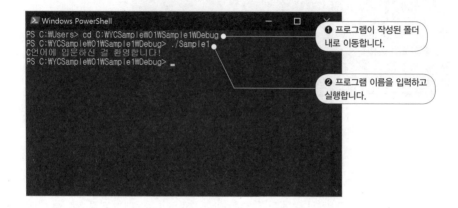

제12장에서 다루는 파일들은 명령 프롬프트에서 실행하면 프로그램이 작성된 폴더 안에 저장되게 됩니다. 입력파일을 사용할 경우에도 이 폴더 안에 저장하기를 바랍니다. 이때 필요한 커맨드라인 인수는 ❸에서 지정합니다.

Microsoft Visual C++와 명령 프롬프트의 자세한 사용법은 참고서적이나 도움말 파일을 참조하시기 바랍니다.

Contents

식과 연산자 ·· 75

Lesson **8**

함수 ············· 215

여러 가지 형 ···························· 349

Appendix

A

연습문제 해답 ································· 433

Appendix

B

Quick Reference ························· 473

Lesson 1

첫걸음

이 장에서는 C 언어를 이용해서 프로그램을 작성하는 순서에 대해서 학습합니다. C 언어를 처음 배울 때는 익숙하지 않은 프로그램 언어 때문에 어렵다는 생각을 할 지도 모릅니다. 그러나 이 장에서 소개하는 예약어(keyword)를 알게 되면 C 언어를 재미있게 이해할 수 있을 것입니다. 하나씩 천천히 그러나 확실하게 이해하기 바랍니다.

Check Point

- 프로그램
- C 언어
- 기계어
- 소스 파일
- 컴파일
- 오브젝트 파일
- 링크
- 프로그램 실행

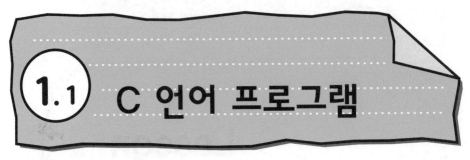

C 언어 프로그램

 ## 프로그램 구조

이 책을 읽기 시작한 여러분은 지금부터 C 언어를 이용해서 '프로그램'을 작성하고 싶을 것입니다. 우리는 컴퓨터에 설치된 워드프로세서, 스프레드시트 등 여러 가지 '프로그램'을 매일 사용하고 있습니다. 워드프로세서와 같은 '프로그램'을 사용하는 것은

문자를 표시하고, 서식을 지정하고, 인쇄하는

등의 특정한 '작업'을 컴퓨터에 지시하고 처리하는 것으로 생각할 수 있습니다. 컴퓨터는 여러 가지 '작업'을 정확하고 신속하게 처리할 수 있는 기계이고, '프로그램'은 컴퓨터에게 무엇인가 '작업'을 지시하기 위한 것입니다.

우리는 지금부터 C 언어를 사용해서 컴퓨터에 작업을 시키기 위한 '프로그램'을 작성하겠습니다.

그림 1-1 **프로그램**
우리는 컴퓨터로 작업을 지시하기 위해 '프로그램'을 작성합니다.

프로그래밍 언어 C

컴퓨터에게 어떤 '작업'을 시키기 위해서는 컴퓨터가 그 작업의 '내용'을 이해해야 합니다. 이를 위해서 원래 기계어(machine code)라는 언어로 프로그램을 작성해야 하지만, 곤란하게도 이 기계어라는 언어는 '0'과 '1'이라는 숫자의 나열로 이루어져 있습니다. 컴퓨터라면 이 숫자의 나열(=기계어)을 이해할 수 있지만, 사람은 쉽게 이해할 수 있는 내용이 아닙니다.

그래서 기계어보다 '사람이 이해하기 쉬운 프로그래밍 언어'라는 것을 만들게 되었으며 이 책에서 배울 C 언어도 이와 같은 프로그래밍 언어 가운데 하나입니다.

C 언어는 컴파일러(compiler)라는 소프트웨어를 사용해서 기계어로 번역되고, 이 기계어라는 프로그램에 의해 컴퓨터가 실제로 '작업'을 처리하게 됩니다. 그럼 지금부터 C 언어를 배워보겠습니다.

1.2 코드 입력

'코드'란 무엇인가?

C 언어로 프로그램을 작성하려면 어떤 작업이 필요할까요? 여기에서는 가장 기본적인 프로그램의 작성 방법을 알아보겠습니다. 프로그램을 처음 작성할 때

텍스트 파일에 C 언어의 문법에 따라 프로그램을 입력하는

작업을 합니다. 간단한 C 언어 프로그램은

- Windows의 [메모장]
- UNIX의 [vi]

라는 '텍스트 에디터'를 이용해서 작성할 수 있습니다. 그림 1-2는 텍스트 에디터에 C 언어 프로그램을 입력한 화면이고, 앞으로는 이와 같이 텍스트 에디터에 프로그램을 입력합니다.

이 텍스트 형식의 프로그램을 소스 코드(source code)라고 하며, 간단히 코드라고도 합니다.

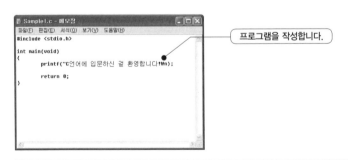

프로그램을 작성합니다.

그림 1-2 C 언어로 입력한 코드(Windows의 메모장일 때)

C 언어 프로그램을 작성하기 위해서는 메모장을 이용해서 코드를 입력하는 것부터 시작합니다.

통합개발환경을 이용한 코드 입력

소스 코드를 작성하기 위해서는 시판되고 있는 C 언어 개발환경(VisualStudio)을 사용할 수 있습니다. 이런 제품에는 미리 독자적인 텍스트 에디터가 포함되어 있습니다. 이 책의 앞부분에도 VisualStudio에 대해서 설명해 두었으므로 참고하기 바랍니다.

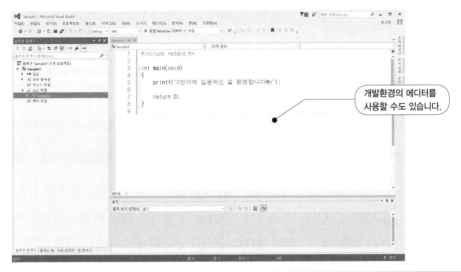

개발환경의 에디터를
사용할 수도 있습니다.

그림 1-3 C 언어로 입력된 코드(VisualStudio일 때)

통합개발환경 안에는 독자적인 에디터가 포함되어 있기도 합니다.

> ## 워드프로세서 소프트웨어는 사용하지 않는다
>
>
> 텍스트 에디터와 비슷한 소프트웨어로 문서 작성 소프트웨어인 '워드프로세서'가 있습니다. 그러나 워드프로세서는 문자의 크기나 서체 등 서식에 관한 정보가 보존되어서 C 언어 코드를 저장하기에 적절하지 않기 때문에 프로그램을 작성할 때는 사용하지 않습니다.

텍스트 에디터를 이용한 코드 입력

그럼 지금부터 다음 사항에 주의하면서 텍스트 에디터에 C 언어 '코드'를 입력하기 바랍니다.

- 영문과 숫자는 전자(2바이트 문자)가 아닌 반자(1바이트 문자)로 입력합니다.
- 영문 대문자와 소문자는 서로 다른 문자로 구별되기 때문에 틀리지 않도록 입력합니다. 예를 들어 'main'이라는 문자를 'MAIN'이라고 입력하면 안됩니다.
- 공백은 Space Bar 키 또는 Tab 키를 사용합니다.
- 줄의 마지막이나 아무것도 쓰여있지 않은 줄에서는 Enter 키를 사용해서 줄 바꿈을 합니다.
- 세미콜론(;)과 콜론(:)을 구별해서 입력합니다.
- {}, [], ()을 구별해서 입력합니다.
- 0(숫자)과 o(영문), 1(숫자)과 l(영문)도 틀리지 않도록 주의해서 입력합니다.

입력이 끝나면 마지막으로 파일에 이름을 붙여서 저장합니다. 일반적으로 C 언어는 소스 코드의 파일 이름 마지막에 확장자 '.c'를 붙여서 저장합니다. 즉 파일 이름은 '자신이 붙인 이름.c'라는 이름이 됩니다. 여기에서는 파일에 'Sample1.c'라는 이름을 붙여서 저장합니다.

Sample1.c ▶ 최초의 코드

```
#include <stdio.h>          영문과 숫자는 반자를 사용합니다.

int main(void)
{                           줄의 마지막은 Enter 키를 사용해서 줄 바꿈을 합니다.
    printf("C 언어에 입문하신 걸 환영합니다!\n");
                                          이 줄의 마지막은
                                          세미콜론(;)을 붙였습니다.
    return 0;
}           Space Bar 키를 사용해서 공백을 줍니다.
```

이렇게 완성된 'Sample1.c'가 비로소 작성된 C 언어의 '코드'입니다. 이 코드가 저장
된 파일을 소스 파일(source file)이라고 합니다.

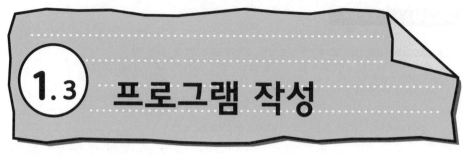

1.3 프로그램 작성

 컴파일 구조

1.2절에서 입력한 Sample1은

컴퓨터 화면에 'C 언어에 입문하신 걸 환영합니다!'라는 문자를 표시

하도록 처리하는 프로그램입니다. 이 Sample1은 처음으로 입력한 예제 코드이므로 '빨리 실행시켜보고 싶은' 생각이 들겠지만, 이 상태에서는 실행할 수 없습니다. 소스 파일을 작성해서 저장했다고 해서 바로 프로그램을 실행시키고 표시할 수 없습니다. C 언어로 입력된 코드는 컴퓨터가 직접 내용을 이해하고 처리할 수 있도록

기계어 코드로 변환

하는 작업이 필요합니다. 이렇게 C 언어를 기계어로 변환하는 작업을 컴파일(compile) 이라고 하며, 이 작업에는 컴파일러(compiler)라는 소프트웨어를 사용합니다.

소스 파일(C 언어)   오브젝트 파일(기계어)

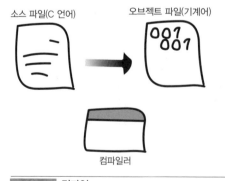

컴파일러

> 그림 1-4 **컴파일**
> 컴파일은 소스 코드를 기계어 코드로 번역하는 작업입니다.

컴파일러 실행

컴파일러를 실행하는 방법은 사용하는 C 언어 개발환경에 따라서 다릅니다. 컴파일러 실행방법에 대해서는 사용하고 있는 개발환경에 첨부되어 있는 설명서를 참조하기 바랍니다. 또한 이 책의 앞부분에서는 대표적인 개발환경인 Microsoft Visual C++의 컴파일 실행과정에 대해서 설명해 두었습니다.

컴파일러를 실행하면 보통 소스 코드가 저장되어 있는 폴더(디렉터리)에 기계어로 번역된 파일이 새롭게 작성되며, 이 파일을 오브젝트 파일(object file)이라고 합니다.

에러가 표시되면?

컴파일러를 실행할 때 화면에 에러가 표시되어 오브젝트 파일을 작성할 수 없는 경우가 있습니다. 이런 경우 입력한 코드를 다시 살펴보고 잘못된 곳이 없는지 확인해서 잘못된 부분을 발견하면 그 부분을 수정하고 소스 파일을 저장한 후, 다시 한번 컴파일러를 실행합니다.

C 언어는 한글이나 영어와 같이 '문법' 규칙이 있기 때문에 만약 C 언어의 문법을 무시하고 코드를 입력하면 컴파일러는 그 코드를 이해할 수 없게 됩니다. 즉 컴파일러는 소스 코드를 정확하게 기계어로 번역할 수 없게 되며, 이때 컴파일러는 에러를 표시하고 문법 등의 오류를 수정하도록 지시합니다.

 ## 오브젝트 파일의 링크

C 언어는 컴파일이 종료된 후, 계속해서

몇 개의 오브젝트 파일을 결합하여 한 개의 프로그램을 작성

하는 작업을 합니다. C 언어는 작성된 오브젝트 파일에, 다른 프로그램에서도 공통적으로 사용하는 오브젝트 파일을 결합시켜서, 실제로 실행할 수 있는 형식의 프로그램을 하나 완성시킵니다. 이 작업을 링크(link)라고 하며 링크를 수행하는 소프트웨어를 링커(linker)라고 합니다.

　이 책의 앞부분에서 소개한 개발환경에서는 컴파일한 후에 자동적으로 필요한 파일
이 링크됩니다. 링크에 대한 자세한 내용은 사용하고 있는 개발환경의 설명서를 참고
하기 바랍니다.

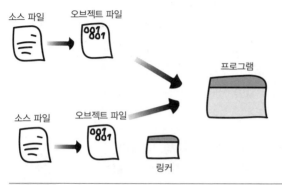

소스 파일　　오브젝트 파일

프로그램

소스 파일　　오브젝트 파일

링커

그림 1-5　링크

링크는 오브젝트 파일을 결합해서 하나의 프로그램을 만드는 것입니다.

1.4 프로그램 실행

 ## 프로그램 실행

그럼 지금부터 완성된 프로그램을 실행해 보겠습니다. Windows의 경우 작성된 프로그램에는 'Sample1.exe'라는 이름이 붙습니다.

Windows 상에서 프로그램을 실행하려면 프로그램을 나타내는 아이콘을 마우스로 더블 클릭하는 방법이 익숙할 것입니다. 그러나 C 언어의 단순한 프로그램은 가능하면 Windows 보조프로그램에 있는 '명령 프롬프트'를 이용합니다. 명령 프롬프트는 화면에 문자를 표시하거나 키보드를 이용해서 문자를 입력하기 위한 기능을 가지고 있습니다.

명령 프롬프트에서 프로그램을 실행하려면 프로그램이 작성된 폴더에서 프로그램 이름을 입력해서 실행합니다.

Sample1의 실행 예

```
C:\CSample\01\Sample1\Debug>Sample1 ↵ ●
```

명령 프롬프트에서는 프로그램 이름을 입력해서 프로그램을 실행합니다.

단, 프로그램을 실행하는 방법은 사용하고 있는 개발환경에 따라서 다르기 때문에 사용하는 개발환경의 설명서를 참고해서 프로그램을 실행하기 바랍니다. 이 책의 앞부분에서는 Microsoft Visual C++의 실행방법을 소개했습니다. 프로그램이 실행되면 명령 프롬프트에 문자가 표시됩니다.

Sample1 실행 화면

```
C 언어에 입문하신 걸 환영합니다!
```

그림 1-6 **프로그램 실행**

프로그램을 실행하면 'C 언어에 입문하신 걸 환영합니다!'라는 문자가 화면에 표시됩니다.

마지막으로 이 장에서 배운 프로그램의 작성 · 실행 순서를 정리해 보겠습니다. 이 책의 제2장 이후의 예제 코드도 이와 같은 순서에 따라서 입력하고 실행하기 때문에 순서를 확실히 익혀두기 바랍니다.

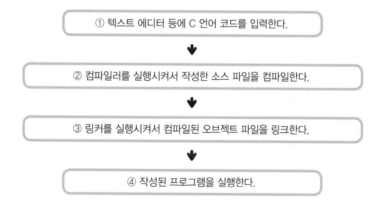

① 텍스트 에디터 등에 C 언어 코드를 입력한다.

⬇

② 컴파일러를 실행시켜서 작성한 소스 파일을 컴파일한다.

⬇

③ 링커를 실행시켜서 컴파일된 오브젝트 파일을 링크한다.

⬇

④ 작성된 프로그램을 실행한다.

1.5 이 장의 요약

제1장에서 배운 내용을 정리해 보면 다음과 같습니다.

- 프로그램은 컴퓨터에 특정한 '작업'을 지시합니다.
- C 언어 코드는 메모장과 같은 텍스트 에디터 등으로 입력합니다.
- C 언어 코드는 대문자와 소문자를 구별해서 입력합니다.
- 소스 파일을 컴파일하면 오브젝트 파일이 작성됩니다.
- 오브젝트 파일을 링크하면 실행할 수 있는 프로그램이 작성됩니다.
- 프로그램을 실행하면 지시한 '작업'이 이루어집니다.

이 장에서는 C 언어 코드를 입력하고, 프로그램을 작성하는 순서를 배우고, 마지막으로 실행까지 해보았습니다. 그러나 제1장에서는 입력한 코드의 기능에 관해서는 언급하지 않았습니다. 제2장부터 C 언어 코드의 내용에 대해서 배우겠습니다.

연습

1. 다음 항목에 대해서 O 또는 X로 대답하시오.

① C 언어의 소스 코드는 그대로 실행할 수 있다.

② C 언어는 영문 대문자와 소문자를 구별해서 입력한다.

③ C 언어는 영문 반자와 영문 전자를 구별하지 않고 입력할 수 있다.

④ 소스 코드의 공백은 반드시 Space Bar 키를 사용한다.

⑤ C 언어의 소스 코드는 문법규칙의 오류가 있어도 항상 컴파일할 수 있다.

Lesson 2

C 언어의 기본

제1장에서는 C 언어 코드를 입력하고, 컴파일러를 사용해서 프로그램을 작성하는 방법에 대해서 배웠습니다. 그러면 지금부터 우리는 어떤 코드를 입력하면 좋을까요? 코드를 입력해서 프로그램을 작성하려면 C 언어의 문법 규칙을 알아야 됩니다. 이 장에서는 C 언어 문법의 기본을 학습하겠습니다.

Check Point

- 화면 출력
- main() 함수
- 블록
- 주석
- 프리프로세서
- 인클루드
- 이스케이프 시퀀스

2.1 코드의 기본

🖊 새로운 코드의 입력

　제1장에서는 화면에 한 줄을 표시하는 프로그램을 작성했습니다. 컴퓨터에 지시한 '작업'이 정확하게 실행되었습니까?

　이 장에서는 더 많은 문자를 표시하는 프로그램을 작성해 보겠습니다. 다음과 같이 코드를 에디터에 입력하고 저장합니다.

Sample1.c ▶ 문자열의 화면 출력

```
/* 화면으로 문자를 출력하는 코드 */ ●——— 주석문입니다.
#include <stdio.h> ●——— 화면 출력에 사용합니다.

int main(void) ●——— main() 함수의 시작 부분입니다.
{
    printf("C 언어에 입문하신 걸 환영합니다!\n"); ●——— 첫 번째로 실행됩니다.
    printf("C 언어를 시작합니다!\n"); ●——— 두 번째로 실행됩니다.

    return 0; ●——— main() 함수의 종료 부분입니다.
}
```

　;(세미콜론)이나 { }(괄호)의 위치는 정확하게 입력했습니까? 입력이 끝났으면 제1장과 마찬가지 방법으로 컴파일(·링크)하고 실행해 봅니다. 화면에는 다음과 같이 두 줄이 표시될 것입니다.

Sample1 실행 화면

```
C 언어에 입문하신 걸 환영합니다!
C 언어를 시작합니다!
```

이 코드는 제1장과 마찬가지로 화면에 문자를 표시하는 C 언어 코드입니다. 그럼 Sample1의 코드를 보면서 내용을 자세히 설명하겠습니다.

main() 함수

우리는 먼저 이 코드의 지시가 어디부터 시작해서 어디에서 끝나는지 알아야 합니다. 먼저

```
int main(void)
```

라고 입력되어 있는 줄을 보기 바랍니다. C 언어 프로그램은 원칙적으로 이 main()이라고 표기한 부분부터 처리가 이루어집니다.

이번에는 아래에서 두 번째 줄에 있는

```
return 0;
```

을 보기 바랍니다. C 언어는 이 부분의 처리가 이루어지면 프로그램이 종료됩니다. 즉 Sample1은 다음 부분이 '프로그램의 본체'가 됩니다.

```
int main(void)
{
    . . .
    return 0;
}
```
프로그램의 본체(main() 함수)입니다.

main()의 뒷부분은 괄호({ }) 사이에 입력되어 있습니다. 이 { }로 묶인 부분을 블록(block)이라고 합니다. 특히 main( )부터 시작하는 이 블록은 프로그램의 본체가 되는 중요한 부분이기 때문에 main() 함수(main function)라는 이름이 붙어 있습니다. '함수'에 대해서는 제8장에서 자세히 설명하기 때문에 여기에서는 기억만 해두기 바랍니다.

main() 함수는 프로그램의 본체가 된다.

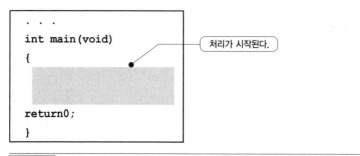

```
. . .
int main(void)
{

                                처리가 시작된다.

return0;
}
```

그림 2-1 main() 함수
프로그램 처리는 main() 함수부터 시작됩니다.

 문의 순차적 처리

그럼 main() 함수의 안, 즉 프로그램의 본체를 살펴보겠습니다. C 언어에서는 하나의 작은 처리('작업') 단위를 문(statement)이라고 하며 마지막에 ;(세미콜론)이라는 기호를 붙입니다. 그리고 이 '문'이

원칙적으로 처음부터 차례대로 하나씩 처리

됩니다. 즉 Sample1 프로그램이 실행되면 main() 함수 내 두 개의 '문'이 다음과 같은 순서로 처리됩니다.

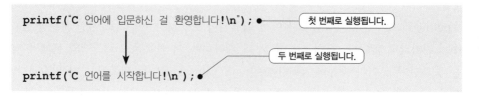

printf라는 문은 '화면으로 문자열을 표시하게'하는 처리를 나타냅니다. 화면으로 표시하는 코드에 대해서는 다음 절에서 자세히 배우기 때문에 여기에서는 두 개의 문이 순서대로 처리되는 것만 기억하기 바랍니다.

문은 세미콜론을 붙인다.
문은 원칙적으로 처음부터 순서대로 처리된다.

```
...
int main(void)
{
    printf("C 언어에 입문하신 걸 환영합니다!\n");
    printf("C 언어를 시작합니다!\n");
    return 0;
}
```

그림 2-2 **처리의 흐름**

프로그램을 실행하면 원칙적으로 문이 하나씩 순서대로 처리됩니다.

읽기 쉬운 코드의 작성법

그런데 Sample1의 main() 함수는 여러 줄에 걸쳐서 입력되어 있습니다. 이것은 C 언어 코드에서

문의 중간이나 블록 내에서 줄 바꿈이 가능

하기 때문에 Sample1의 코드에서는 main() 함수를 여러 줄에 걸쳐서 읽기 쉽게 입력했습니다. 또한 C 언어는 의미가 통하는 단어 사이가 아니면 자유롭게 공백이나 줄 바꿈을 할 수도 있습니다. 즉

```
int  m  ain(void)
```

와 같은 표기는 안되지만

```
int     main (void){
            printf("C 언어에 입문하신 걸 환영합니다!\n");
```

와 같이 공백을 넣거나 줄 바꿈(개행)을 하는 건 상관없습니다.

따라서 Sample1에서는 블록 부분을 알기 쉽도록 '{'전후에서 줄 바꿈을 하고, 내부의 글머리에 공백을 주고 있습니다. 코드 내에서 글머리 왼쪽에 일정한 공백을 두는 것을 들여쓰기(indent)라고 합니다. 들여쓰기는 글머리 왼쪽에서 Space Bar 키 또는 Tab 키를 사용합니다.

우리는 지금부터 점점 복잡한 코드를 입력할 것입니다. 따라서 들여쓰기를 잘 활용해서 읽기 쉬운 코드를 작성할 수 있도록 합니다.

코드를 읽기 쉽게 하기 위해서는 들여쓰기와 줄 바꿈을 사용한다.

```
...
int     main(void)
{
    printf("C 언어에 입문하신 걸 환영합니다!\n");

}
```

들여쓰기

그림 2-3 | 들여쓰기

블록 안의 문은 들여쓰기를 이용해서 읽기 쉬운 코드로 작성합니다.

주석

main() 함수에 대해서 이해했습니까? 이번에는 코드 이외의 부분을 살펴보겠습니다. 우선 가장 처음에 입력한 /* */ 기호로 둘러싸인 줄을 보기 바랍니다.

실은 C 언어의 컴파일러에는

/* 부터 */까지의 문자를 무시하고 처리

하는 규칙이 있습니다. 따라서 이 부분에 프로그램 처리와 직접적으로 관계없는 말을 '메모'처럼 입력할 수 있습니다. 이것을 주석(comment)이라고 하며, 일반적으로 코드의 내용을 메모할 때 이용합니다. Sample1에서는 다음과 같이 코드의 1번째 줄에 주석을 표기하고 있습니다.

```
/* 화면으로 문자를 출력하는 코드 */        이 부분은 무시하고 처리합니다.
```

```
/* 화면으로 문자를
   출력하는 코드 */        여러 줄에 걸쳐서 표기할 수도 있습니다.
```

C 언어뿐만 아니라 대부분의 프로그래밍 언어는 사람이 이해하기 쉬운 언어가 아니기 때문에 이와 같이 주석을 입력해 두면 이해하기 쉬운 코드를 작성할 수가 있습니다.

 주석을 사용해서 코드의 내용을 이해하기 쉽게 작성한다.

새로운 주석 표기법

　C에서는 주석을 /* */로 표기하지만, 최신 버전 C에서는//라는 표기법으로 주석을 표기할 수 있습니다. 그러면 //으로 시작하는 줄 전체가 주석이 됩니다. 이런 주석 표기법은 C 언어 외의 프로그래밍 언어에서 이미 사용하고 있습니다. C 언어에 새롭게 추가된 표기법이니 같이 외워두면 편리할 것입니다.

 인클루드

　그러면 마지막으로 Sample1의 소스코드 글머리에 # 기호가 있는 행을 알아보겠습니다.

```
#include <stdio.h>
```

　# 기호가 붙은 부분은

　화면으로 표시를 실행하는 기능이 포함된 stdio.h라는 파일을 컴파일 전에 읽어두는

처리를 나타냅니다. 이렇게 파일의 내용을 읽어 들이는 작업을 인클루드(include)라고 합니다. 화면으로 표시하는 프로그램을 작성할 때 반드시 stdio.h 파일을 인클루드합니다. 이 파일을 인클루드하지 않으면 화면으로 표시하기 위한 'printf'라는 기능을 바르게 사용할 수 없습니다.

　stdio.h라는 파일은 C 언어의 개발환경에 표준으로 준비되어 있기 때문에 스스로 준비할 필요는 없습니다. stdio.h와 같이 미리 읽어 들이는 파일을 헤더 파일(header file)이라고 합니다.

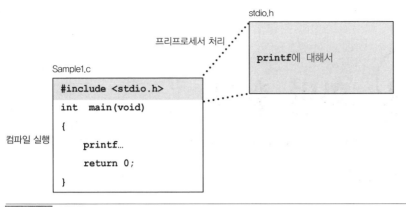

그림 2-4 **인클루드**
다른 파일을 읽어 들이는 것을 인클루드라고 합니다.

　# 기호가 있는 줄은 컴파일러에 포함된 프리프로세서(preprocessor)라는 특별한 부분에 의해 다른 코드를 번역하기 전에 먼저 읽어 들이게 됩니다. 프리프로세서라는 이름은 뒤에서도 여러 번 나오기 때문에 기억하기 바랍니다. 또한 # 기호가 있는 줄은 마지막에 세미콜론이나 줄 바꿈을 사용하지 않고 한 줄에 입력하니 주의하세요.

다른 파일을 읽어 들이는 것을 인클루드라고 한다.
화면으로 표시를 하기 위해 stdio.h를 인클루드한다.

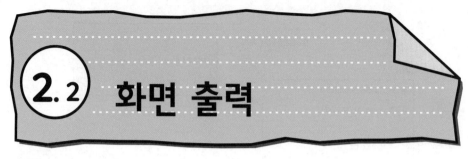

2.2 화면 출력

 화면 출력

화면에 표시가 잘 되었습니까? 화면으로 문자 등을 표시하는 것을 프로그래밍의 세계에서는

화면으로 출력한다

라고 합니다.

이 절에서는 '화면으로 출력하기' 위한 코드에 대해서 자세히 배우겠습니다. 화면으로 문자열을 출력하는 코드는 다음과 같은 기본 형태를 가집니다.

 구문 화면으로 출력

```
#include <stdio.h>

int main(void)
{
    printf("출력하고 싶은 문자열");

    return 0;
}
```

> 화면으로 문자열을 출력합니다.

지시선이 있는 줄이 컴퓨터에게 화면으로 출력 처리를 지시하는 부분입니다. 즉

printf("...") 내에 문자열을 입력하면
화면으로 그 문자열이 출력되는

구조입니다.

이 문자열을 출력합니다.

`printf("C 언어에 입문하신 걸 환영합니다!\n");`

이 문은 화면으로 문자열을 한 줄 출력합니다.

이 코드는 앞으로 작성하게 될 많은 예제 안에서 사용하기 때문에 기본적인 형태를 알아두기 바랍니다.

화면으로 문자열을 출력하기 위해서는 printf를 사용한다.

`printf("환영합니다\n");`

그림 2-5 **화면으로 출력**

printf를 사용해서 화면으로 문자열을 출력합니다.

 표준 출력

그럼 printf에 대해서 좀더 자세히 배우겠습니다. printf는

표준 출력(standard output)

이라고 하며, 컴퓨터 장치에 대해서 출력을 하도록 지시합니다. '표준 출력'이란 왠지 귀에 익숙지 않은 단어이지만 어려운 것은 아닙니다. 이 단어는 일반적으로 '지금 사용하고 있는 컴퓨터의 화면 장치'를 의미합니다. printf는 컴퓨터에게

문자열을 '화면'으로 출력하는 처리를 하라

고 내리는 지시입니다.

표준 출력과 화면

보통 '표준 출력'이란 '화면 장치'를 의미합니다. 대표적인 표준 출력 장치는 모니터지만 운영 체제의 기능에 따라서 표준 출력을 프린터 같은 다른 장치로 변경할 수도 있습니다.

이와 같은 기능을 **리디렉트**(redirect)라고 합니다.

 줄 바꿈

printf() 안의 문자열 마지막에는 '\n'이라는 색다른 기호가 있습니다. 이 기호는

줄 바꿈(개행)

이라는 의미를 나타냅니다. \n을 붙이면 그 부분에서 줄 바꿈을 할 수 있습니다. 다음 코드를 입력해서 Sample2.c라는 이름으로 저장한 후 실행해 봅니다.

Sample2.c ▶ \n의 이용

```
#include <stdio.h>
int main(void)
{                                          여기에서 줄이 바뀝니다.
    printf("C 언어에 입문하신 걸 환영합니다!\nC 언어를 시작합니다!\n");

    return 0;
}
```

Sample2 실행 화면

줄이 바뀌었습니다.

C 언어에 입문하신 걸 환영합니다!
C 언어를 시작합니다!

Sample2에서는 printf를 하나의 문으로 표기하고 있지만, 실행 화면에서는 Sample1과 같이 중간에 줄이 바뀝니다. 이것은 printf 중간에 \n이라는 기호를 넣었기 때문입니다. 이렇게 \n이라는 기호를 입력하면 그 부분에서 줄이 바뀝니다.

줄을 바꾸기 위해서는 \n을 사용한다.

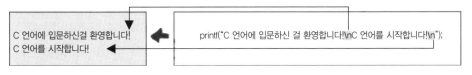

| C 언어에 입문하신걸 환영합니다!
C 언어를 시작합니다! | ← | printf("C 언어에 입문하신 걸 환영합니다!\nC 언어를 시작합니다!\n"); |

그림 2-6 **줄 바꿈**
    \n을 사용하면 줄을 바꿀 수 있습니다.

 \n이 없으면?

그럼 반대로 \n이 없으면 어떻게 될까요? 이번에는 다음과 같이 코드를 입력합니다.

Sample3.c ▶ \n이 없으면?

```c
#include <stdio.h>

int main(void)
{
    printf("C 언어에 입문하신 걸 환영합니다!");
    printf("C 언어를 시작합니다!");

    return 0;
}
```
\n이 없습니다.

Sample3 실행 화면

C 언어에 입문하신 걸 환영합니다!C 언어를 시작합니다!

줄이 바뀌지 않았습니다.

이 코드는 Sample1과 거의 비슷하지만 문자열의 마지막에 \n이라는 기호를 표기하지 않았습니다. 따라서 두 개의 문에 printf를 각각 표기했어도 실행 화면과 같이 한 줄로만 표시됩니다. 즉 \n은 줄을 바꾸는 특수한 역할을 하는 기호입니다.

C 언어에 입문하신 걸 환영합니다!C 언어를 시작합니다!

◀

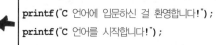

```
printf("C 언어에 입문하신 걸 환영합니다!");
printf("C 언어를 시작합니다!");
```

그림 2-7 \n이 없으면?

\n이 없으면 printf를 각각 표기했어도 문자열이 한 줄로 이어서 표시됩니다.

2.3 문자와 수치

 ## 변환 사양

   2.2절에서는 화면으로 문자열을 출력하는 간단한 코드를 배웠습니다. C 언어는 문자열 이외에도 여러 가지 문자와 수치를 사용합니다. 2.3절에서는 앞에서 설명한 코드를 응용해서 C 언어의 기본이 되는 문자·수치·문자열의 작성법을 배워보겠습니다. 우선 다음과 같은 코드를 입력합니다.

Sample4.c ▶ 여러 가지 값의 출력

```
#include <stdio.h>

int main(void)
{
    printf("%c는(은) 문자입니다. \n", 'A');        ●──── 문자를 출력합니다.
    printf("%d는(은) 정수입니다. \n", 123);        ●──── 정수를 출력합니다.
    printf("%f는(은) 소수입니다. \n", 10.5);       ●
                                                   └──── 소수를 출력합니다.

    return 0;
}
```

Sample4 실행 화면

```
A는(은) 문자입니다.
123는(은) 정수입니다.
10.500000는(은) 소수입니다.
```

이전 코드에서는 printf 안에 문자열을 표기하고 화면으로 출력했지만 Sample4는 이 문자열 안에 다양한 문자 · 수치를 넣어서 화면으로 출력하고 있습니다. 즉, printf 는 단순하게 문자열만 출력하는 것이 아니라

문자열 내에 %●라고 표기하면,

이 부분에 , (콤마) 뒤의 문자나 수치를 대입해서 출력하는

구조를 가지고 있습니다. %●는 변환 사양(conversion specification 또는 변환 지정 자)이라고 하며, ● 부분은 출력할 문자와 수치에 따라서 서로 다른 기호를 사용합니 다. 따라서 다음과 같은 대표적인 변환 사양은 기억하기 바랍니다.

문자일 때 · · · %c
정수일 때 · · · %d
소수일 때 · · · %f

Sample4에서 문자 · 정수 · 소수가 %c, %d, %f의 부분에 대입되어 출력됩니다. 또 한 소수는 일반적으로 소수점 아래 6자리까지 출력됩니다.

 변환 사양을 사용하면 문자열 내에 문자나 수치를 대입해서 출력할 수 있다.

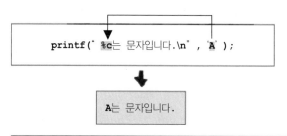

```
printf(" %c는 문자입니다.\n" , 'A' );
```

A는 문자입니다.

그림 2-8 변환 사양

문자나 수치를 문자열 안에 대입해서 표시할 때 변환 사양을 사용합니다.

문자

그럼 지금부터 Sample4에서 사용한 문자나 수치를 자세하게 살펴보겠습니다. C 언어는

- 문자 상수
- 문자의 나열(문자열)

2종류를 구별해서 취급합니다.

먼저 문자 상수를 표시하는 방법을 알아보겠습니다. 문자 상수(character constant)는

```
'H'
'e'
```

와 같이 ' '(작은따옴표)를 이용해서 코드 안에 표기합니다. Sample4 안에서는 'A'가 '문자'에 해당합니다. 그러나 한글을 취급할 때는 상황에 따라 다른 경우가 있기 때문에 여기에서는 영문과 숫자만을 문자로 취급합니다. Sample4의 실행 결과를 보면 알 수 있듯이 화면에는 ' '가 붙지 않고 출력됩니다.

문자를 출력하기 위해서는 변환 사양 %c를 사용하며 '%c'에 문자가 대입되어 출력됩니다.

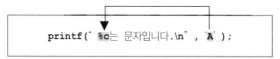

```
printf(" %c는 문자입니다.\n" , 'A' );
```

문자는 ' '를 이용해서 표기한다.
문자를 출력할 때는 변환 사양 %c를 사용한다.

```
'H' ←———— 문자
```

그림 2-9 **문자**

문자를 나타낼 경우 ' '로 묶습니다.

이스케이프 시퀀스

또한 문자 중에는 키보드로부터 입력할 수 없는 특수한 문자가 있습니다. 이와 같은 문자에 대해서는 \을 앞에 붙인 두 개의 문자를 조합해서 '한 개의 문자 크기'로 나타내며, 이것을 이스케이프 시퀀스(escape sequence)라고 합니다.

표 2-1은 이스케이프 시퀀스를 나타냅니다. 지금까지 코드에서 사용한 \n은 '줄 바꿈'을 나타내는 이스케이프 시퀀스입니다. 또한 사용하고 있는 C 언어의 환경에 따라서 \가 ₩으로 표시되는 경우도 있습니다.

표 2-1 : 이스케이프 시퀀스

이스케이프 시퀀스	의미하고 있는 문자
\a	경고음
\b	백 스페이스
\t	수평 탭
\v	수직 탭
\n	줄 바꿈
\f	피드백
\r	캐리지 리턴
\'	'
\"	"
\\	\
\?	?
\ooo	8진수 ooo의 문자 코드를 갖는 문자 (o는 0~7까지의 숫자)
\xhh	16진수 xhh의 문자 코드를 갖는 문자 (h는 0~9까지의 숫자와 A~F까지의 영문)

Sample5와 같이 이스케이프 시퀀스를 사용해서 화면으로 출력하는 코드를 작성해 봅니다.

Sample5.c ▶ 이스케이프 시퀀스의 이용

```
#include <stdio.h>

int main(void)
{
    printf("백 슬래시를 표시합니다. : %c\n", '\\');
    printf("아포스트로피를 표시합니다. : %c\n", '\'');

    return 0;
}
```

이스케이프 시퀀스를 사용합니다.

Sample5 실행 화면

```
백 슬래시를 표시합니다. : \
아포스트로피를 표시합니다. : '
```

「\\」와 「\'」라고 표기한 부분이 「\」와 「'」라는 특수 문자가 %c 부분으로 출력되는 것을 알 수 있습니다. 위의 Sample5.c에서 「\n」도 사용하고 있으므로 사용법을 복습하기 바랍니다.

이스케이프 시퀀스를 사용하면 특수한 문자를 나타낼 수 있다.

그림 2-10 이스케이프 시퀀스

특수한 문자를 표시하려면 이스케이프 시퀀스를 사용합니다.

 문자 코드

문자에 대해서도 조금 더 자세히 알아보겠습니다. 사실 컴퓨터의 내부에서는 문자도 수치로 취급합니다. 각 문자의 형태에 대응하는 수치를 문자 코드(character code)

라고 합니다. 문자 코드의 종류는 여러 가지가 있지만 대표적으로 KS 코드와 Uni-code가 있고, 어느 문자 코드가 사용되고 있는지는 사용하고 있는 환경에 따라서 다릅니다.

이스케이프 시퀀스인 '\ooo'나 '\xhh'(표 2-1)를 출력하면 지정한 문자 코드에 대응하는 문자가 출력됩니다. 다음 코드를 실행해 봅니다.

Sample6.c ▶ 문자 코드의 이용

```c
#include <stdio.h>

int main(void)
{
    printf("8진수 101의 문자 코드를 갖는 문자는 %c입니다. \n", '\101');
    printf("16진수 61의 문자 코드를 갖는 문자는 %c입니다. \n", '\x61');

    return 0;
}
```

문자 코드를 지정합니다.

사용하는 환경이 KS 코드 등으로 처리되는 경우 다음과 같이 출력됩니다.

Sample6 실행 화면(KS 코드)

8진수 101의 문자 코드를 갖는 문자는 A입니다.
16진수 61의 문자 코드를 갖는 문자는 a입니다.

KS 코드에서는 8진수의 '101'이 A, 16진수의 '61'이 a에 대응하기 때문에 위와 같이 'A'와 'a'가 출력됩니다. 이 프로그램은 개발환경에 따라 다르게 출력될 수 있으니 주의하세요.

문자 코드를 지정해서 문자를 출력할 수 있다.

그림 2-11 **문자 코드**

문자를 나타내기 위해 문자 코드를 지정하는 방법도 있습니다.

2진수, 8진수, 16진수

우리는 평소 0부터 9까지의 숫자로 수를 나타내는데, 이런 표기 방법은 '10진수'라고 합니다. 한편, 컴퓨터 내부에서는 0과 1만을 사용한 '2진수'라는 표기 방법으로 수를 표현합니다.

10진수는

0, 1, 2, 3 . . .

과 같이 수치를 나타내지만, 2진수는 같은 수치를

0, 1, 10, 11 . . .

과 같이 표현합니다. 10진수는 0부터 9까지의 수를 사용하기 때문에 9 다음에 자릿수가 올라가지만, 2진수는 0과 1밖에 사용하지 않기 때문에 1 다음에 자릿수가 올라갑니다.

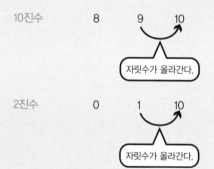

따라서 2진수로 표기한 수치는 큰 자릿수가 되기 쉽습니다. 예를 들어 10진수의 20을 2진수로 나타내면

10100

이라는 큰 자릿수가 됩니다.

따라서 C 언어는 2진수와의 변환이 순조로운 8진수, 16진수가 10진수와 함께 자주 이용됩니다. 8진수는 0부터 7까지의 숫자, 16진수는 0부터 9까지와 A부터 F까지의 문자를 사용하는 방법입니다.

다음 표는 10진수의 수를 2진수, 8진수, 16진수로 표기한 대조표입니다. 각각 어느 부분에서 자릿수가 올라가는지 확인해 봅니다.

10진수	2진수	8진수	16진수
0	0	0	0
1	1	1	1
2	10	2	2
3	11	3	3
4	100	4	4
5	101	5	5
6	110	6	6
7	111	7	7
8	1000	10	8
9	1001	11	9
10	1010	12	A
11	1011	13	B
12	1100	14	C
13	1101	15	D
14	1110	16	E
15	1111	17	F
16	10000	20	10
17	10001	21	11
18	10010	22	12
19	10011	23	13
20	10100	24	14

문자열

문자 상수와 달리 여러 문자의 나열을 문자열 리터럴(string literal)이라고 합니다. C 언어에서 문자열은 문자와 달리 ' '가 아니고 " "(큰따옴표)로 묶어서 표기합니다. 예를 들어 다음과 같은 표기가 문자열입니다.

```
"Hello"
"Goodbye"
```

지금까지 사용해 온 printf도 ( ) 안에 문자열을 사용하고 있었지요? 화면에 출력된 문자열에는 " "가 붙지 않습니다. C 언어에서 문자열은 문자 상수와는 다르게 취급되며, 문자열에 대해서는 제7장에서 더욱 자세하게 배우겠습니다.

> 문자열은 " "로 묶어서 표기한다.
> 문자와 문자열의 취급은 다르다.

```
"Hello" ◀─────── 문자열
```

그림 2-12 **문자열**
문자열을 나타낼 경우 " "로 묶습니다.

 문자열

C 언어 코드는 다음과 같이 수치를 표기할 수도 있습니다.

- 정수 상수(integer constant)   1, 3, 100 등
- 부동소수점 상수(floating constant)   2.1, 3.14, 5.0 등

Sample4에서는 '123'이나 '10.5'가 수치입니다. 수치는 ' '나 " "로 묶지 않고 표기하며, 수치를 출력할 경우 %d(정수), %f(부동소수점수)라는 변환 사양을 사용합니다.

```
printf("%d는 정수입니다. \n", 123);
```

```
printf("%f는 소수입니다. \n", 10.5);
```

정수는 일반적인 수치의 표기 방법 이외에도 여러 가지 표기 방법이 있습니다. 예를 들면 8진수, 16진수로 수치를 표기할 수도 있습니다.

- 8진수 · · · 수치의 앞머리에 0을 붙인다
- 16진수 · · · 수치의 앞머리에 0x라고 붙인다

즉, C 언어 코드는 다음과 같은 방법으로 수치를 표기할 수 있습니다.

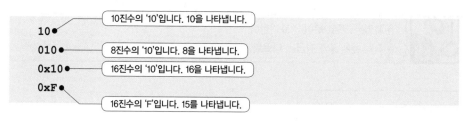

10 • ─── 10진수의 '10'입니다. 10을 나타냅니다.
010 • ─── 8진수의 '10'입니다. 8을 나타냅니다.
0x10 • ─── 16진수의 '10'입니다. 16을 나타냅니다.
0xF • ─── 16진수의 'F'입니다. 15를 나타냅니다.

그럼 여러 가지 표기 방법을 사용해서 수치를 출력해 보겠습니다.

Sample7.c ▶ 10진수 이외의 표기

```
#include <stdio.h>

int main(void)
{
    printf("10진수의 10은 %d입니다. \n", 10);
    printf("8진수의 10은 %d입니다. \n", 010);
    printf("16진수의 10은 %d입니다. \n", 0x10);
    printf("16진수의 F는 %d입니다. \n", 0xF);

    return 0;
}
```

10진수 이외의 표기를 사용하고 있습니다.

Lesson
2

Sample7 실행 화면

10진수의 10은 10입니다.
8진수의 10은 8입니다.
16진수의 10은 16입니다.
16진수의 F는 15입니다.

10진수, 8진수, 16진수로 표기한 '10'을 출력해 보았습니다. 10진수로 나타내면 8진수의 '10'은 8, 16진수의 '10'은 16입니다. 여러 가지 수치의 표기법을 사용해도 화면에는 10진수로 출력되고 있습니다.

수치는 ' '와 " "로 묶지 않는다.
정수(10진수)를 출력하기 위해 변환 사양 %d를 사용한다.
부동소수점수를 출력하기 위해 변환 사양 %f를 사용한다.
정수를 나타낼 경우 8진수와 16진수를 사용할 수도 있다.

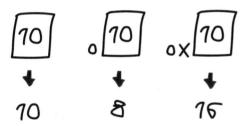

그림 2-13 | 10진수 이외의 표기
8진수와 16진수로 정수를 나타낼 수 있습니다.

 2개 이상의 문자 · 수치의 출력

문자와 수치의 표기를 이해했습니까? 그러면 마지막으로

2개 이상의 문자와 수치를 함께 출력하는 방법에 대해서 알아보겠습니다.

Sample8.c ▶ 2개 이상의 문자와 수치의 출력

```
#include <stdio.h>
int main(void)                    문자를 출력합니다.
{
                                        정수를 출력합니다.
    printf("%c는 문자, %d는 정수입니다. \n", 'A', 123);
    printf("%d는 정수, %f는 소수입니다. \n", 123, 10.5);
                                                              콤마로 구분된 순서대로
                                                              출력됩니다.
    return 0;
}
```

Sample8 실행 화면

A는 문자, 123은 정수입니다.
123은 정수, 10.500000는 소수입니다.

이번에는 printf 안에 두 개의 변환 사양과 콤마를 표기했습니다. 변환 사양을 두 개 이상 표기하면 콤마로 구분한 순서대로 뒤쪽의 문자와 수치가 각각 대입되어 출력되며, 세 개 이상일 때도 마찬가지입니다. 순서에 주의해서 여러 가지 문자와 수치를 함께 출력해보기 바랍니다.

```
printf("%c는 문자, %d는 정수입니다. \n", 'A', 123);
```

그림 2-14 **2개 이상의 문자 · 수치의 출력**
2개 이상의 변환 사양을 사용하면 콤마 뒤의 문자와 수치가 순서대로 출력됩니다.

컴퓨터 장치

이 장에서는 컴퓨터 화면에 문자와 숫자를 표시했습니다. 그러면 이제 컴퓨터 장치를 정리해 봅시다. 컴퓨터는 크게 5개의 장치로 분류할 수 있습니다.

① 연산장치는 프로그램의 지시에 따라 처리하는 장치입니다. 컴퓨터 속의 CPU(Central Processing Unit)라는 장치가 연산장치로 동작합니다.
② 제어장치는 모든 장치를 제어합니다. CPU는 제어장치 역할도 맡고 있습니다.
③ 기억장치는 프로그램이나 데이터를 저장하는 장치입니다. 컴퓨터 속의 메모리(memory)가 기억장치로 동작합니다. 또한 컴퓨터의 전원을 끄면 데이터가 사라지기 때문에, 하드 디스크 등의 보조 기억장치를 사용합니다.
④ 입력장치는 키보드나 마우스 등의 장치를 말합니다. 프로그램이나 데이터를 받아들이는 용도로 사용합니다.
⑤ 출력장치는 화면이나 프린터 등의 장치를 말합니다. 실행 결과를 표시하거나 인쇄합니다. 프로그램을 실행하면, 이 장치들이 연계해서 동작하게 되어 있습니다.

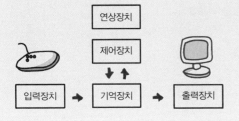

2.4 이 장의 요약

이 장에서는 다음과 같은 내용을 배웠습니다.

- main() 함수는 C 언어 프로그램의 본체입니다.
- 문은 처리의 작은 단위입니다.
- 블록은 처리의 큰 단위입니다.
- 주석을 이용해서 코드 안에 메모를 표기할 수 있습니다.
- 문자열을 출력할 때 printf를 사용합니다.
- C 언어에는 문자·문자열·수치 등이 있습니다.
- 문자와 수치를 출력할 때 변환 사양을 이용합니다.
- 문자는 ' 로 묶습니다.
- 특수한 문자는 이스케이프 시퀀스로 나타냅니다.
- 문자열은 " 로 묶습니다.
- 정수는 8진수와 16진수로 나타낼 수도 있습니다.

여기까지 배운 내용들을 사용하면 일정한 문자와 수치를 화면으로 표시하는 코드를 작성할 수 있습니다. 그러나 이것만으로는 아직 다양한 프로그램을 작성할 수 없습니다. 다음 장에서는 '변수'라는 기능을 이용해서 보다 유연한 프로그램을 작성하는 방법에 대해서 배워보겠습니다.

연습

1. 다음 코드는 오류가 있습니까? 만약 있으면 수정하시오.

```
#include <stdio.h>
int main(void){printf("안녕하세요.\n");
printf("안녕히 계세요.\n"); return 0;}
```

2. 다음 코드의 적절한 위치에 '문자와 수치의 출력'이라는 주석을 입력하시오.

```
#include <stdio.h>

int main(void)
{
    printf("%c는 문자입니다.\n", 'A');
    printf("%d는 정수입니다.\n", 123);
    printf("%f는 소수입니다.\n", 10.5);

    return 0;
}
```

3. 문자와 수치 등을 사용해서 화면에 다음과 같이 출력하는 코드를 작성하시오.

```
123
\100 받았다.
그럼, 내일 또 만나요.
```

4. '탭' 기호를 표시하는 이스케이프 시퀀스(\t)를 사용해서 화면에 다음과 같이 출력하는 코드를 작성하시오.

```
1    2    3
```

5. 8진수와 16진수를 사용해서 각각 화면에 다음과 같이 출력하는 코드를 작성하시오.

```
6
20
13
```

Lesson 3

변수

제2장에서는 문자와 수치를 화면으로 출력하는 방법을 배웠습니다. 문자와 수치는 프로그램을 처음 시작한 분도 큰 어려움 없이 이해했으리라 생각합니다. 제3장에서는 C 언어 프로그래밍다운 기능을 배워보겠습니다. 먼저 가장 기본이 되는 '변수'를 알아봅니다.

Check Point

- 변수
- 식별자
- 형
- 선언
- 대입
- 초기화

3.1 변수

변수 구조

프로그램을 실행할 때 프로그램은 컴퓨터에 여러 가지 값을 기억시키면서 처리합니다. 예를 들어

사용자가 입력한 수치를 화면으로 출력하는

간단한 프로그램에 대해서 생각해 봅니다. 우리는 서점 등에서 상품의 가격(=수치)을 기억해서 그 가격을 종이에 적을 수 있습니다. 마찬가지로 컴퓨터 역시 수치를 어딘가에 '기억'해 두고 화면으로 출력할 수 있습니다. 값을 기억하는 기능을 변수(variable)라고 합니다.

컴퓨터는 여러 가지 값을 기억해 두기 위해 내부에 메모리(memory)라는 장치를 가지고 있습니다. '변수'는 바로 이 컴퓨터의 메모리를 이용해서 값을 기억하는 기능을 가집니다.

변수의 이미지를 정립하기 위해 다음 그림을 보기 바랍니다. 변수는 다음 그림의 상자와 같은 물건이라고 생각할 수 있기 때문에 변수를 사용하면 마치

변수라는 상자 안에 값을 넣듯이

특정한 값을 메모리에 기억시킬 수 있습니다.

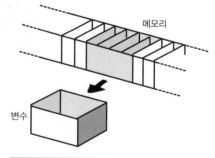

그림 3-1 **변수**
변수에는 여러 가지 값을 기억시킬 수 있습니다.

3.2 식별자

 ## 변수 '이름'과 식별자

코드 안에서 변수를 사용하려면 처음에 두 가지를 결정해야 합니다.

1. 변수에 '이름'을 붙인다.
2. 변수의 '형'을 지정한다.

먼저 변수 이름에 대해서 설명하겠습니다. 변수를 사용하려면 변수를 위한 특정한 '이름'을 준비해야 되고, 변수 이름은 우리가 적당히 선택해서 결정할 수 있습니다.

예를 들어 'num'이라는 이름을 가정해 봅니다. 이와 같은 문자 조합은 변수 이름으로 사용할 수 있으며, 이렇게 변수 이름으로 사용할 수 있는 문자와 수치의 조합을 식별자(identifier)라고 합니다. 따라서 num은 '식별자' 가운데 하나입니다. 단, 식별자는 다음과 같은 규칙이 있습니다.

- 영문, 숫자, 밑줄 문자(underscore, _) 가운데 하나를 사용할 수 있고, 특수 기호를 포함할 수 없습니다.
- 환경에 따라서 31 문자까지 제한됩니다.
- 미리 C 언어에서 예약하고 있는 '예약어(keyword)'를 사용할 수 없습니다. 주요 예약어로서 return이 있습니다.
- 숫자로 시작할 수 없습니다.
- 대문자와 소문자는 구별됩니다.

그림 3-2 **변수 이름**

변수 이름은 식별자를 사용합니다.

위의 규칙에 맞는 식별자의 예를 몇 가지 만들어 보겠습니다. 다음과 같은 이름은 변수 이름으로 사용할 수 있습니다.

```
a
abc
ab_c
F1
```

다음과 같은 이름은 식별자 규칙과 맞지 않기 때문에 변수 이름으로 사용할 수 없습니다. 무엇이 틀렸는지 확인해 봅니다.

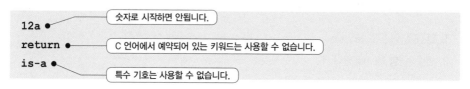

변수 이름은 식별자 규칙에 따라 자유롭게 사용할 수 있지만 가능하면 어떤 값을 기억하는 변수인지 확실하게 이해할 수 있는 이름을 선택합니다.

변수 이름은 식별자를 사용해서 이해하기 쉬운 이름을 붙인다.

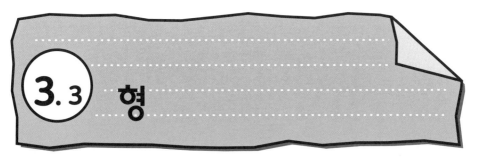

 형

이번에는 변수의 '형'에 대해서 설명하겠습니다. 변수에는 값을 기억시킬 수 있으며, 값에는 몇 가지 '종류'가 있습니다. 이렇게 변수에 기억되는 값의 종류를 데이터 형 (data type) 또는 형(type)이라고 합니다.

C 언어는 다음과 같은 기본적인 형(기본형)이 있습니다.

표 3-1 : C 언어의 주요 기본형

종류	이름	크기	기억할 수 있는 값의 범위	
문자형	char	1바이트	영문숫자 1문자	−128 ∼ 127
	unsigned char	1바이트	영문숫자 1문자(부호 없음)	0 ∼ 255
정수형	short int	2바이트	정수 −32768 ∼ 32767	
	unsigned short int	2바이트	정수(부호 없음) 0 ∼ 65535	
	int	4바이트	정수 −2147483648 ∼ 2147483647	
	unsigned int	4바이트	정수(부호 없음) 0 ∼ 4294967295	
	long int	4바이트	장정수 −2147483648 ∼ 2147483647	
	unsigned long int	4바이트	장정수(부호 없음) 0 ∼ 4294967295	
부동소수점형	float	4바이트	단정밀도 부동소수점수 3.4E−38 ∼ 3.4E+38	
	double	8바이트	배정밀도 부동소수점수 1.7E−308 ∼ 1.7E+308	
	long double	8바이트	확장 배정밀도 부동소수점수 1.7E−308 ∼ 1.7E+308	

변수를 사용하려면 어떤 형의 값을 기억시킬 변수인지 미리 결정해야 합니다. 예를 들어 그림 3-3을 보기 바랍니다. 이 그림은

short int형이라는 종류의 값을 기억시킬 수 있는 변수

를 나타냅니다. 이와 같은 변수를 사용하면

−32768 ~ 32767 범위의 정수 가운데 어느 한 가지 값

을 기억시킬 수 있습니다.

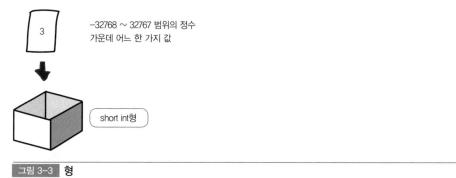

−32768 ~ 32767 범위의 정수
가운데 어느 한 가지 값

short int형

그림 3-3 **형**
변수를 사용하려면 형을 지정합니다.

short int형 변수에는 소수점 이하 자리를 갖는 '3.14'와 같은 값을 기억시킬 수 없습니다. 이와 같은 값을 저장하려면 부동소수점형이라는 double형 변수를 사용합니다.

표 3-1의 '크기'라는 항목을 주목하기 바랍니다. 이것은 '기억할 값이 어느 정도의 메모리를 필요로 하는지'를 나타내고 있습니다. 일반적으로 크기가 클수록 나타낼 수 있는 값의 범위도 넓어집니다. 예를 들어 double형 값을 기억하려면 int형 값보다 많은 메모리를 필요로 하지만 나타낼 수 있는 값의 범위는 넓게 설정되어 있습니다.

또한 C 언어의 기본형 크기는 개발환경에 따라 다를 수도 있습니다. 표 3-1에 나타낸 '크기'와 '기억할 수 있는 값의 범위'는 표준이지만, 사용하는 개발환경에 따라 다를 수도 있기 때문에 자세한 내용은 개발환경의 설명서를 참고하기 바랍니다.

비트와 바이트

형의 크기와 값의 범위는 깊은 관계가 있습니다. 컴퓨터는 수를 0과 1만을 사용한 2진수로 인식한다고 제2장에서 설명했습니다. 2진수의 '한 자릿수'를 비트(bit)라고 합니다. 다음과 같은 수치의 한 자릿수가 1비트에 해당합니다.

1비트에서는 2진수의 한 자릿수에 해당하는 '0'이나 '1' 가운데 하나로 값을 표현할 수 있습니다. 또한 2진수의 8 자리 수치는 바이트(byte)라고 합니다. 즉 1바이트는 8비트에 해당합니다. 1바이트에서는 28=256가지 값을 표현할 수 있습니다.

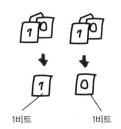

1비트   1비트

표 3-1을 보기 바랍니다. '2바이트인 short int형의 값'은 컴퓨터 내부에서 다음과 같이 2진수 16자릿수의 수치로 되어 있습니다.

2진수 16자릿수는 2^{16}=65536가지 값을 표현할 수 있습니다. 따라서 short int형은 일반적으로 65536가지의 값을 가지며, 우리가 보통 사용하는 10진수의 −32768부터 32767까지 값을 대응시켜서 다음과 같이 나타냅니다.

표 : short int형의 예

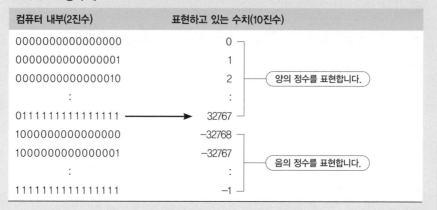

제일 왼쪽 1비트가 수치의 양과 음을 나타내며, 양수에서는 선두가 0, 음수에서는 1이 됩니다. 따라서 같은 2바이트 형이라고 해도 제일 왼쪽 비트가 다르면 다른 값을 나타낼 수 있습니다. 예를 들어 2바이트 형인 unsigned short int형을 보기 바랍니다. 이것은 65536가지의 양의 정수(0 ~ 65535)를 나타내는 형입니다. 예를 들어 다음과 같은 수치로 표현할 수 있습니다.

표 : unsigned short int형의 예

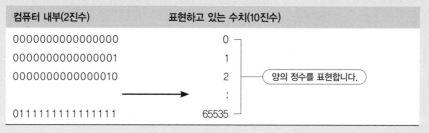

이번에는 선두 비트가 0이든 1이든 표현하고 있는 수치는 양의 정수가 됩니다.

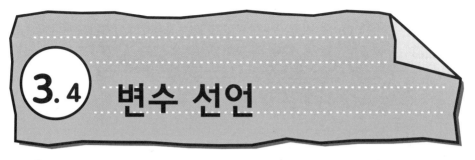

3.4 변수 선언

 변수 선언

변수 이름과 형을 결정했으면 이제 코드 안에서 변수를 사용해 보겠습니다. 먼저
'변수를 준비'하는 작업이 필요합니다. 이 작업을

변수를 선언한다(declaration)

라고 합니다. 변수는 다음과 같이 선언합니다.

> **구문** **변수 선언**
>
> 형 이름   식별자;

여기에서 3.2절과 3.3절에서 설명한 '형'과 '식별자(여기에서는 변수 이름)'를 지정
합니다. 변수 선언은 하나의 문이 되기 때문에 마지막에 세미콜론(;)을 붙입니다. 실
제 코드는 다음과 같습니다.

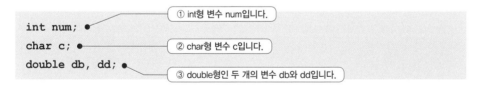

```
int num;      ① int형 변수 num입니다.
char c;       ② char형 변수 c입니다.
double db, dd;  ③ double형인 두 개의 변수 db와 dd입니다.
```

①은 int형 변수 num을 선언한 문입니다. ②는 char형 변수 c를 선언한 문입니다.
③은 double형 변수 db와 dd를 함께 선언한 것입니다. 이와 같이 변수는 콤마(,)로 이
름을 구분하고 하나의 문 안에 함께 선언할 수도 있습니다.

변수를 선언하면 그 변수 이름을 코드 안에서 사용할 수 있습니다.

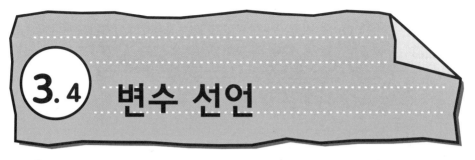
Lesson
3

변수는 형과 이름을 지정해서 선언한다.

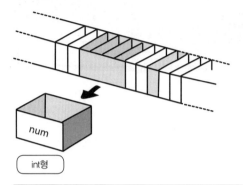

num

int형

그림 3-4 **변수 선언**

변수를 선언하면 변수가 준비됩니다.

3.5 변수의 이용

변수 값의 대입

변수를 선언하면 변수에 특정한 값을 기억시킬 수 있습니다. 이것을

값을 대입한다(assignment)

라고 합니다. 그림 3-5를 보기 바랍니다. '값의 대입'은 준비한 변수 상자에 특정한 값을 넣는(저장하는 또는 기억하는)다는 의미입니다.

대입을 하려면 다음과 같이 =라는 기호를 사용해서 표기합니다.

```
num = 3;
```

조금 색다른 표기법이지만 이것으로 변수 num에 값 3을 기억시킬 수 있습니다. 이 = 기호는 값을 기억시키는 역할을 합니다.

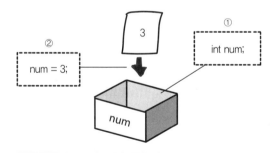

___그림 3-5___ **변수 값의 대입**

　① 변수 num을 선언합니다.
　② 변수 num에 3이라는 값을 대입합니다.

변수에 값을 대입하는 코드의 형태는 다음과 같습니다.

구문

변수 값의 대입

변수 이름 = 식;

'식'은 다음 장에서 자세히 설명하기 때문에 여기에서는 3과 5와 같은 일정한 '값'이라고 기억하기 바랍니다. 그러면 실제로 프로그램을 작성해서 변수를 사용해 보겠습니다.

Sample1.c ▶ 변수 사용

```
#include <stdio.h>

int main(void)
{
    int num;          ① 변수 num을 선언합니다.

    num = 3;          ② 변수 num에 3을 대입합니다.

    printf("변수 num의 값은 %d입니다. \n", num);
                      ③ 변수 num의 값을 출력합니다.
    return 0;
}
```

Sample1 실행 화면

변수 **num**의 값이 출력됩니다.

변수 **num**의 값은 **3**입니다.

이 코드는 먼저 ①에서 int형 변수 num을 선언하고 있고, ②에서 변수 num에 3이라는 값을 대입하고 있습니다.

이와 같이 '='이라는 기호는 수학식에서 사용되는 '●와 ○가 같다'라는 의미가 아니고, '값을 대입한다'라는 기능을 표현합니다.

변수는 =를 사용해서 값을 대입한다.

변수 값의 출력

마지막으로 ③을 보기 바랍니다. 여기에서 변수 num의 값을 출력하고 있습니다. 변수 값을 출력하기 위해서는 제2장에서 배운 변환 사양을 사용합니다. 정수를 출력할 때 %d를 사용하고, 변수에 대입되어 있는 값이 정수일 경우 마찬가지로 %d를 사용합니다.

```
printf("변수 num의 값은 %d입니다. \n", num);
```

콤마 뒤에는 ' '와 " "라는 인용부호를 붙이지 않고 변수 이름을 표기하기 때문에 변환 사양 부분으로 출력되는 것은

```
num
```

이라는 변수 이름이 아니고, 변수 num 안에 저장되어 있는

```
3
```

이라는 값입니다.

이것으로 변수 값을 화면으로 출력하는 코드를 표기할 수 있습니다.

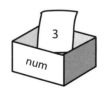

그림 3-6 **변수 출력**
변수를 출력하면 변수에 기억되어 있는 값이 표시됩니다.

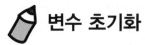 변수 초기화

그런데 Sample1에서는

```
int num;
num = 3;
```
변수를 선언합니다.

다음 문에서 변수에 값을 대입합니다.

와 같이 변수를 선언하고 나서 또 하나의 문을 표기해서 변수 안에 값을 대입했습니다. 그러나 C 언어에서는

변수 선언과 동시에 변수 값을 저장하는

방법도 있습니다. 이와 같은 처리를

변수 초기화(initialization)

라고 합니다. 변수를 초기화하는 코드는 다음과 같이 표기합니다.

```
int num = 3;
```
변수를 3으로 초기화하고 있습니다.

이 문은 Sample1에서 두 개의 문으로 표시한 처리를 하나의 문으로 모아서 표기한 것입니다. 변수의 초기화 방법을 기억하기 바랍니다.

구문 **변수의 초기화**

형 이름 식별자 = 식;

실제로 코드를 작성할 때 가능하면 변수를 초기화하는 방법을 사용하는 것이 편리합니다. 변수의 선언과 대입을 두 개의 문으로 나누어 놓으면 값을 대입하는 문이 누락되는 경우가 자주 있기 때문입니다.

```
int num;
printf("변수 num의 값은 %d입니다. \n", num);
```
변수에 값이 없습니다.

값을 대입하지 않고 변수 값을 화면으로 표시하면, 의미 없는 수치가 표시되거나 에러가 발생합니다. 변수를 이용할 때 의미 있는 값이 제대로 대입되어 있는지 주의해서 작성합니다.

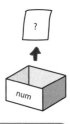

변수를 초기화하면 선언과 값의 저장이 동시에 이루어진다.
변수는 반드시 값을 저장하고 나서 이용한다.

Lesson 3

변수 값의 변경

제2장에서 살펴본 것처럼 코드 내에서는 문이 하나씩 차례대로 처리됩니다. 이런 성질을 이용해서 일단 대입한 변수 값을 새로운 값으로 변경할 수 있습니다. 다음 코드를 보기 바랍니다.

Sample2.c ▶ 변수 값의 변경

```c
#include <stdio.h>

int main(void)
{
    int num;

    num = 3;

    printf("변수 num의 값은 %d입니다. \n", num);

    num = 5;

    printf("변수 num의 값을 변경했습니다. \n");
    printf("변수 num의 새로운 값은 %d입니다. \n", num);

    return 0;
}
```

① 변수 값을 출력합니다.

② 변수에 새로운 값을 대입합니다.

③ 변수의 새로운 값을 출력합니다.

Sample2 실행 화면

변수 **num**의 값은 **3**입니다.
변수 **num**의 값을 변경했습니다.
변수 **num**의 새로운 값은 **5**입니다.

변수의 새로운 값이 출력됩니다.

Sample2는 변수 num에 3을 대입한 후 ①에서 출력하고 있습니다. 그리고 ②에서 새로운 값인 5를 변수에 대입하고 있습니다. 이와 같이 변수에 다시 한번 값을 대입하면

이전 값을 지우고 새로운 변수 값으로 변경하는

처리가 가능합니다.

②에서 변수 값이 변경되었기 때문에 ③에서 변수 num을 출력할 때는 새로운 값인 '5'가 출력됩니다. ①과 ③은 같은 처리지만, 변수 값이 다르기 때문에 화면으로 출력되는 값이 다릅니다. 이와 같이 변수에는 다양한 값을 기억시킬 수 있습니다. 이제 '변수(變數)'라고 불리는 이유를 이해했습니까?

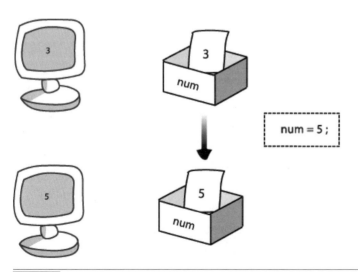

num = 5 ;

그림 3-7 **변수의 새로운 값이 출력됩니다.**
변수 num에 다시 한번 값을 대입하면 변수 값이 변경됩니다.

다른 변수 값의 대입

값을 대입할 때 = 기호의 우변에 표기할 수 있는 것은 3과 5와 같은 특정한 수치만 가능한 것은 아닙니다. 다음 코드를 입력하기 바랍니다.

Sample3.c ▶ 다른 변수 값의 대입

```c
#include <stdio.h>

int main(void)
{
    int num1, num2;

    num1 = 3;

    printf("변수 num1의 값은 %d입니다. \n", num1);

    num2 = num1;          변수 num1의 값을 변수 num2에 대입합니다.

    printf("변수 num1의 값을 변수 num2에 대입했습니다. \n");
    printf("변수 num2의 값은 %d입니다. \n", num2);

    return 0;
}
```

Sample3 실행 화면

```
변수 num1의 값은 3입니다.
변수 num1의 값을 변수 num2에 대입했습니다.
변수 num2의 값은 3입니다.
                          변수 num2의 값이 변수 num1의 값과 같게 되었습니다.
```

여기에서는 = 기호의 오른쪽에 수치가 아닌 변수 num1을 표기하고, 변수 num2에 는 '변수 num1의 값'이 대입됩니다. 화면을 보면 확실하게 변수 num2에 변수 num1 의 값인 3이 저장되어 있는 것을 알 수 있습니다. 이와 같이

변수 값을 다른 변수에 대입

할 수도 있습니다.

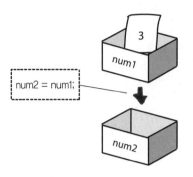

그림 3-8 다른 변수 값의 대입

변수 num1의 값을 변수 num2에 대입할 수 있습니다.

 ## 값을 대입할 때 주의할 점

변수에 값을 대입할 때는 주의할 점이 있습니다. 다음 코드를 입력하기 바랍니다.

Sample4.c ▶ 값을 대입할 때 주의할 점

```c
#include <stdio.h>

int main(void)
{
    int num;

    num = 3.14;        int형 변수에 소수를 대입하면…

    printf("변수 num의 값은 %d입니다. \n", num);

    return 0;
}
```

Sample4 실행 화면

변수 **num**의 값은 **3**입니다.

소수점 이하는 버려집니다.

Sample4에서는 변수 num에 '3.14'를 대입했는데 이 프로그램에서는 다른 값인 '3'이 출력되었습니다. 이것은 int형 변수인 num에 정수 값만을 저장할 수 있기 때문입니다.

3.3절에서도 설명했듯이 변수는 선언한 형에 따라서 기억할 수 있는 값의 종류가 정해집니다. 정수 값을 저장하는 형의 변수에 소수 값을 대입하면 자동으로 형 변환이 일어나서 소수점 이하는 버려집니다. 따라서 변수의 형을 취급할 때는 주의하기 바라며, 형 변환에 대해서는 제4장에서 다시 설명하겠습니다.

Lesson
3

그림 3-9 값 대입의 주의점
변정수형 변수는 소수 값을 그대로 기억할 수 없습니다..

 변수 선언의 위치

이 책에서는 당분간 변수 선언을

main() 함수의 블록 안에서 앞쪽에

표기하도록 합니다. 즉 C 언어는 블록 내의 여러 가지 다른 문보다 앞에 변수 선언을 표기합니다.

```
int main(void)
{
        int num;─┐
        char ch;─┴─[ 블록 안의 앞쪽에 선언합니다. ]



        ...

}
```

사실은 블록 바깥에 변수를 선언할 수도 있지만 그 방법은 제8장에서 설명합니다.

변수 선언은 블록 안에서 다른 문보다 먼저 표기한다.

```
...
int main(void)
{
    int num;

    printf("C 언어에 입문하신 걸 환영합니다! \n");
    ...
}
```

──── 변수를 선언하는 부분

그림 3-10 **변수 선언**

변수를 블록 안에 선언합니다.

3.6 표준 입력

 표준 입력

　지금까지 배운 내용을 응용해서 여러 가지 문자와 수치를 입력하고, 그 값을 출력하는 코드를 작성하겠습니다. 키보드로 값을 입력시키는 코드를 배우면 보다 유연하게 프로그램을 작성할 수 있습니다. 키보드를 이용해서 값을 입력하는 코드는 다음과 같은 형식으로 표기합니다.

구문 　표준 입력

```
#include <stdio.h>

int main(void)
{
    변수 선언;
    scanf("변수사양", &변수);

    ...
}
```

키보드로부터 입력된 값이 변수에 저장됩니다.

&을 붙입니다.

　키보드로 값을 입력하려면 scanf라는 단어를 사용합니다. scanf는 입력된 값을 읽어서 변수에 그 값을 저장하는 역할을 합니다.

　scanf는 printf의 형태와 매우 비슷하며, 정수를 입력할 때 printf와 마찬가지로 %d라는 변환 사양을 사용합니다.

num

⬇ 이 변수에 대입된다.

scanf("%d", &num);

그림 3-11 표준 입력

키보드로부터 입력된 값을 변수로 읽기 위해서는 scanf를 사용합니다.

　단 scanf로 사용할 변수에는 반드시 &라는 기호를 사용해야 합니다. printf는 변수 이름만 표기하면 충분했지만 scanf는 & 기호가 필요합니다. 이 기호는 제9장에서 자세히 설명하기 때문에 여기에서는 형태만 기억해 두기 바랍니다.

　이 형식의 프로그램에서 scanf라는 문의 처리가 이루어지면 실행 화면이 키보드로부터 값의 입력을 기다리는 상태로 정지됩니다. 사용자가 수치 등을 키보드로 입력하고 Enter 키를 누르면 입력한 값이 scanf의 마지막에 지정한 변수에 저장됩니다. 그러면 실제로 프로그램을 작성해서 실행해 보겠습니다.

Sample5.c ▶ 키보드를 통한 정수의 입력

```
#include <stdio.h>

int main(void)
{
    int num;

    printf("정수를 입력하세요. \n");       ← 키보드로 입력을 요구하는 메시지를 출력합니다.

    scanf("%d", &num);       ← 키보드로부터 입력된 수치를 변수 num으로 저장합니다.

    printf("%d가 입력되었습니다. \n", num);
                                             ← 입력한 수치를 출력합니다.

    return 0;
}
```

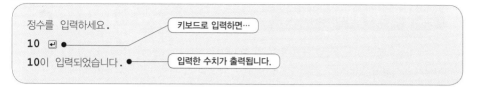

Sample5 실행 화면

정수를 입력하세요.

10 ⏎ ● ─── 키보드로 입력하면…

10이 입력되었습니다. ● ─── 입력한 수치가 출력됩니다.

이 프로그램을 실행하면 '정수를 입력하세요.'라는 메시지가 화면에 출력되고 컴퓨터는 사용자가 입력할 때까지 기다리는 상태가 됩니다.

여기에서 '10'을 키보드로 입력하고 Enter 키를 누르면 화면에 '10이 입력되었습니다.'라고 출력될 것입니다.

프로그램을 실행해서 여러 가지 수치를 입력해 봅니다. 이 코드를 사용하면 여러 가지 수치를 출력할 수 있습니다.

scanf를 사용하면 키보드로부터 입력된 수치를 읽을 수 있다.
변수에 저장시키려면 변수 이름에 &를 붙인다.
정수를 입력하려면 사양변환 %d를 사용한다.

scanf가 처리되면 키보드로부터 값의
입력을 기다리는 상태가 된다

입력하고 Enter 키를 누르면
변수에 저장된다

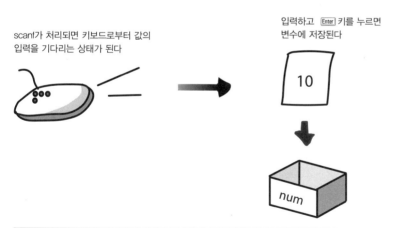

그림 3-12 표준 입력의 순서
키보드로 입력한 값을 받아서 변수에 저장합니다.

scanf_s에 대해

scanf는 오래전부터 쓰였던 표준 입력 방법인 만큼, 사용자의 환경에 따라서는 보안 관련 메시지가 표시될 수 있습니다. 특히 VisualStudio에서 scanf를 사용하면, 컴파일을 할 때 보안 관련 에러가 표시됩니다.

이럴 때는 컴파일 에러를 표시하지 않게 설정하거나, scanf를 scanf_s라는 함수로 대체하는 방법이 있습니다.

이 책의 viii~ix 페이지에는 VisualStudio가 표시하는 에러를 제어하는 방법이 실려 있습니다. 영진닷컴 홈페이지(www.youngjin.com)에서 scanf_s를 사용한 코드를 다운로드 받을 수 있습니다. 사용하는 환경에 맞추어 이용하기 바랍니다.

 소수 입력

이번에는 정수가 아닌 값을 입력해 보겠습니다. 먼저 다음 코드를 입력해서 소수 값을 입력합니다.

Sample6.c ▶ 소수 입력

```c
#include <stdio.h>

int main(void)
{
    double num;

    printf("소수를 입력하세요. \n");

    scanf("%lf", &num);     ●

    printf("%f가 입력되었습니다. \n", num);

    return 0;
}
```

> 키보드로 입력된 소수가 저장됩니다.

Sample6 실행 화면

소수를 입력하세요.
3.14 ⏎ ──●────(소수를 입력하면…)
3.140000가 입력되었습니다. ●───(이와 같이 출력됩니다.)

이 프로그램은 소수 값을 저장해서 화면으로 출력하고 있습니다. 이번에는 변환 사양 %lf라는 지정을 사용하고 있습니다. 즉 double형 변수에 입력하려면, 변환 사양 %lf를 사용합니다.

double형 변수의 값을 출력할 경우에는 %f를 사용하기 때문에 이 차이점에 주의할 필요가 있습니다. 또한 입력하는 값이 float형일 경우에는 scanf라고 하더라도 %f를 사용해야 합니다.

```
scanf("%lf", &num);
```

부동소수점수(double형)를 입력하려면 변환 사양 %lf를 사용한다.

입력 오류

만약 사용자가 잘못된 값을 입력하면 어떻게 될까요? 예를 들어 정수를 입력하는 프로그램에서 사용자가 소수를 입력하면 어떻게 될까요?

사용자가 실수로 입력하게 되면 정확한 표시가 되지 않거나, 예상 밖의 에러가 발생하기도 합니다.

실제로 프로그램을 작성할 때 사용자가 실수로 입력하는 경우를 예상한 처리도 함께 표기해야 됩니다. 즉, 사용자의 입력 오류도 예상해서 코드를 작성합니다.

문자 입력

이번에는 문자를 입력하는 방법에 대해서 설명하겠습니다. 문자를 입력할 때 지금까지 배운 scanf가 아닌 getchar라는 지정을 사용할 경우도 있기 때문에 이 입력 방법을 외워두기 바랍니다.

구문 문자 입력

변수 이름 = getchar( ); ● ┈┈┈┈┈ 변수에 문자 상수가 저장됩니다.

getchar문이 처리되면 사용자가 키보드로 문자를 입력할 수 있게 됩니다. 따라서 키보드로 문자를 입력하면 그것이 변수에 저장됩니다. 그러면 코드를 작성해 보겠습니다.

Sample7.c ▶ 문자 입력

```c
#include <stdio.h>

int main(void)
{
    char ch;

    printf("문자를 입력하세요(영문과 숫자). \n");

    ch = getchar(); ●    키보드로 입력된 문자를 저장합니다.

    printf("%c가 입력되었습니다. \n", ch);

    return 0;
}
```

Sample7 실행 화면

문자를 입력하세요 (영문과 숫자).

a ↵

a가 입력되었습니다.

getchar를 사용해서 문자를 나타내는 char형인 ch 변수에 입력한 문자가 저장됐습니다. 이 문자는 제2장에서 배운 것처럼 변환 사양 %c를 사용해서 출력할 수 있습니다.

문자 상수를 입력하려면 getchar를 사용한다.

표준 입력의 구조

그런데 printf가 '표준 출력'에 대한 처리를 위한 것이라면 scanf나 getchar는 표준 입력(standard input)이라는 장소로부터 수치와 문자를 읽어서 저장하는 처리를 합니다. 일반적으로 '표준 입력'이란 컴퓨터의 '키보드'를 말합니다.

scanf나 getchar를 사용해서 키보드로 입력하려면 printf를 사용할 때와 마찬가지로 코드의 앞부분에 stdio.h를 표기해야 됩니다. 이 방법에 대해서는 제2장을 참고하기 바랍니다.

이 책의 예제에서는 printf, scanf, getchar를 사용하고 있습니다. C 언어는 이외에도 여러 가지 방법으로 입출력을 할 수가 있는데 다른 방법에 대해서는 제12장에서 자세히 설명하겠습니다.

3.7 이 장의 요약

이 장에서는 다음과 같은 내용을 배웠습니다.

- 변수는 값을 저장할 수 있습니다.
- 변수는 이름과 형을 지정해서 선언니다.
- 변수 이름은 식별자를 사용합니다.
- 변수에 값을 대입하려면 = 기호를 사용합니다.
- 변수를 초기화하면 변수 선언과 동시에 값을 저장할 수 있습니다.
- 변수에 새로운 값을 대입하면 저장되어 있는 값이 변경됩니다.
- 키보드로 수치를 입력하려면 scanf 등을 사용합니다.
- 키보드로 문자를 입력하려면 getchar 등을 사용합니다.

변수는 C 언어의 가장 기본적인 기능이지만, 이 장에서 배운 예제만으로는 변수의 기능을 완벽하게 이해할 수 없을지도 모릅니다. 그러나 많은 코드를 작성해 보고, 이 책의 학습이 끝날 무렵에는 변수가 C 언어에서 꼭 필요한 기능이라는 것을 알게 될 것입니다. 여러 가지 변수에 익숙해진 후에 이 장으로 돌아와서 다시 한번 복습해 보기 바랍니다.

연습

1. 화면에 다음과 같이 출력하는 코드를 작성하시오.

Lesson 3

> 당신은 몇 살입니까?
> **23** ⏎
> 당신은 **23**살입니다.

2. 화면에 다음과 같이 출력하는 코드를 작성하시오.

> 원주율의 값은?
> **3.14** ⏎
> 원주율의 값은 **3.140000**입니다.

3. 화면에 다음과 같이 출력하는 코드를 작성하시오.

> 알파벳의 첫 문자는 무엇입니까?
> **a** ⏎
> 알파벳의 첫 문자는 **a**입니다.

4. 화면에 다음과 같이 출력하는 코드를 작성하시오.

> 키를 입력하세요.
> **165.2** ⏎
> 몸무게를 입력하세요.
> **52.5** ⏎
> 키는 **165.200000 cm**입니다.
> 몸무게는 **52.500000 kg**입니다.

5. 화면에 다음과 같이 출력하는 코드를 작성하시오.

> 키와 몸무게를 입력하세요.
> **165.2** ↵
> **52.5** ↵
> 키는 **165.200000 ㎝** : 몸무게는 **52.500000 ㎏**입니다.

Lesson

4

식과 연산자

컴퓨터는 다양한 처리를 실행할 수 있습니다. 이때 필요한 것이 '연산'입니다. C 언어 프로그램을 작성할 때도 연산에 관한 기능은 반드시 필요합니다. C 언어는 연산을 간단하게 하기 위해서 '연산자'라는 기능이 준비되어 있습니다. 이 장에서는 여러 가지 연산자의 사용법에 대해서 배우겠습니다.

Check Point

- 식
- 연산자
- 피연산자
- 증가 연산자
- 감소 연산자
- 대입 연산자
- 연산자의 우선순위
- 형 변환
- 캐스트 연산자

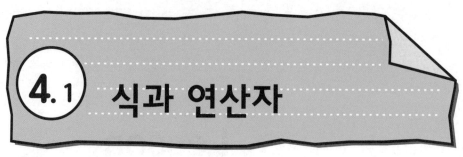

4.1 식과 연산자

 식 구조

컴퓨터는 여러 가지 처리를 '계산'으로 실행하기 때문에 이 장에서는 먼저 식(ex-pression)에 대해서 배우겠습니다. '식'을 이해하기 위해서

1+2

라는 '수식'을 생각해 봅니다. C 언어도 이와 같은 식을 코드 안에서 사용합니다.
C 언어의 '식'은 대부분

연산자 (연산하는 방식 : operator)

피연산자 (연산의 대상 : operand)

를 조합해서 만들어집니다. 예를 들어 '1+2'의 조합에서는 '+'가 연산자, '1'과 '2'는 피연산자가 됩니다.

또한 식의 '평가(연산의 처리)'도 중요한 개념입니다. '평가'를 알기 위해서는 먼저식의 '계산'을 상상해 봅니다. 이 계산이 식의 평가에 해당합니다. 예를 들어 1+2가 평가되면 3이 됩니다. 평가된 뒤의 3을 '식의 값'이라고 합니다.

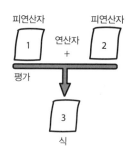

그림 4-1 **식**

1+2라는 식은 평가되어 3이라는 값을 가집니다.

식의 값과 출력

지금까지 배웠던 화면으로 출력하는 코드를 이용하면 식의 값을 출력할 수 있습니다. 다음과 같이 코드를 작성합니다.

Sample1.c ▶ 식의 값 출력

```
#include <stdio.h>

int main(void)
{
    printf("1+2는 %d입니다. \n", 1+2);          1+2라는 식을 표기합니다.
    printf("3×4는 %d입니다. \n", 3*4);

    return 0;
}
```

Sample1 실행 화면

식이 평가되어 3이 출력됩니다.
```
1+2는 3입니다.
3×4는 12입니다.
```

여기에서는 '1+2'라는 식을 표기했습니다. 이 식의 값은 printf를 이용해서 화면으로 출력할 수 있습니다. 실행 화면을 보면 '3'이 출력됐습니다.

다음 문 역시 '3*4'라는 식을 표기하고 있는데 이것은 '3×4'라는 계산을 의미합니다. C 언어는 곱셈을 하기 위해 *라는 기호를 사용합니다. 이와 같이 화면으로 출력되는 값은 연산된 후의 값이 된다는 것을 알 수 있습니다.

다양한 연산

식 안에서 연산의 대상(피연산자)이 되는 것은 1이나 2와 같은 일정한 수만이 아닙니다. 다음과 같이 코드를 입력합니다.

Sample2.c ▶ 변수 값의 이용

```
#include <stdio.h>

int main(void)
{
    int num1 = 2;
    int num2 = 3;
    int sum = num1+num2;         ① num1+num2의 값을 sum에 대입합니다.

    printf("변수 num1의 값은 %d입니다. \n", num1);
    printf("변수 num2의 값은 %d입니다. \n", num2);
    printf("num1+num2의 값은 %d입니다. \n", sum);

    num1 = num1+1;               ② num1+1의 값을 num1에 대입합니다.

    printf("변수 num1의 값에 1을 더하면 %d입니다. \n", num1);

    return 0;
}
```

Sample2 실행 화면

```
변수 num1의 값은 2입니다.
변수 num2의 값은 3입니다.
num1+num2의 값은 5입니다.
변수 num1의 값에 1을 더하면 3입니다.    덧셈 결과가 출력됩니다.
```

이 코드에서는 ①과 ② 부분에서 변수를 피연산자로 사용한 식을 표기하고 있습니다. 이와 같이 일정한 값뿐 아니라 변수도 피연산자가 될 수 있습니다. 그러면 코드 내용을 하나씩 살펴보겠습니다.

먼저 ① sum = num1 + num2는

변수 num1과 변수 num2에 기억되어 있는 '값'끼리 덧셈을 하고,
그 값을 변수 sum에 대입하는

연산을 하는 식입니다.

다음에 ② num1 = num1 + 1은

변수 num1의 값에 1을 더하고, 그 값을 다시 num1에 대입하는

식입니다. 좌변과 우변이 수학에서는 성립할 수 없는 표기로 되어 있지만 여기에서 사용된 = 기호는 수학에서 사용하는 '같다'는 의미가 아니고 '값을 대입한다'는 역할을 하기 때문에 이와 같은 표기가 가능한 것입니다.

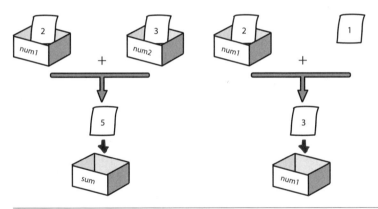

그림 4-2 sum=num1+num2(왼쪽), num1=num1+1(오른쪽)

변수에 기억되어 있는 값을 더할 수도 있습니다.

 ## 표준 입력과 덧셈

여기에서 '변수를 사용한 식'에 대해서 조금 더 생각해 봅니다. 제3장에서 설명한 것처럼 변수에는 여러 가지 값을 저장할 수 있습니다.

즉 변수를 사용한 경우, 식의 값은

코드가 처리될 때의 변수 값에 따라서 다르다

는 것을 알 수 있습니다. 이것을 이용하면 더욱 풍부한 프로그램을 만들 수 있습니다.
다음과 같이 코드를 입력해 봅니다.

Sample3.c ▶ 덧셈 프로그램

```
#include <stdio.h>

int main(void)
{
   int num1, num2;

   printf("정수 1을 입력하세요. \n");

   scanf("%d", &num1);

   printf("정수 2를 입력하세요. \n");

   scanf("%d", &num2);

   printf("덧셈 결과는 %d입니다. \n", num1+num2);

   return 0;
}
```

정수를 2개 입력시켜서 변수 num1, num2에 기억시킵니다.

num1과 num2의 값을 더한 결과를 출력합니다.

Sample3 실행 화면

```
정수 1을 입력하세요.
5 ↵
정수 2를 입력하세요.
10 ↵
덧셈 결과는 15입니다.
```

입력한 수를 더한 결과가 출력됩니다.

Sample3은 키보드로부터 입력된 값을 변수에 저장해서 덧셈을 하는 코드입니다.
제3장에서 배운 키보드로부터 입력된 값을 받아들이는 코드를 사용하고 있습니다.

프로그램을 실행해서 여러 가지 정수를 입력하면 입력한 수가 더해져 출력될 것입니다.

이와 같이 변수와 연산자를 사용해서 코드를 표기하면 프로그램을 실행할 때의 상황에 따른 프로그램을 작성할 수 있습니다. 지금까지는 항상 같은 문자와 수치밖에 출력할 수 없었지만, 이번에는 입력한 값에 따라서 다른 계산 결과를 출력할 수 있습니다. 즉 다양한 프로그램을 작성할 수 있습니다.

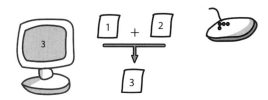

그림 4-3 **키보드로부터 입력된 값의 덧셈**
여러 가지 수치를 입력해서 덧셈을 할 수 있습니다.

다양한 식

식은

1+2
3*4

와 같은 수식만 있는 것이 아니라

num1 · · · 변수
5 · · · 상수

등도 '식'으로 생각할 수 있습니다. 즉 '5'라는 식의 값은 5입니다. 'num1'이라는 식의 값은 변수 num1에 5가 저장되었을 때 5, 10이 저장되었을 때 10이 됩니다.

이와 같이 작은 식을 다른 식과 조합해서 큰 식으로 만듭니다. 예를 들어 num1+5라는 식의 값은 식 num1의 값과 식 5의 값을 +로 연산한 결과가 됩니다.

num1 + 5
식　　　식
　　식

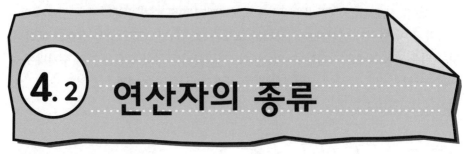

4.2 연산자의 종류

 다양한 연산자

C 언어는 + 연산자 이외에도 많은 연산자가 있습니다. 연산자의 종류를 표 4-1에 정리했습니다.

표 4-1 : 이스케이프 시퀀스

기호	이름	기호	이름
+	덧셈	>=	이상
−	뺄셈	<	미만
*	곱셈	<=	이하
/	나눗셈	==	등가
%	나머지	!=	비등가
+	단항 +	!	논리 부정
−	단항 −	&&	논리곱
~	보수	||	논리합
&	비트 논리곱	*	간접 참조
|	비트 논리합	,	순차
^	비트 배타적 논리합	( )	함수 호출
=	대입	( )	캐스트
<<	좌 시프트	[ ]	인덱스, 배열 첨자
>>	우 시프트	.	멤버 참조(dot)
++	증가	−>	멤버 간접참조(arrow)
—	감소	? :	조건
>	보다 크다	sizeof	크기

연산자는 피연산자를 한 개 또는 두 개 갖는 것 등이 있습니다. 예를 들어 다음과 같이 뺄셈을 하는 − 연산자는 피연산자를 두 개 갖는 연산자입니다.

10-2

한편 '음수'를 나타내기 위해 사용하는 - 연산자는 피연산자를 한 개 갖는 연산자입니다.

-10

피연산자를 한 개 갖는 연산자를 단항 연산자(unary operator)라고도 합니다. 그러면 표에 게재한 여러 가지 연산자를 사용해서 코드를 표기해 보겠습니다.

Sample4.c ▶ 다양한 연산자의 이용

```c
#include <stdio.h>

int main(void)
{
    int num1 = 10;
    int num2 = 5 ;

    printf("num1과 num2에 여러 가지 연산을 실행합니다. \n");
    printf("num1+num2는 %d입니다. \n", num1+num2);
    printf("num1-num2는 %d입니다. \n", num1-num2);
    printf("num1*num2는 %d입니다. \n", num1*num2);
    printf("num1/num2는 %d입니다. \n", num1/num2);
    printf("num1%%num2는 %d입니다. \n", num1%num2);

    return 0;
}
```

여러 가지 연산을 실행합니다.

Sample4 실행 화면

```
num1과 num2에 여러 가지 연산을 실행합니다.
num1+num2는 15입니다.
num1-num2는 5입니다.
```

> **num1*num2**는 50입니다.
>
> **num1/num2**는 2입니다.
>
> **num1%num2**는 0입니다.

Sample4에서는 덧셈, 뺄셈, 곱셈, 나눗셈을 실행하고 있습니다. 그렇게 어렵지는 않을 것입니다. 단, 마지막의 % 연산자(승제 연산자)는 낯설게 느껴질 수도 있을 것입니다. 이 연산자는

num1 ÷ num2 = ● ⋯나머지 ×

라는 계산에서 'x'를 식의 값으로 하는 연산자입니다. 즉, % 연산자는 '나머지 수를 구하는' 연산자가 됩니다. 이 코드는 '10÷5=2 나머지 0'이기 때문에 0이 출력되고 있습니다.

단, %라는 기호를 문자로 출력하고 싶을 때는 '%%'라고 표기합니다. printf 문자열 내에서는 변환 사양에 % 기호를 사용하기 때문에 % 자체를 출력할 경우에는 %를 두 개 이어서 표기해야 됩니다.

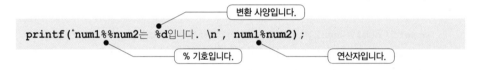

num1과 num2의 값을 변경해서 여러 가지 연산을 실행해보기 바랍니다. 단, / 연산자는 0으로 나누기를 할 수 없습니다.

 ## 증가 · 감소 연산자

이번에는 표 4-1의 연산자 중에서 프로그램을 작성할 때 자주 사용되는 연산자를 알아보겠습니다. 우선 표 안에 있는 '++'라는 연산자를 보기 바랍니다. 이 연산자는 다음과 같이 사용합니다.

```
a++; ●
```
> 변수 a 값을 1 증가시킵니다.

++ 연산자는 증가 연산자(increment operator)라고 하며, '증가(increment)'는 (변수의) 값을 1 증가시키는 연산을 말합니다. 즉, 다음 코드에서는 변수 a 값을 1 증가시키고 있기 때문에 조금 전 코드와 같은 처리를 실행합니다.

```
a = a+1; ●
```
> 값을 1 증가시키는 연산은 이와 같이 표기할 수도 있습니다.

한편 -를 두 개 붙인 '--'는 감소 연산자(decrement operator)라고 하며, '감소(decrement)'는 변수 값을 1 감소시키는 연산입니다.

```
b--; ●
```
> 정수 b의 값을 1 감소시킵니다.

이 감소 연산자는 다음 코드와 같은 의미입니다.

```
b = b-1; ●
```
> 값을 1 감소시키는 연산은 이와 같이 표기할 수도 있습니다.

> 증가(감소) 연산자는 변수 값을 1 더합니다(뺍니다).

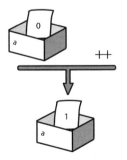

그림 4-4 증가와 감소
변수 값에 1을 더하기(빼기) 위해서는 증가(감소) 연산자를 사용합니다.

증가 · 감소의 전치와 후치

증가 · 감소 연산자는 피연산자 앞뒤에 사용할 수 있습니다. 즉, 변수 a를 증가시킬 때

```
a++
++a
```

라는 두 가지 표기법이 가능합니다. 위와 같이 피연산자의 뒤에 오면 '후치 증가 연산자', 앞에 오면 '전치 증가 연산자'라고 합니다. 단순히 변수를 1 증가시키는 것이면 어떤 표기법이라도 상관이 없지만, 이 표기의 차이로 인해서 프로그램의 실행 결과가 바뀌는 경우도 있습니다. 다음과 같이 코드를 작성합니다.

Sample5.c ▶ 전치 · 후치 증가 연산자의 이용

```c
#include <stdio.h>

int main(void)
{
    int a = 0;
    int b = 0;

    b = a++;          후치 증가 연산자를 사용합니다.

    printf("대입 후에 증가했기 때문에 b의 값은 %d입니다. \n", b);

    return 0;
}
```

Sample5 실행 화면 1

대입 후에 증가했기 때문에 **b**의 값은 **0**입니다.

　여기에서는 후치 증가 연산자를 사용했지만 이것을 전치 증가 연산자로 수정하면 실행 결과가 달라집니다. 코드 내의 증가 연산자 부분을 다음과 같이 전치로 변경해서 다시 한번 프로그램을 작성해보기 바랍니다.

```
. . .

b = ++a;●────── ( 전치 증가 연산자를 사용합니다. )
printf("대입 전에 증가했기 때문에 b의 값은 %d입니다. \n", b);

. . .
```

Lesson
4

　프로그램을 실행하면 이번에는 화면으로 다음과 같이 출력됩니다.

Sample5 실행 화면 2

대입 전에 증가했기 때문에 **b**의 값은 **1**입니다.

　처음 사용한 후치 증가 연산자는

　변수 b에 a 값을 대입한 후 → a 값을 1 증가시키는

처리가 실행되지만, 전치 증가 연산자는 반대로

　a 값을 1 증가시킨 후 → 변수 b에 a 값을 대입하는

처리가 실행되기 때문에 출력되는 변수 b의 값이 달라집니다. 여기에서는 코드를 생략했지만 감소 연산자도 같은 성질을 가지고 있습니다. Sample5를 보면서 전치 · 후치 감소 연산자를 사용한 코드를 작성해보기 바랍니다.

전치 증가 연산자는 증가시킨 후에 대입한다.
후치 증가 연산자는 대입한 후에 증가시킨다.

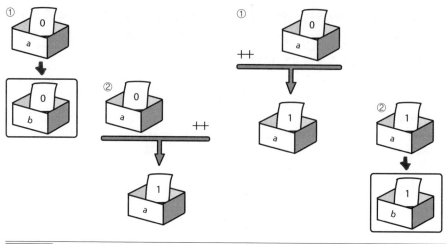

그림 4-5 증가의 전치와 후치

후치로 하면 대입한 후에 변수 값이 증가합니다(왼쪽).
전치로 하면 대입 전에 변수 값이 증가합니다(오른쪽).

증가·감소의 이용

증가·감소 연산자는 하나씩 값을 증가시키거나 감소시키기 때문에 어떤 처리 횟수를 한번씩 카운트할 때 자주 이용합니다. 제6장에서 소개할 for문에서 이 연산자가 자주 이용됩니다.

대입 연산자

이번에는 대입 연산자(assignment operator)에 대해서 설명하겠습니다. 대입 연산자는 지금까지 변수에 값을 대입할 때 사용해온 '='이라는 기호를 말합니다. 이 연산자는 일반적인 =의 '같다(equal)'라는 의미가 아닌 것을 이미 설명했습니다. 대입 연산자는

좌변의 변수에 우변의 값을 대입하는

기능을 갖는 연산자이고, 대입 연산자는 =와 다른 연산을 조합한 복합 대입 연산자
도 있습니다. 다음 표를 보기 바랍니다.

표 4-2 복합 대입 연산자

기호	이름
+=	덧셈 대입
-=	뺄셈 대입
*=	곱셈 대입
/=	나눗셈 대입
%=	나머지 대입
&=	논리곱 대입
^=	배타적 논리합 대입
|=	논리합 대입
⟨⟨=	좌 시프트 대입
⟩⟩=	우 시프트 대입

이 대입 연산자들은 다른 연산과 대입을 동시에 실행하는 복합적인 연산자가 됩니
다. 예를 들어 += 연산자를 보기 바랍니다.

```
a += b;
```
a+b의 값을 a에 대입합니다.

+= 연산자는

변수 a 값에 변수 b 값을 더해서 그 값을 변수 a에 대입하는

연산입니다. + 연산자와 = 연산자의 기능을 합해 놓은 기능을 가지고 있습니다. 이와
같이 사칙연산 등의 연산자(●라고 표기한 부분)와 조합한 복합적인 대입 연산자를 이
용한

```
a ●= b;
```

라는 문은 일반적인 대입 연산자 =를 사용해서

```
a = a • b;
```

로 표기할 수 있습니다.

즉, 다음 두 가지 문은 모두 변수 a 값과 변수 b 값을 더해서 변수 a에 대입합니다.

```
a += b;
a = a+b;
```

또한 복합 대입 연산자는

```
a + = b;
```
여기에 공백이 있으면 안됩니다.

와 같이 +와 = 사이에 공백이 있게 표기하면 안됩니다.

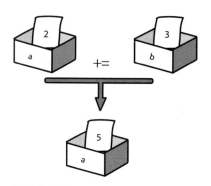

그림 4-6 **복합 대입 연산자**

복합적인 대입 연산자를 사용하면 사칙연산과 대입을 간단하게 표기할 수 있습니다.

그러면 += 연산자를 사용해서 코드를 작성해 보겠습니다.

Sample6.c ▶ 복합 대입 연산자

```
intf("C 언어에 입문하신 * #include <stdio.h>

int main(void)
{
    int sum = 0;
    int num = 0;                          복합 대입 연산자를 사용하고 있습니다.

    printf("1번째 정수를 입력하세요. \n");
    scanf("%d", &num);
    sum += num;

    printf("2번째 정수를 입력하세요. \n");
    scanf("%d", &num);
    sum += num;

    printf("3번째 정수를 입력하세요. \n");
    scanf("%d", &num);
    sum += num;

    printf("3가지 수의 합계는 %d입니다. \n", sum);

    return 0;
}
```

Sample6 실행 화면

```
1번째 정수를 입력하세요.
1 ↵
2번째 정수를 입력하세요.
3 ↵
3번째 정수를 입력하세요.
4 ↵
3가지 수의 합계는 8입니다.
```

이 예제는 입력한 수치의 덧셈 결과를 += 연산자를 사용해서 순서대로 변수 sum에 저장합니다. += 연산자를 사용하면 심플한 코드를 작성할 수 있습니다. 또한 같은 코드를 + 연산자와 = 연산자를 사용해서 작성해보기 바랍니다.

sizeof 연산자

이번에는 sizeof 연산자(sizeof operator)라는 연산자를 사용해 보겠습니다. 다음과
같이 코드를 입력합니다.

Sample7.c ▶ sizeof 연산자

```
#include <stdio.h>

int main(void)
{
    int a = 1;
    int b = 0;

    printf("short int형 크기는 %d바이트입니다. \n",
            sizeof(short int));
    printf("int형 크기는 %d바이트입니다. \n", sizeof(int));
    printf("long int형 크기는 %d바이트입니다. \n", sizeof(long int));
    printf("float형 크기는 %d바이트입니다. \n", sizeof(float));
    printf("double형 크기는 %d바이트입니다. \n", sizeof(double));
    printf("long double형 크기는 %d바이트입니다. \n", sizeof(long double));
    printf("변수 a의 크기는 %d바이트입니다. \n", sizeof(a));
    printf("식 a+b의 크기는 %d바이트입니다. \n", sizeof(a+b));

    return 0;
}
```

형의 크기를 검사합니다.

식의 크기를 검사합니다.

Sample7 실행 화면

```
short int형 크기는 2바이트입니다.
int형 크기는 4바이트입니다.
long int형 크기는 4바이트입니다.
float형 크기는 4바이트입니다.
double형 크기는 8바이트입니다.
long double형 크기는 8바이트입니다.
변수 a의 크기는 4바이트입니다.
식 a+b의 크기는 4바이트입니다.
```

sizeof 연산자를 사용하면 여러 가지 형이나 식의 크기를 알 수 있습니다. 실행 결과를 보면 sizeof(●)라고 표기한 부분에서는 ● 부분의 형이나 식의 값의 크기(표 3-1)가 바이트 단위로 출력되고 있음을 알 수 있습니다. 또한 C 언어의 형과 식의 크기는 실행 환경에 따라 다른 경우도 있기 때문에 표시되는 크기는 이 결과와 다를 수도 있습니다.

C 언어 코드를 표기할 때 형과 식의 크기를 모르면 처리할 수 없는 문제도 있습니다. 이때 sizeof 연산자를 사용해서 실행 환경마다 형과 식의 값의 크기를 검사하면 됩니다.

Lesson
4

sizeof 연산자로 형과 식의 크기를 검사할 수 있습니다.

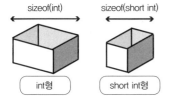

그림 4-7 **sizeof 연산자**

형과 식의 크기를 검사하려면 sizeof 연산자를 사용합니다.

 시프트 연산자

마지막으로 익숙하지 않은 시프트 연산자를 소개하겠습니다. 표 4-1에 〈〈, 〉〉라는 기호로 표시한 연산자가 시프트 연산자(shift operator)입니다. 시프트 연산자는

수치를 2진수로 표시할 때 자릿수를
왼쪽 또는 오른쪽으로 지정한 수만큼 이동시키는(시프트하는)

연산입니다.

예를 들어, 〈〈 연산자는 왼쪽 시프트 연산자라고 합니다.

좌변을 2진수로 표기할 때의 값을 우변에서 지정한 자릿수만큼 왼쪽으로 이동시키고,

초과한 자릿수만큼 오른쪽 끝자리부터 0으로 채우는

연산을 실행합니다. 설명이 길어졌는데, 실제로 예를 들어보겠습니다. 여기에서는 제
3장에서 배운 short int형 값인 5 〈〈 2라는 왼쪽 시프트 연산을 살펴보겠습니다.

5 〈〈 2의 연산은 다음과 같습니다.

```
        5        0000000000000101
 《      2        ─────────────────────────────    2자릿수 만큼 왼쪽으로 이동시키고
        20       000000000010100 0               오른쪽 끝자리부터 0을 채웁니다.
```

2진수 10100은 10진수의 20입니다. 즉, 5 〈〈 2는 20이 됩니다. 한편, 〉〉 연산자는
오른쪽 시프트 연산을 실행합니다. 이것은

우변에서 지정한 자릿수를 오른쪽으로 이동시키고,

초과한 자릿수만큼 왼쪽 끝자리부터 0을 채우는

연산입니다. 5 〉〉 2의 예는 다음과 같습니다.

```
        5        0000000000000101
 》      2        ─────────────────────────────    2자릿수 만큼 오른쪽으로 이동시키
        1        0 0 000000000000001              고 왼쪽 끝자리부터 0을 채웁니다.
```

단, 오른쪽 시프트 연산의 경우 5와 같은 피연산자가 음수이면 왼쪽 끝자리에 1을
채우는 경우도 있습니다. 자세한 내용은 사용하는 개발환경의 설명서를 참고하기 바
랍니다.

시프트 연산의 의미

시프트 연산은 2진수의 자리를 왼쪽 또는 오른쪽으로 이동시키는 연산입니다. 이 연산은 어떤 의미를 가지고 있을까요?

예를 들어, 평소 사용하고 있는 10진수에 대해서 생각해 봅니다. '자릿수를 왼쪽으로 1자릿수 이동시키는' 것은 수를 '($10^1=$) 10배로 한다'는 것을 의미하고, 2자릿수를 이동시키는 경우는 '($10^2=$) 100배로 한다'는 의미입니다.

10진수일 때	5	
	50	왼쪽으로 1자릿수 이동시킨다(10배로 한다)
	500	왼쪽으로 2자릿수 이동시킨다(100배로 한다)

마찬가지로 2진수로 나타낸 수를 왼쪽으로 1자릿수 이동시키는 것은 '($2^1=$) 2배로 한다'는 의미이며, 2자릿수 이동시키는 경우는 '($2^2=$) 4배로 한다'는 의미입니다.

2진수일 때	101	
	1010	왼쪽으로 1자릿수 이동시킨다(2배로 한다)
	10100	왼쪽으로 2자릿수 이동시킨다(4배로 한다)

예를 들어, 10진수인 5를 왼쪽으로 2자릿수만큼 이동시키는 연산에 대해서 생각해 봅시다. 이 연산은 2진수인 101을 왼쪽으로 2자릿수만큼 이동시키는 것을 의미합니다. 위에서 5 ≪ 2의 연산 결과는 20이 되었는데, 이것은 확실하게 5의 '4배가 되는' 수치가 됩니다.

또한 오른쪽 시프트 연산은 왼쪽 시프트 연산과 반대로 자릿수를 이동시키는 연산이기 때문에 이 연산은 반대로 1/2배, 1/4배, 1/8배···가 되는 것을 의미합니다. 단, 이미 설명한대로 오른쪽 시프트 연산의 경우 왼쪽 끝자리에 채우는 비트 처리가 다른 경우도 있습니다.

컴퓨터 내부에서는 수치가 2진수로 취급되기 때문에 일반적인 사칙연산보다 시프트 연산의 처리 속도가 빠릅니다. 따라서 시프트 연산을 사용해서 처리하면 편리한 점이 있습니다.

Lesson 4

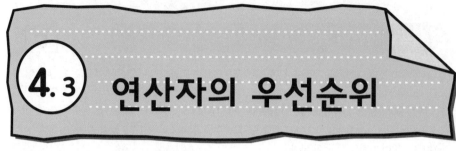

4.3 연산자의 우선순위

 연산자의 우선순위

다음 식을 보기 바랍니다.

```
a+2*5
```
　　└─────── [2*5가 먼저 계산됩니다]

이 식은 + 연산자와 * 연산자 두 가지가 사용되고 있습니다. 복수의 연산자는 하나의 식 안에 조합해서 사용할 수 있습니다. 이때 식은 어떤 순서로 연산이 처리될까요?

일반적인 사칙연산에서는 덧셈보다 곱셈을 먼저 계산합니다. 이것은 수식 규칙에서 덧셈보다 곱셈이

우선순위가 높기

때문입니다. C 언어 연산자의 경우도 마찬가지입니다. 위의 코드에서 '2*5'가 처리된 후 'a+10'이 처리됩니다.

연산자의 우선순위는 변경할 수도 있습니다. 일반적인 수식과 마찬가지로 괄호를 사용하면 괄호 안이 우선적으로 처리됩니다. 다음 식에서는 'a+2'가 먼저 처리된 후 그 값이 5배가 됩니다.

```
(a+2)*5
```
　　└─────── [괄호 안이 먼저 평가됩니다.]

그러면 다른 연산자들의 경우는 어떻게 연산이 처리될까요? 다음 식을 보기 바랍니다.

```
a = b+2;
```

대입 연산자 같은 연산자는 사칙연산보다 우선순위가 낮기 때문에 위의 식은 다음과 같은 순서로 연산이 이루어집니다.

```
a = (b+2);
```
b+2가 먼저 처리됩니다.

C 언어에서 사용되는 연산자의 우선순위는 표 4-3과 같습니다.

 연산자의 우선순위에 주의한다.
중요 괄호를 사용하면 우선순위를 변경할 수 있다.

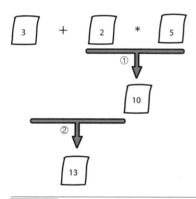

그림 4-8 연산자의 우선순위

연산자는 우선순위가 있습니다. 우선순위를 변경하기 위해서는 ( )를 사용합니다.

표 4-3 : 연산자의 우선순위(실선 안에 점선으로 구분된 기호들은 우선순위가 동일함)

기호	이름	결합 규칙
( )	함수 호출	좌
[ ]	인덱스, 배열 첨자	좌
.	멤버 참조(dot)	좌
->	멤버 간접참조(arrow)	좌
++	후치 증가	좌
—	후치 감소	좌
!	논리 부정	우
~	보수	우
+	단항 +	우
−	단항 −	우
sizeof	크기	우
++	전치 증가	우
—	전치 감소	우
&	어드레스	우
*	간접 참고	우
( )	캐스트	우
%	나머지	좌
*	곱셈	좌
/	나눗셈	좌
+	덧셈	좌
−	뺄셈	좌
<<	좌 시프트	좌
>>	우 시프트	좌
>	보다 크다	좌
>=	이상	좌
<	미만	좌
<=	이하	좌
==	등가	좌
!=	비등가	좌
&	비트 논리곱	좌
^	비트 배타적 논리합	좌
|	비트 논리합	좌
&&	논리곱	좌
||	논리합	좌
? :	조건	우
=	대입(표 4-2 포함)	우
,	순차	좌

동일한 우선순위의 연산자

그런데 우선순위가 같은 연산자를 동시에 사용하면 어떻게 될까요? 사칙연산은 우선순위가 같을 때 반드시 '왼쪽부터 순서대로' 계산하는 규칙이 있습니다. 이와 같은 연산 순서를 좌결합이라고 합니다. C 언어의 + 연산자도 좌결합 연산자입니다. 즉,

```
a+b+1
```

이라고 표기한 경우

```
(a+b)+1 ●────  왼쪽부터 처리됩니다.
```

과 같은 순서로 처리됩니다.

반대로 오른쪽부터 처리되는 연산자도 있는데 이것을 우결합이라고 합니다. 예를 들어, 대입 연산자는 우결합 연산자입니다. 즉,

```
a = b = 1
```

이라고 표기한 경우

```
a = (b = 1) ●────  오른쪽부터 처리됩니다.
```

과 같은 순서로 오른쪽부터 처리되기 때문에 먼저 변수 b에 1이 대입되고, 이어서 a에도 1이라는 값이 대입됩니다. 일반적으로 단항 연산자와 대입 연산자는 우결합 연산자입니다.

왼쪽부터 우선적으로 처리되면 좌결합이라고 한다.
오른쪽부터 우선적으로 처리되면 우결합이라고 한다.

4.4 형 변환

형의 크기와 대입(1)

사실은 지금까지 배운 연산자와 피연산자의 형은 밀접한 관계가 있습니다. 이 절에서는 먼저 대입 연산자와 형의 관계를 설명하겠습니다. Sample8은 변수에 값을 대입하는 코드입니다.

Sample8.c ▶ 크기가 큰 형의 대입

```c
#include <stdio.h>

int main(void)
{
    int inum;
    double dnum;

    inum = 160;

    printf("키는 %d cm입니다. \n", inum);

    printf("double형 변수에 대입합니다. \n");

    dnum = inum;        크기가 큰 형에 대입합니다.

    printf("키는 %f cm입니다. \n", dnum);

    return 0;
}
```

Sample8 실행 화면

> 키는 **160 cm**입니다.
> **double**형 변수에 대입합니다.
> 키는 **160.000000 cm**입니다.

이 코드에서는 int형 변수의 값을 double형 변수에 대입하고 있습니다. 그러면 int 형 값은 double형으로 변환되어 대입됩니다. 제3장에서 형의 크기에 대해서 배운 것을 기억하기 바랍니다. 일반적으로 C 언어는

크기가 큰 형의 변수에 크기가 작은 형의 값을 대입

할 수 있습니다. 크기가 큰 형의 변수에 크기가 작은 형의 값을 대입할 때 형이 변환 되는데, 이렇게 형이 변환되는 것을 형 변환이라고 합니다.

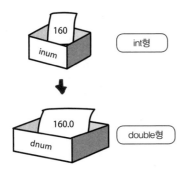

그림 4-9 **크기가 큰 형에 대입**

크기가 큰 형의 변수에 크기가 작은 형의 수치를 대입할 수 있습니다.

 형의 크기와 대입(2)

반대로 크기가 작은 형의 변수에 크기가 큰 형의 값을 대입하면 어떻게 될까요? 다음 코드를 보기 바랍니다.

```
#include <stdio.h>

int main(void)
{
    double dnum;
    int inum;

    dnum = 160.5;

    printf("키는 %f cm입니다. \n", dnum);

    printf("int형 변수에 대입합니다. \n");

    inum = dnum;  ●————[ 크기가 작은 형에 대입하면 · · · ]

    printf("키는 %d cm입니다. \n", inum);

    return 0;
}
```

Lesson
4

Sample9 실행 화면

키는 **160.500000** cm입니다.
int형 변수에 대입합니다.
키는 **160** cm입니다. ●——[값의 일부가 없어질 때도 있습니다.]

Sample9는 Sample8과는 반대로 double형 변수의 값을 int형 변수에 대입하고 있습니다. double형 값이 int형으로 변환되어 대입됩니다.

단, 크기가 작은 형으로 변환하면 그 형이 나타낼 수 없는 부분은 실행 화면과 같이 버려지게 됩니다. 예를 들어, 160.5라는 값은 int형 변수에 그대로 저장할 수 없기 때문에 소수점 아래는 버리고 160이라는 정수를 저장합니다.

크기가 작은 변수 형에 대입하면 이와 같이 값의 일부가 없어지는 경우도 있기 때문에 주의하기 바랍니다.

캐스트 연산자

또한 형이 변환될 때

형 변환을 코드 내에 명시적으로 표기

할 수 있습니다. 다음은 캐스트 연산자(cast operator)의 구문입니다.

구문 **캐스트 연산자**

(형) 식

캐스트 연산자는 지정한 식의 형을

( ) 내에서 지정한 형으로 변환하는

연산을 합니다. Sample9에서 대입한 부분을 다음과 같이 캐스트 연산자를 이용해서
수정해 봅시다.

```
...
                              int형으로 변환합니다.
inum = (int)dnum;
...
```

　실행 결과는 같지만 이번에는 크기가 작은 형으로 변환되는 것을 코드 안에 확실하
게 표현할 수 있습니다. 이처럼 캐스트 연산자를 사용하면 형 변환을 명시적으로 표기
할 수 있습니다.

캐스트 연산자는 형을 변환한다.

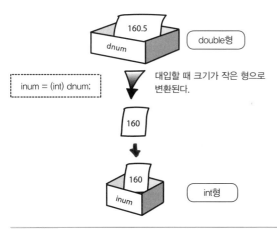

그림 4-10 크기가 작은 형에 대입

크기가 작은 형의 변수에 크기가 큰 형의 값을 대입하면 값의 일부가 없어집니다.

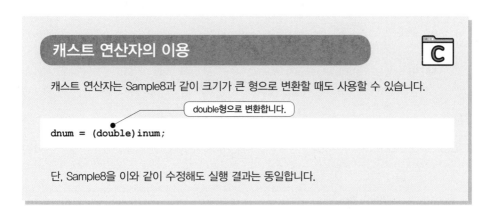

캐스트 연산자의 이용

캐스트 연산자는 Sample8과 같이 크기가 큰 형으로 변환할 때도 사용할 수 있습니다.

double형으로 변환합니다.

```
dnum = (double)inum;
```

단, Sample8을 이와 같이 수정해도 실행 결과는 동일합니다.

서로 다른 형의 연산

대입을 할 경우의 형 변환에 대해서 이해하셨나요? 형 변환은 덧셈, 뺄셈, 곱셈, 나
눗셈과 같은 사칙연산 등을 처리할 때도 발생합니다. 다음 예를 보기 바랍니다.

Sample10.c ▶ 형이 다를 때의 연산

```
#include <stdio.h>

int main(void)
{
    int d = 2;
    double pi = 3.14;

    printf("지름이 %d cm인 원의 \n", d);
    printf("원둘레는 %f cm입니다. \n", d*pi);

    return 0;
}
```

int형 d가 double형으로 변환되어 연산됩니다.

Sample10 실행 화면

지름이 **2 cm**인 원의
원둘레는 **6.280000 cm**입니다.

여기에서는 int형 d의 값과 double형 pi 값을 곱하고 있습니다. C 언어는 일반적으
로 연산자에 서로 다른 형의 피연산자를 표기할 경우

한쪽의 피연산자를 크기가 큰 쪽으로 형 변환한 후 연산을 처리

하는 규칙이 있습니다. 즉 여기에서는 int형 d의 값인 '2'가 double형 수치(2.0)로 변
환된 후 곱셈이 실행되고, 얻어지는 식의 값도 double형 값이 됩니다.

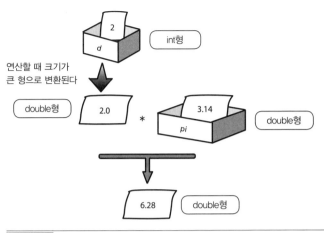

그림 4-11 서로 다른 형의 연산

형이 다르면 크기가 큰 형으로 변환된 후 연산이 이루어집니다.
얻어지는 값도 크기가 큰 형으로 됩니다.

 동일한 형의 연산

그러면 동일한 형끼리 연산을 하면 어떻게 될까요? 이 때는 동일한 형끼리 연산이
실행되고 결과도 그 형의 값이 되지만, 이 연산은 예상 외의 결과를 초래할 수도 있습
니다. 다음 예를 보기 바랍니다.

Sample11.c ▶ 동일한 형의 연산

```c
#include <stdio.h>

int main(void)
{
    int num1, num2;
    double div;

    num1 = 5;
    num2 = 4;
```

○

```
    div = num1/num2;    ●────── 5÷4를 계산할 예정이었지만···

    printf("5/4는 %f입니다. \n", div);

    return 0;
}
```

5/4는 1.000000입니다. ●────── 예상한 값이 아닙니다.

　　Sample11은 int형 변수 num1과 num2를 사용해서 5÷4의 결과를 double형 변수 div에 대입하려고 작성한 코드입니다. '1.25'라는 double형이 출력되길 기대하고 이렇게 표기했겠지만 num1과 num2는 int형이기 때문에 '5/4'가 '1'이라는 int형 값으로 계산됩니다. 그 결과 출력은 '1.0····'이 됩니다.

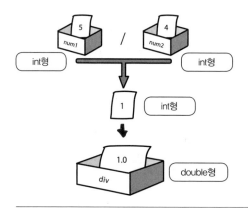

그림 4-12 동일한 형의 연산

　　두 개의 피연산자가 모두 int형이면 결과도 int형이 됩니다.

　　변수 div에 double형 값을 저장하려면 변수 num1과 num2 가운데 적어도 한쪽은 double형으로 변환해야 할 필요가 있습니다. 따라서 나눗셈 부분을 캐스트 연산자를 사용해서 다음과 같이 수정합니다.

```
...
div = (double)num1/(double)num2;
...
```
캐스트 연산자를 사용합니다.

위와 같이 코드를 변경하면 실행 화면은 다음과 같이 됩니다.

변경 후 Sample11 실행 화면

이번에는 예상대로 출력됩니다.

5/4는 **1.250000**입니다.

Lesson
4

이와 같이 코드를 수정하면 double형 연산자가 실행되고, 결과도 double형 '1.25····'이라는 답이 출력됩니다. 연산을 할 때는 피연산자의 형에 주의해야 합니다.

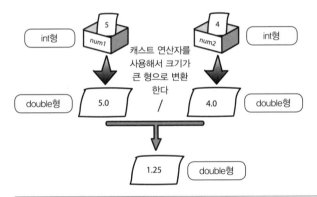

그림 4-13 **double형 연산**

Sample11에서 double형 결과를 얻고 싶을 때 적어도 한쪽의 피연산자를 캐스트 연산자로 형 변환합니다.

이 장에서는 다음과 같은 내용을 배웠습니다.

- 연산자는 피연산자와 조합시켜 식을 만듭니다.
- 증가 · 감소 연산자를 사용하면 변수 값을 1 증가 또는 감소시킬 수 있습니다.
- 복합 대입 연산자를 사용하면 사칙연산과 대입 연산자를 조합시켜 처리를 할 수 있습니다.
- sizeof 연산자로 형과 식의 크기를 알 수 있습니다.
- 값이 작은 크기의 형으로 변환되면 값의 일부가 없어질 수 있습니다.
- 캐스트 연산자를 사용하면 형을 변환할 수도 있습니다.
- 대입할 때 형이 변환되는 경우도 있습니다.
- 사칙연산을 할 때 형이 변환될 수도 있습니다.

연산자를 사용하면 사칙연산을 시작으로 여러 가지 처리를 간단하게 표기할 수 있습니다. 여기에서는 모든 연산자를 취급할 수 없지만, 뒤에서 취급하는 코드에서는 다양한 연산자가 등장합니다. 모르는 연산자가 있으면 이 장을 참고해서 복습하기 바랍니다.

연습

1. 다음과 같은 계산 결과를 출력하는 코드를 작성하시오.

```
0 - 4
3.14 × 2
5 ÷ 3
30 ÷ 7의 나머지
(7+32) ÷ 5
```

Lesson
4

2. 다음과 같이 정수를 입력해서 정사각형의 넓이를 출력하는 코드를 작성하시오.

> 정사각형의 변의 길이를 입력하세요.
>
> 3 ⏎
>
> 정사각형의 넓이는 **9**입니다.

3. 다음과 같이 높이와 밑변을 입력해서 삼각형의 넓이를 출력하는 코드를 작성하시오.

> 삼각형의 높이를 입력하세요.
>
> 3 ⏎
>
> 삼각형의 밑변을 입력하세요.
>
> 5 ⏎
>
> 삼각형의 넓이는 **7.500000**입니다.

4. 다음과 같이 양과 음을 반전시켜 출력하는 코드를 작성하시오.

> 정수를 입력하세요.
>
> 3 ⏎
>
> 부호를 반전하면 **-3**입니다.

5. 다음과 같이 키보드로 5과목의 시험 점수를 입력해서 합계와 평균을 출력하는 코드를 작성하시오.

```
과목 1의 점수를 입력하세요.
52 ↵
과목 2의 점수를 입력하세요.
68 ↵
과목 3의 점수를 입력하세요.
75 ↵
과목 4의 점수를 입력하세요.
83 ↵
과목 5의 점수를 입력하세요.
36 ↵
5 과목의 합계 점수는 314점입니다.
5 과목의 평균 점수는 62.800000점입니다.
```

Lesson

5

상황에 따른 처리

제4장까지의 프로그램은 코드 안의 문이 하나씩 순서대로 처리되었습니다. 하지만 더욱 복잡한 처리를 하려면 순서대로 문을 처리할 수 없는 경우가 있습니다. C 언어는 이러한 경우 복수의 문을 모아서 처리를 제어합니다. 이 장에서는 특정한 상황에 따라서 처리를 제어하는 문에 대해서 배우겠습니다.

Check Point

- 조건
- 관계 연산자
- 조건 판단문
- if문
- if~else문
- if~else if~else
- 논리 연산자
- switch문

5.1 관계 연산자와 조건

 ## 조건의 개념

우리는 일상생활에서 다음과 같은 상황과 만날 때가 있습니다.

학교 성적이 좋으면…

→ 친구와 여행을 간다

학교 성적이 나쁘면…

→ 다시 공부한다

C 언어에서도 이와 같이 '상황에 따른 처리'를 할 수 있습니다. 이 장에서는 여러 가지 상황에 따른 복잡한 처리 방법에 대해서 배우겠습니다.

C 언어는 여러 가지 복잡한 상황을 표현하기 위해서 조건(condition)이라는 개념을 사용합니다. 예를 들어, 위 예에서는

좋은 성적

이 '조건'에 해당합니다. 물론 실제 C 언어 코드에서는 이와 같이 한글로 조건을 표기하지는 않습니다. 우선 제4장에서 배운 식을 생각하기 바랍니다. 제4장에서는 식이 평가되어 값을 갖는 것에 대해서 배웠습니다. 이와 같은 식 가운데

참(true)

거짓(false)

이라는 두 가지 값 중에 하나로 표현하는 것을 C 언어에서는 '조건'이라고 합니다. '참' 또는 '거짓'이란 그 조건이 '맞다' 또는 '틀리다'라는 것을 나타내는 것입니다.

예를 들어, '좋은 성적'이라는 조건을 생각해 보면 조건이 '참' 또는 '거짓'이 될 때는

다음과 같은 경우를 의미합니다.

> 성적이 80점 이상이면 → 좋은 성적이기 때문에 조건은 '참'
>
> 성적이 80점 미만이면 → 좋은 성적이 아니기 때문에 조건은 '거짓'

 ## 조건의 표기

조건이란 의미를 이해했으면 조건을 C 언어의 식으로 나타내 보겠습니다. 1보다 3이 큰 것을

> 3 〉1

라는 부등식으로 나타냅니다. 확실하게 3은 1보다 큰 수치이기 때문에 이 부등식은 '맞다'라고 말할 수 있습니다. 한편, 다음 부등식은 어떨까요?

> 3 〈 1

이 식은 '틀리다'라고 말할 수 있습니다. C 언어도 〉와 같은 기호를 사용할 수 있고 위의 식은 '참', 아래의 식은 '거짓'으로 평가됩니다. 즉, 3 〉1과 3 〈 1라는 식은 C 언어의 조건이라고 할 수 있습니다.

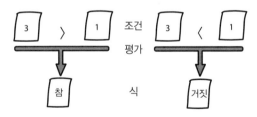

그림 5-1 조건

관계 연산자를 사용해서 '조건'을 표기할 수 있습니다.
조건은 참 또는 거짓이라는 값을 가집니다.

조건을 만들기 위해 사용하는 〉 기호를 관계 연산자(relational operator)라고 합니다. 표 5-1에 여러 가지 관계 연산자를 정리해 두었습니다.

표 5-1을 보면 알 수 있듯이 〉의 평가 '우변이 좌변보다 작은 때 참'이 되기 때문에 3 〉 1은 참이 됩니다. 다른 경우는 예를 들어 1 〉 3은 거짓이 됩니다.

표 5-1 : 관계 연산자

연산자	식이 참인 경우
==	우변이 좌변과 같다
!=	우변이 좌변과 같지 않다
〉	우변보다 좌변이 크다
〉=	우변보다 좌변이 크거나 같다
〈	우변보다 좌변이 작다
〈=	우변보다 좌변이 작거나 같다

관계 연산자를 사용해서 조건을 표기한다.

 관계 연산자의 이용

관계 연산자를 사용해서 몇 가지 조건을 표현해 보겠습니다.

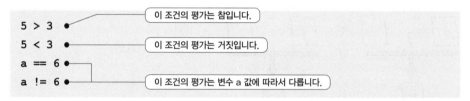

5 > 3 ● ── 이 조건의 평가는 참입니다.
5 < 3 ● ── 이 조건의 평가는 거짓입니다.
a == 6 ●
a != 6 ● ── 이 조건의 평가는 변수 a 값에 따라서 다릅니다.

'5 〉 3'라는 조건은 3보다 5가 크기 때문에 식의 값은 참이 됩니다. 또 '5 〈 3'라는 조건은 3보다 5가 크기 때문에 식의 값은 거짓이 됩니다. 조건 안에는 변수를 사용할 수도 있습니다. 예를 들어 'a == 6'이라는 조건은 변수 a 값이 6이 되면 참이 되고, 변수 a 값이 3이나 10이면 거짓이 됩니다. 이와 같이 그때 그때의 변수 값에 따라 조건이 나타내는 값이 달라집니다.

마찬가지로 'a != 6'은 a가 6이 아닌 값이면 거짓이 되는 조건입니다.

또한 !=나 ==는 2문자로 구성된 하나의 연산자이기 때문에 !과 = 사이에 공백이 있으면 안됩니다.

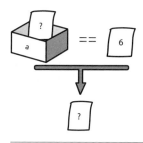

그림 5-2 변수와 조건

조건 안에 변수를 사용하면 변수 값에 의해 평가가 달라집니다.

그런데 = 연산자를 대입 연산자라고 했던 것을 기억하기 바랍니다(제4장). 모양은 비슷하지만 ==는 다른 종류의 연산자(관계 연산자)입니다. 이 두 개의 연산자는 실제로 코드를 작성할 때 매우 착각하기 쉬운 연산자입니다. 더구나 a=0을 a==0이라고 잘못 작성해도 컴파일러는 에러를 발견할 수 없기 때문에 주의해서 입력하기 바랍니다.

=(대입 연산자)와 ==(관계 연산자)를 착각하면 안됩니다.

참과 거짓

사실 관계 연산자를 사용한 C 언어의 조건은 내부적으로 '참 → 1, 거짓 → 0'이라는 정수 값으로 평가됩니다. C 언어에서 이 정수 값을 이용해 간단한 코드를 작성하는 경우도 있지만 여기에서는 우선 '참=맞다, 거짓=틀리다'라는 조건 본래의 의미만을 기억하기 바랍니다.

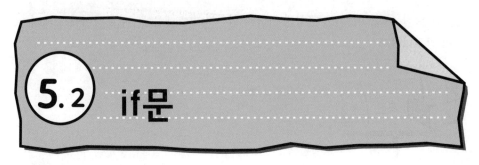

if문

 if문 구조

이 장의 목적인 여러 가지 상황에 따른 처리를 실행해보겠습니다. C 언어는 상황에 따른 처리를 할 때

'조건'의 값(참 또는 거짓)에 따라 처리가 이루어지는

문으로 표기하고, 이와 같은 문을 조건 판단문(conditional statement)이라고 합니다. 먼저 조건 판단문 가운데 if문(if statement)의 구문을 설명하겠습니다. if문은 조건이 참일 때 지정한 문을 처리하는 구문입니다.

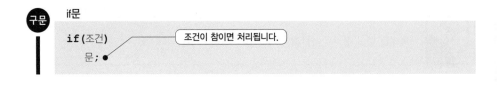

구문　if문

```
if (조건)
    문;●──────[ 조건이 참이면 처리됩니다. ]
```

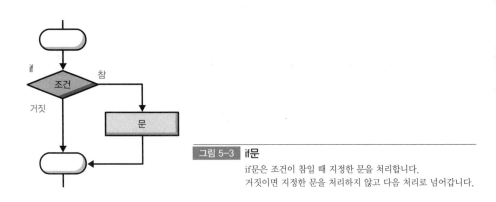

그림 5-3 **if문**
if문은 조건이 참일 때 지정한 문을 처리합니다.
거짓이면 지정한 문을 처리하지 않고 다음 처리로 넘어갑니다.

예를 들어, 5.1절에서 설명한 예를 if문으로 표현하면 다음과 같은 코드가 됩니다.

if(좋은 성적을 받으면)

  여행을 간다

if문을 이용하면 조건('좋은 성적을 받으면')이 참일 때 '여행을 간다'라는 처리가 이루어지고, 성적이 나쁠 때 '여행을 간다'라는 처리는 되지 않습니다.

실제로 코드를 작성해서 if문을 실행해 보겠습니다.

Sample1.c ▶ if문의 이용

```c
#include <stdio.h>

int main(void)
{
    int res;

    printf("정수를 입력하세요. \n");

    scanf("%d", &res);

    if (res == 1)
        printf("1이 입력되었습니다. \n");

    printf("처리를 종료합니다. \n");

    return 0;
}
```

① 변수 res에 키보드로 입력된 값을 저장합니다.

② 1이 입력되면 이 조건은 참이 되고 · · ·

③ 이 문이 처리됩니다.

Sample1 실행 화면 1

정수를 입력하세요.
1 ⏎
1이 입력되었습니다.
처리를 종료합니다.

1이 입력되었기 때문에 · · ·

③의 부분이 처리되었습니다.

Sample1에서는 조건 res == 1이 참이면 ③의 부분이 처리되고, 거짓이면 ③의 부분은 처리되지 않습니다. 따라서 사용자가 프로그램을 실행해서 1을 입력하면 조건 res == 1이 참이 되기 때문에 ③의 부분이 처리되고 실행 화면1과 같이 출력됩니다. 그러면 사용자가 1 이외의 문자를 입력하면 어떻게 될까요?

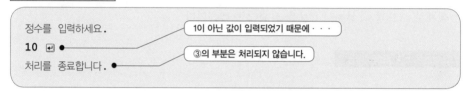

Sample1 실행 화면2

정수를 입력하세요.
1이 아닌 값이 입력되었기 때문에···
10 ↵
③의 부분은 처리되지 않습니다.
처리를 종료합니다.

이번에는 res == 1이라는 조건이 거짓이 되기 때문에 ③의 부분은 처리되지 않습니다. 따라서 실행 결과는 Sample1 실행 화면2와 같습니다. 이와 같이 if문을 사용하면 조건이 참일 경우에만 처리할 수 있습니다.

if문을 사용하면 조건에 따른 처리를 할 수 있다.

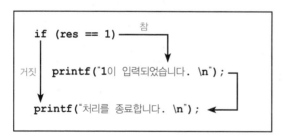

```
if (res == 1) ──── 참
        │
거짓│    printf("1이 입력되었습니다. \n");
    │
printf("처리를 종료합니다. \n");
```

그림 5-4 | if문의 흐름

 ## 복수의 문을 처리하는 if문

Sample1에서는 조건이 참인 하나의 문으로만 구성된 간단한 처리를 했습니다. 그러나 if문에서는 조건이 참일 때 복수의 문을 처리할 수도 있습니다. 이렇게 복수의 문을 처리하기 위해서 { }로 블록을 만들어 복수의 문을 정리합니다. 이렇게 하면 블록 안에서는 원칙대로 문이 하나씩 처리됩니다.

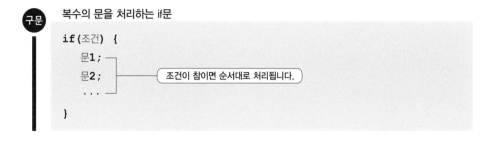

구문   복수의 문을 처리하는 if문

```
if(조건) {
    문1;
    문2;          조건이 참이면 순서대로 처리됩니다.
    ...
}
```

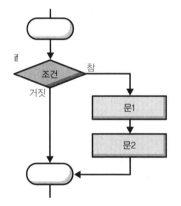

그림 5-5   **if문 내에서 복수의 문을 처리한다**

if문에서는 { } 블록 내의 복수의 문을 처리할 수 있습니다.

구체적인 예를 살펴보겠습니다.

Sample2.c ▶ 복수의 문을 처리하는 if문

```
#include <stdio.h>

int main(void)
{
    int res;

    printf("정수를 입력하세요. \n");

    scanf("%d", &res);
```

⊙

```
    if (res == 1){ ●─────────────────── 1이 입력될 때(조건이 참이면)…
        printf("1이 입력되었습니다. \n");
        printf("1을 선택했습니다. \n");      블록 안이 순서대로 처리됩니다.
    }

    printf("처리를 종료합니다. \n");

    return 0;
}
```

Sample2 실행 화면1

```
정수를 입력하세요.
1 ⏎
1이 입력되었습니다.
1을 선택했습니다.        블록 안이 순서대로 처리되고 있습니다.
처리를 종료합니다.
```

사용자가 1을 입력하면 조건이 참이 되기 때문에 블록 내의 처리가 순서대로 실행되고 2줄의 문자열이 출력됩니다. 만약 1 이외의 수치를 입력하면 블록 내의 처리는 이루어지지 않고 다음과 같이 됩니다.

Sample2 실행 화면2

```
정수를 입력하세요.
10 ⏎                    블록 내의 처리는 실행되지 않습니다.
처리를 종료합니다.
```

실행 화면1의 결과와 비교하면 실행되지 않는 처리가 있는 것을 알 수 있습니다.

if문에서는 { }로 묶은 복수의 문을 처리할 수 있다.

```
    ┌ if (res == 1){ ──── 참
    │                          ┐
거짓 │        printf("1이 입력되었습니다. \n");  │
    │        printf("1을 선택했습니다. \n"); ──┐ │
    │ }                                          │
    ↓                                            │
       printf("처리를 종료합니다. \n"); ◀────────┘
```

그림 5-6 복수의 문을 처리하는 if문의 흐름

Lesson
5

블록이 없으면?

다음 코드는 Sample2와 비슷하지만 실행하면 어떻게 될까요?

```c
#include <stdio.h>

int main(void)
{
    int res;

    printf("정수를 입력하세요. \n");

    scanf("%d", &res);

    if (res == 1)
        printf("1이 입력되었습니다. \n");    ● ─── 이 문(①)만이 if문의 내용이 됩니다.
        printf("1을 선택했습니다. \n");      ●
                                            └── 이 문(②)은 if문 밖의 처리가 됩니다.
    printf("처리를 종료합니다. \n");

    return 0;
}
```

정수를 입력하세요.

2 ⏎

1을 선택했습니다. ●━━━━━━━━━━ 이상한 결과가 출력되고 있습니다.

처리를 종료합니다.

    화면을 보면 의도하지 않은 처리가 실행됐습니다. 이것은 복수의 문을 처리하려고 작성했지만 { }로 묶는 것을 잊어버렸기 때문입니다. 블록이 없기 때문에 if문의 내용은 ①만 있는 것으로 간주됩니다.

    이와 같은 일을 방지하기 위해 어디가 if문의 구문인지 알기 쉽게 들여쓰기를 하거나, 문이 하나만 있더라도 { }로 묶어서 읽기 쉬운 코드로 작성해야 됩니다. 코드를 작성할 때는 블록의 내용에 주의하기 바랍니다.

블록 내에서는 들여쓰기를 사용해서 읽기 쉽게 한다.

세미콜론 표기

    if문에서는 세미콜론의 위치를 조심해야 합니다. 보통 if문의 1번째 줄에 조건을 표기하고 줄바꿈을 하지만 이 줄에는 세미콜론이 필요 없습니다.

    ━━━━━━━ 이 줄에는 세미콜론이 없습니다.

```
if(res == 1) ●
    printf("1이 입력되었습니다."); ●
```

    ━━━━━━━ 이 줄에는 세미콜론이 있습니다.

    또한 잘못해서 1번째 줄에 세미콜론을 표기해도 컴파일러는 에러를 표시하지 않지만, 실행할 때 제대로 동작하지 않기 때문에 주의하기 바랍니다.

5.3 if~else문

if~else문 구조

5.2절의 if문에서는 조건이 참일 경우에만 특정한 처리를 했지만, if문은 조건이 거짓일 때 지정한 문을 처리하는 구문도 있습니다. 이것이 if~else문입니다.

구문 if~else문

```
if(조건)
    문1;
else
    문2;
```

이 구문은 조건이 참이면 문1을 처리하고, 거짓이면 문2를 처리합니다. 이 장의 처음에 소개했던 예를 적용해 보면

if(좋은 성적을 받았다)

　여행을 간다

else

　다시 공부한다

라는 상태가 됩니다. 이번에는 '좋은 성적을 받았다'는 조건이 거짓일 경우에도 특정한 처리('다시 공부한다')를 할 수 있습니다.

또한 if~else문 역시 { }로 묶어서 복수의 문을 처리할 수 있습니다. 이 구문은 다음과 같습니다.

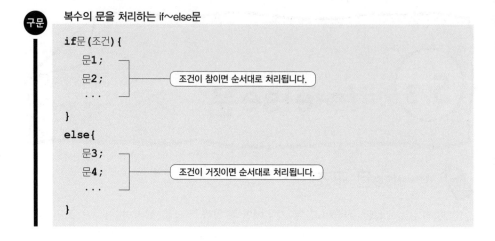

구문 복수의 문을 처리하는 if~else문

```
if문 (조건) {
    문1;
    문2;              조건이 참이면 순서대로 처리됩니다.
    ...
}
else{
    문3;
    문4;              조건이 거짓이면 순서대로 처리됩니다.
    ...
}
```

이 구문은 조건이 참이면 문1, 문2…가 순서대로 처리되고, 거짓이면 문3, 문4…가 순서대로 처리됩니다.

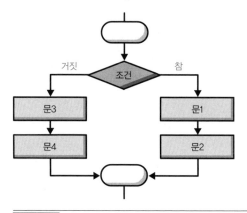

그림 5-7 if~else문

if~else문은 조건이 참일 경우와 거짓일 경우 서로 다른 처리를 합니다.
블록 내의 복수 문도 처리할 수 있습니다.

if~else문을 이용한 다음 코드를 입력하기 바랍니다.

Sample3.c ▶ if~else문의 이용

```
#include <stdio.h>

int main(void)
{
    int res;

    printf("정수를 입력하세요. \n");

    scanf("%d", &res);

    if (res == 1){
        printf("1이 입력되었습니다. \n");        ① 1이 입력되면(조건이 참이면)
    }                                            처리됩니다.
    else{
        printf("1 이외의 값이 입력되었습니다. \n");
    }

    return 0;                                    ② 1 이외의 값이 입력되면(조건이
}                                                   거짓이면) 처리됩니다.
```

Lesson
5

Sample3 실행 화면1

```
정수를 입력하세요.
1 ⏎
1이 입력되었습니다.
```

Sample3 실행 화면2

```
정수를 입력하세요.
10 ⏎
1 이외의 값이 입력되었습니다.
```

사용자가 1과 10을 입력한 두 가지 화면이 표시되었습니다. 1을 입력하면 지금까지와 마찬가지로 ①이 처리되었지만, 그 이외의 경우 ②가 처리됩니다. if~else문에서는 경우에 따른 복잡한 처리를 할 수 있습니다.

if~else문을 사용하면 2가지 상황에 따른 처리가 가능하다.

```
        참
    ┌─ if (res == 1){ ──────┐
    │                       ↓
    │       printf("1이 입력되었습니다. \n"); ──────┐
거짓 │    }                                          │
    │                                               │
    │       else{                                   │
    │                                               │
    └──→    printf("1 이외의 값이 입력되었습니다. \n");  │
            }                                        │
                           ↓                         ↓
```

그림 5-8 | if~else문의 흐름

5.4 if~else if~else

 ### if~else if~else 구조

if문은 두 가지 이상의 조건을 판단해서 처리하는 변형을 만들 수도 있습니다. 이것이 if~else if~else입니다. 이 구문을 사용하면 두 가지 이상의 조건에 따른 처리가 가능합니다.

구문 if~else if~else

```
if(조건1){
    문1;
    문2;          ┐── 조건 1이 참이면 처리됩니다.
    . . .
}
else if(조건 2){
    문3;
    문4;          ┐── 조건 1이 거짓 그리고 조건 2가 참이면 처리됩니다.
    . . .
}
else if(조건 3){ ┐── 마찬가지로 조건을 설정해서 검색할 수 있습니다.
    . . .
}
else{  ┐── 모든 조건이 거짓이면 처리됩니다.
    . . .
}
```

이 구문은 조건1을 판단해서 참이면 문1, 문2가 처리됩니다. 만약, 거짓이면 조건 2
를 판단해서 문3, 문4가 처리가 됩니다. 이와 같이 차례대로 조건을 판단해서 모든 조
건이 거짓이면 마지막 else 아래의 문이 처리됩니다. 예를 들어

```
if(성적은 '수'였다)
        외국 여행을 간다
else if(성적은 '우'였다)
        국내 여행을 간다
else
        다시 공부한다
```

라는 상태입니다. 상당히 복잡한 처리도 가능하게 됩니다.

else if의 조건은 몇 개라도 설정이 가능하고 **마지막 else는 생략도 가능합니다.** 마지막
else문을 생략하고, 어느 조건에도 맞지 않으면 이 구문에서 실행되는 문은 존재하지
않게 됩니다.

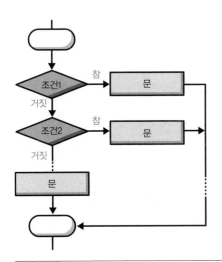

그림 5-9 if~else if~else

if~else if~else에서는 복수의 조건에 따른 처리가 가능합니다.

이 구조를 사용하면 복수의 조건에 따른 처리를 할 수 있습니다. 그러면 코드를 작
성해 보겠습니다.

Sample4.c ▶ if~else if~else

```
#include <stdio.h>

int main(void)
{
    int res;

    printf("정수를 입력하세요. \n");

    scanf("%d", &res);

    if (res == 1){
        printf("1이 입력되었습니다. \n");
    }

    else if(res == 2){
        printf("2가 입력되었습니다. \n");
    }
    else{
        printf("1이나 2를 입력하세요. \n");
    }

    return 0;
}
```

① 1이 입력될 때 처리됩니다.

② 2가 입력될 때 처리됩니다.

③ 1·2 이외의 값이 입력될 때 처리됩니다.

Lesson 5

Sample4 실행 화면1

정수를 입력하세요.
1 ↵
1이 입력되었습니다.

Sample4 실행 화면2

정수를 입력하세요.
2 ↵
2가 입력되었습니다.

Sample4 실행 화면3

> 정수를 입력하세요.
> **3** ↵
> **1**이나 **2**를 입력하세요.

1을 입력하면 최초의 조건은 참이 되기 때문에 ①이 처리되고, 다른 부분은 처리되지 않습니다.

2를 입력하면 최초의 조건이 거짓이 되기 때문에 다음 조건을 판단합니다. 2번째 조건은 참이 되기 때문에 이번에는 ②가 처리됩니다.

1과 2 이외의 값을 입력하면(첫 번째와 두 번째 조건이 모두 거짓일 때) 반드시 ③이 처리됩니다.

이와 같이 if~else if~else는 몇 가지 조건을 판단해서 복잡한 처리를 할 수 있습니다.

 if~else if~else를 사용하면 복수의 조건에 따른 처리를 할 수 있다.

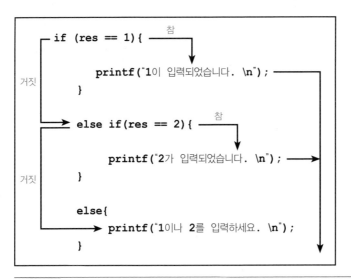

그림 5-10 if~else if~else의 흐름

5.5 switch문

switch문 구조

 C 언어는 if문과 마찬가지로 조건으로 처리를 제어할 수 있는 switch문(switch statement)도 있습니다. switch문의 구문은 다음과 같습니다.

구문 switch문

```
switch (식) {
    case 상수1:
        문1;  ●━━━━━━━━━━━━  식의 평가는 상수1일 때 처리됩니다.
        ...
        break;
    case 상수2:
        문2;  ●━━━━━━━━━━━━  식의 평가는 상수2일 때 처리됩니다.
        ...
        break;
    default:
        문D;  ●━━━━━━━━━━━━  어느 곳에도 식의 평가가 없을 때 처리됩니다.
        ...
        break;
}
```

 switch문은 switch문 안의 식이 case 뒤의 상수 값과 일치하면, 그 뒤의 문부터 'break'까지의 문을 처리합니다. 만약 어느 것에도 해당되지 않으면 'default' 아래의 문이 처리됩니다. 'default'는 생략할 수도 있습니다. switch문을 비유해서 보면 다음과 같습니다.

```
switch(성적){
    case 수:
        외국 여행을 간다
        break;
    case 우:
        국내 여행을 간다
        break;
    default:
        다시 공부한다
        break;
}
```

이 switch문은 성적에 따라서 여러 가지 처리를 하고 있으며, if~else if~else와 동일한 처리를 합니다. 하지만 switch문을 사용하면 if~else if~else보다 간단하게 표기할 수 있습니다.

switch문을 사용하면 if~else if~else를 간단하게 표기할 수 있다.

switch문을 사용한 예를 살펴보겠습니다.

Sample5.c ▶ switch문의 이용

```c
#include <stdio.h>

int main(void)
{
    int res;

    printf("정수를 입력하세요. \n");

    scanf("%d", &res);
```

```
    switch(res){
        case 1:
            printf("1이 입력되었습니다. \n");
            break;
        case 2:
            printf("2가 입력되었습니다. \n");
            break;
        default:
    printf("1이나 2를 입력하세요. \n");
            break;
    }
    return 0;
}
```

1이 입력되면 처리됩니다.

2가 입력되면 처리됩니다.

1과 2 이외의 값이 입력되면 처리됩니다.

Lesson
5

이 코드는 변수 res의 값을 판단해서 Sample4의 if~else if~else와 완전하게 동일한 처리를 하고 있으며 실행 결과도 동일합니다.

switch문에서는 몇 가지 조건이 있는 복잡한 if~else if~else를 간단하게 표기할 수 있는 경우가 있습니다. 단, switch문일 때 값을 판단하는 식(여기에서는 변수 res)은 정수와 문자만이 가능합니다.

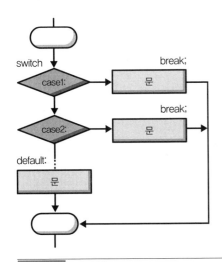

그림 5-11 switch문

switch문을 사용해도 복수의 조건에 따른 처리가 가능합니다.

135

break문이 없으면?

switch문을 취급할 때 몇 가지 주의할 점이 있습니다. 다음 코드를 보기 바랍니다. 이 코드는 Sample5에서 break문을 생략한 경우입니다.

```c
#include <stdio.h>

int main(void)
{
    int res;

    printf("정수를 입력하세요. \n");

    scanf("%d", &res);

    switch(res){
        case 1:
            printf("1이 입력되었습니다. \n");
        case 2:
            printf("2가 입력되었습니다. \n");
        default:
            printf("1이나 2를 입력하세요. \n");
    }
    return 0;
}
```

> break문이 없는 switch문입니다.

이것을 실행하면 화면에 다음과 같이 출력됩니다.

```
정수를 입력하세요.
1 ⏎
1이 입력되었습니다.
2가 입력되었습니다.
1이나 2를 입력하세요.
```

> 이상한 결과를 출력합니다.

이 코드는 1을 입력하면 case 1: 이후의 문이 모두 실행되어 이상한 결과를 출력합니다. 원래 break문은

문의 흐름을 강제적으로 종료하는

역할을 합니다. switch문은 break문을 만나거나 블록이 종료할 때까지 블록 안의 문이 차례대로 실행되기 때문에 정확한 위치에 break문을 사용하지 않으면 이상한 결과를 얻게 됩니다.

break문을 누락하거나 break문의 위치가 틀리거나 해도 컴파일러는 에러를 표시하지 않기 때문에 주의하기 바랍니다. break문에 대해서는 제6장에서 다시 한번 설명합니다.

switch문 안의 break문의 위치에 조심해야 한다.

Lesson
5

5.6 논리 연산자

논리 연산자 구조

지금까지 여러 가지 조건을 사용한 조건 판단문을 설명했습니다. 이와 같은 조건 판단문에서 보다 복잡한 조건을 표현할 수 있으면 더욱 편리하게 처리할 수 있습니다. 예를 들어, 다음과 같은 경우를 생각하기 바랍니다.

성적이 '수'이고, 그리고 돈이 있으면 · · ·

→ 해외 여행을 간다

이 경우 조건에 해당하는 부분은 5.1절에서 설명한 예보다 좀더 복잡한 상황을 나타내고 있습니다. 이와 같이 복잡한 조건을 C 언어로 표현하고 싶을 때 논리 연산자(logical operator)를 사용합니다. 논리 연산자는

조건을 거듭 평가해서 참 또는 거짓의 값을 얻는

역할을 합니다. 예를 들어 위의 조건을 논리 연산자를 사용해서 표현하면 다음과 같이 됩니다.

(성적이 '수'다) && (돈이 있다)

&& 연산자는 좌변과 우변이 모두 참일 때 전체를 참으로 하는 논리 연산자입니다. 이 경우는 '성적이 수다' 그리고 '돈이 있다'이면 이 조건은 참이 됩니다.

어느 한쪽이라도 성립하지 않으면 전체 조건은 거짓이 되고 성립하지 않습니다. 논리 연산자는 표 5-2와 같이 평가됩니다.

표 5-2 : 논리 연산자

연산자	참이 되는 경우	평가		
&&	좌변과 우변이 모두 참일 때	**좌**	**우**	**전체**
	좌변 : 참 우변 : 참	거짓	거짓	거짓
		거짓	참	거짓
		참	거짓	거짓
		참	참	참
||	좌변과 우변 중 한쪽이 참일 때	**좌**	**우**	**전체**
	좌변 : 참 우변 : 참	거짓	거짓	거짓
		거짓	참	참
		참	거짓	참
		참	참	참
!	우변이 거짓일 때		**우**	**전체**
	우변 : 참		거짓	참
			참	거짓

논리 연산자를 사용한 코드를 구체적으로 살펴보겠습니다.

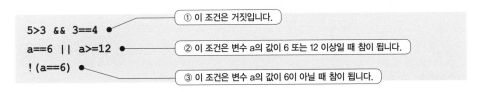

```
5>3 && 3==4     ● ──── ① 이 조건은 거짓입니다.

a==6 || a>=12   ● ──── ② 이 조건은 변수 a의 값이 6 또는 12 이상일 때 참이 됩니다.

!(a==6)         ● ──── ③ 이 조건은 변수 a의 값이 6이 아닐 때 참이 됩니다.
```

&& 연산자를 사용한 식은 좌변과 우변이 모두 참인 경우만이 전체가 참이 되기 때문에 조건 ①의 값은 거짓입니다.

|| 연산자를 사용한 식은 좌변과 우변 가운데 하나가 참이면 전체 식이 참이 되기 때문에 조건 ②에서 변수 a에 들어있는 값이 6이나 13일 경우 참이 됩니다.

Lesson
5

! 연산자는 피연산자를 하나로 갖는 단항 연산자로, 피연산자가 거짓일 경우 참이 됩니다. 조건 ③에서 변수 a가 6이 아닌 경우에 참이 됩니다.

 논리 연산자를 사용하면 조건을 조합해서 복잡한 조건을 만들 수 있다.

논리 연산자와 관계 연산자

논리 연산자 &&와 ||는 관계 연산자보다 우선순위가 낮기 때문에 앞에서 5>3, 3==4를 ( )로 묶을 필요는 없습니다.

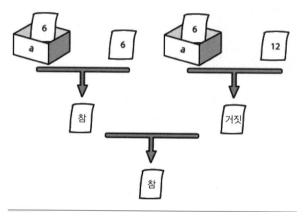

그림 5-12 | 논리 연산자
논리 연산자는 참인지, 거짓인지에 대한 값을 연산합니다.

복잡한 조건판단의 처리

지금까지 배운 if문 안에 논리 연산자를 사용하면 보다 복잡한 조건을 판단하는 처리를 할 수 있습니다. 논리 연산자를 사용해서 코드를 작성해 보겠습니다.

Sample6.c ▶ 논리 연산자를 사용한 조건의 표기

```c
#include <stdio.h>

int main(void)
{
    char res;

    printf("당신은 남성입니까? \n");
    printf("Y 또는 N을 입력하세요. \n");

    res = getchar();

    if (res == 'Y' || res == 'y'){
        printf("당신은 남성이군요. \n");
    }
    else if(res == 'N' || res == 'n'){
        printf("당신은 여성이군요\n");
    }
    else{
        printf("Y 또는 N을 입력하세요. \n");
    }

    return 0;
}
```

Y 또는 y가 입력되면 처리됩니다.

N 또는 n이 입력되면 처리됩니다.

Y, y, N, n 이외의 값이 입력되면 처리됩니다.

Lesson
5

Sample6 실행 화면1

당신은 남성입니까?
Y 또는 **N**을 입력하세요.
Y ⏎
당신은 남성이군요.

Sample6 실행 화면2

당신은 남성입니까?
Y 또는 **N**을 입력하세요.
n ⏎
당신은 여성이군요.

Sample6은 키보드로부터 입력된 문자에 따라서 처리를 하고 있습니다. 문자는 Y와 y와 같이 대문자와 소문자가 있지만, 이 예제에서는 대문자와 소문자를 구별하지 않고 처리하고 싶었기 때문에 if문의 조건에서 논리 연산자 ||를 사용했습니다. 또한 문자는 ' '로 묶는다는 것을 잊어서는 안됩니다. ||를 사용해서 조건을 표기하면 Y 또는 y를 입력할 때 같은 처리를 할 수 있습니다.

조건 연산자 구조

지금까지 복잡한 조건판단을 처리하는 방법을 설명했습니다. 간단한 조건판단의 경우 if문을 사용하지 않고 조건 연산자(conditional operator)인 '? • : •'를 사용해서 작성할 수 있습니다. 다음 코드를 보기 바랍니다.

```c
#include <stdio.h>

int main(void)
{
    int res;
    char ans;

    printf("몇 번째를 선택할까요? \n");
    printf("정수를 입력하세요. \n");

    scanf("%d", &res);

    if(res == 1)
        ans = 'A';              // if문을 사용해서 조건판단을 합니다.
    else
        ans = 'B';

    printf("%c 코스를 선택했습니다. \n", ans);

    return 0;
}
```

이 코드는 if문을 사용해서 res == 1이 참일 때 변수 ans에 문자 A를 대입하고, 그 외의 경우는 B를 대입하는 처리를 표기한 것입니다. 이런 간단한 조건판단은 조건 연산자 '? • : •'를 사용해서 다음과 같이 수정할 수 있습니다.

Sample7.c ▶ 조건 연산자 사용하기

```c
#include <stdio.h>

int main(void)
{
    int res;
    char ans;

    printf("몇 번째를 선택할까요? \n");
    printf("정수를 입력하세요. \n");

    scanf("%d", &res);

    ans = (res==1) ? 'A' : 'B';     ●────── if문을 조건 연산자로 수정했습니다.

    printf("%c 코스를 선택했습니다. \n", ans);

    return 0;
}
```

Lesson
5

Sample7 실행 화면

```
몇 번째를 선택할까요?
정수를 입력하세요.
1 ↵
A코스를 선택했습니다.
```

if문보다 간결하게 표기할 수 있습니다. 조건 연산자 '? :'의 사용법을 정리해 보겠습니다.

 구문

조건 연산자

조건 **?** 참이면 식**1** **:** 거짓이면 식**2**

조건 연산자는 세 개의 피연산자를 갖는 연산자입니다. 전체 식의 값은 조건이 참일 경우 식 1의 값, 거짓일 경우 식 2의 값이 됩니다. Sample 7의 식의 값은 res==1이 참일 때 A, 그 이외의 경우는 B가 됩니다. 즉, 두 가지 가운데 하나의 값이 변수 ans 에 대입됩니다.

 조건 연산자를 사용하면 간단한 조건에 따른 처리를 표기할 수 있다.

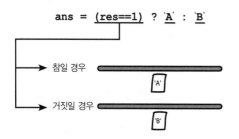

그림 5-13 조건 연산자
조건 연산자는 앞에 표기한 조건의 값에 따라서 식의 값이 결정됩니다.

비트단위 논리 연산자

C 언어는 2진수로 수치를 나타낼 때 자릿수(비트)끼리 연산을 하는 '비트단위 논리 연산자' 가 이용됩니다. 비트단위 논리 연산자란

2진수로 표현한 하나 또는 두 개의 수치의 각 자릿수에 대해서
0이나 1 가운데 하나를 반환하는

연산을 처리하는 것입니다.
예를 들어 비트 논리 연산자의 '&'는 두 수치의 자릿수가 모두 1이면 1, 그 외는 0으로 연산 을 합니다.

```
    5    0000000000000101
 &12    0000000000001100 •               1 & 0 → 0으로 평가합니다.
    4    0000000000000100
```

short int형 수치를 사용해서 '5 & 12'의 연산을 하면 위와 같이 표현할 수 있습니다. 이 실행 결과의 수치는 4가 됩니다.

이런 종류의 연산자의 사용법에 대해서 다음 표에 정리해 두었습니다. 참 또는 거짓의 값을 취급하는 논리 연산자와는 다르기 때문에 주의해야 합니다.

표 : 비트단위 논리 연산자

연산자	1이 되는 경우	평가		
&	좌변과 우변의 비트가 모두 1일 때	좌	우	전체
		0	0	0
		0	1	0
		1	0	0
		1	1	1
|	좌변과 우변의 비트 중 한쪽이 1일 때	좌	우	전체
		0	0	0
		0	1	1
		1	0	1
		1	1	1
^	좌변과 우변의 비트가 다를 때	좌	우	전체
		0	0	0
		0	1	1
		1	0	1
		1	1	0
~	우변의 비트가 0일 때		우	전체
			0	1
			1	0

5.7 이 장의 요약

이 장에서는 다음과 같은 내용을 배웠습니다.

● 관계 연산자를 사용해서 조건을 작성할 수 있습니다.
● if문을 사용해서 조건에 따른 처리를 할 수 있습니다.
● 변형된 if문을 사용해서 여러 가지 조건에 따른 처리를 할 수 있습니다.
● switch문을 사용해서 식의 값에 따른 처리를 할 수 있습니다.
● 논리 연산자를 사용해서 복잡한 조건을 작성할 수 있습니다.
● 조건 연산자 ? • : • 를 사용해서 간단한 조건에 따른 처리를 표기할 수 있습니다.

if문과 switch문을 사용하면 조건에 따른 처리도 가능하고, 유연한 코드를 표기할 수도 있고, 여러 가지 상황에 따른 코드도 작성할 수 있습니다. 또한 다음 장에서 반복 처리하는 구문을 배우면 보다 강력한 코드를 작성할 수 있게 됩니다.

연습

1. 키보드로 정수 값을 입력하고, 경우에 따라 다음과 같은 메시지를 출력하는 코드를 작성하시오.

값이 짝수인 경우 ? ———— 'O는 짝수입니다.'

값이 홀수인 경우 ? ———— 'O는 홀수입니다.'

(단 O는 입력한 정수)

Lesson
5

```
정수를 입력하세요.
1 ↵
1은 홀수입니다.
```

2. 키보드로 두 개의 정수 값을 입력하고, 경우에 따라 다음과 같은 메시지를 출력하는 코드를 작성하시오.

값이 같은 경우 ? ———— '두 수의 값은 같은 값입니다.'

그 외의 경우 ? ———— 'O보다 X가 큰 값입니다.'

(단 O, X는 입력한 정수. O ⟨ X)

```
두 개의 정수를 입력하세요.
1 ↵
3 ↵
1보다 3이 큰 값입니다.
```

3. 키보드로 정수 값을 입력하고, 경우에 따라 다음과 같은 메시지를 출력하는 코드를 작성하시오.

값이 0~10인 경우 ? ——— '정답입니다.'

그 외의 경우 ? ———— '틀렸습니다.'

```
0부터 10까지의 정수를 입력하세요.
1 ⏎
정답입니다.
```

4. 키보드로 문자를 입력하고, 경우에 따라 다음과 같은 메시지를 출력하는 코드를 작성하시오.

A, B, C인 경우 ? ─────── '정답입니다.'
그 외의 경우 ? ─────── '틀렸습니다.'

```
A~C까지의 문자를 입력하세요.
C ⏎
정답입니다.
```

5. 키보드로 1부터 5까지의 5단계 성적을 입력하고, 성적에 따라 다음과 같은 메시지를 출력하는 코드를 작성하시오.

성적	메시지
1	성적은 1입니다. 노력이 필요합니다.
2	성적은 2입니다. 조금 더 노력하세요.
3	성적은 3입니다. 잘 했습니다.
4	성적은 4입니다. 매우 잘 했습니다.
5	성적은 5입니다. 매우 우수합니다.

```
성적을 입력하세요.
3 ⏎
성적은 3입니다.
잘 했습니다.
```

Lesson 6

반복

제5장에서는 조건에 따른 처리를 제어하는 문을 배웠습니다. C 언어는 그 밖에도 문을 제어할 수 있는 반복문(루프문)이 준비되어 있습니다. 반복문을 사용하면 같은 처리를 몇 번이라도 반복할 수 있습니다. 이 장에서는 반복문에 대해서 배워보겠습니다.

Check Point

- 반복문
- for문
- while문
- do~while문
- break문
- continue문
- 다중 루프

 for문 구조

제5장에서는 조건 값에 따라서 문을 처리하는 제어 방법에 대해서 배웠습니다. C 언어는 그 밖에도 복잡한 처리를 할 수 있습니다. 예를 들어 다음과 같은 상황을 가정해 봅니다.

> 시험에 합격할 때까지…
>> → 시험을 계속 본다.

우리는 일상생활에서 일종의 '반복 처리'를 할 때가 있습니다. 아침에 일어나서, 밥을 먹고, 이를 닦고, 학교에 가고… 우리는 일상생활에서 이런 일을 반복합니다.

C 언어는 이와 같은 처리를 반복문(루프문: loop statement)이라는 구문으로 표기할 수 있습니다. 반복문은 for문 · while문 · do~while문 3가지 종류가 있습니다.

이 장에서는 먼저 for문(for statement)부터 순서대로 설명하겠습니다.

구문 **for문**

> **for(**초기화 식**1** ; 반복할지 안 할지 판단하는 식**2** ; 변화를 위한 식**3**)
>
>   문 ; ●────── **이 문을 반복 처리합니다.**

for문 처리의 자세한 순서는 예를 입력하면서 배우기로 하고, 여기에서는 형식만을 살펴봅니다. 또한 for문은 if문과 마찬가지로 복수의 문을 처리할 수도 있습니다. 복수의 문을 처리하려면 if문처럼 { }로 묶어서 블록으로 만듭니다.

구문

for문

```
for (초기화 식1; 반복할지 안 할지 판단하는 식2; 변화를 위한 식3) {
    문1;
    문2;        ─── 블록 내의 문을 순서대로 반복 처리합니다.
    ...
}
```

for문에서 블록을 사용하면 블록 내의 문1, 문2… 라는 처리를 반복할 수 있습니다. 실제로 for문을 사용해보겠습니다.

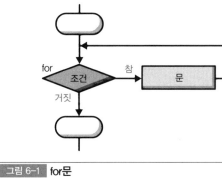

그림 6-1 for문

for문을 사용하면 반복 처리를 할 수 있습니다.

Sample1.c ▶ for문 사용하기

```c
#include <stdio.h>

int main(void)
{
    int i;

    for (i=1; i<=5; i++) {          ─── 변수 i를 1씩 증가시키면서 i<=5가 거짓이 될 때까지
        printf("반복하고 있습니다. \n");  ─── 이 문이 반복됩니다.
    }

    printf("반복을 종료했습니다. \n");

    return 0;
}
```

```
Sample1 실행 화면
```

반복하고 있습니다.
반복하고 있습니다.
반복하고 있습니다.
반복하고 있습니다.
반복하고 있습니다.
반복을 종료했습니다.

for문에서는 반복 횟수를 세기 위해 변수를 사용합니다. 예를 들어 이 코드에서는
변수 i를 사용해서 다음과 같은 순서로 처리됩니다.

```
① 식1에 따라서 변수 i를 초기화한다.
```

```
② 식2의 조건이 참이면 블록 내의 문을 처리한 후 식3을 처리한다.
```

```
③ 식2의 조건이 거짓이 될 때까지 ②를 반복한다.
```

즉, 이 for문에서는 변수 i를 1로 초기화한 후 조건 i <= 5가 거짓이 될 때까지 i++
를 반복해서 '반복하고 있습니다.'라고 출력하는 문을 처리합니다. for문을 이해하기
위해 다음과 같은 상황을 가정하면 이해하기 쉬울 것입니다.

```
for(i=1; i<=5; i++){
        시험을 본다.
}
```

for문의 처리는 변수 i가 1부터 5까지 증가하는 동안에 시험보는 것을 반복합니다.
즉, 이 때에는 시험을 전부 5번 반복해서 보게 됩니다.

for문을 사용하면 반복 처리를 표기할 수 있다.

루프 안의 변수 사용

Sample1에서는 반복할 때마다 화면으로 문자를 출력했는데, 이때 반복 횟수가 출력된다면 편리할 것입니다. 다음 코드를 작성해 봅니다.

Sample2.c ▶ 반복 횟수의 출력

```c
#include <stdio.h>

int main(void)
{
   int i;

   for(i=1; i<=5; i++){
      printf("%d번째 반복입니다. \n", i);
   }

   printf("반복을 종료했습니다. \n");

   return 0;
}
```

> 반복 처리 안에서 변수 i를 사용하고 있습니다.

Lesson
6

Sample2 실행 화면

```
1번째 반복입니다.
2번째 반복입니다.
3번째 반복입니다.
4번째 반복입니다.
5번째 반복입니다.
반복을 종료했습니다.
```

> 반복할 때마다 값이 1 증가합니다.

반복문 안에서는 횟수의 카운터에 사용하고 있는 변수 i의 값을 출력할 수도 있습니다. 이 코드를 실행하면 블록 내에서 변수 i의 값이 하나씩 증가하면서 몇 번째 반복을 처리하고 있는지 한 번에 알 수 있습니다. 예를 들어 다음 예를 보기 바랍니다.

```
for(i=1; i<=5; i++){
        과목 i의 시험을 본다
   }
```

이 문은 과목 1부터 5까지의 시험을 전부 5번 본다는 처리를 나타내고 있습니다. 이렇게 복잡한 처리를 간단한 코드로 표기할 수 있습니다. 시험 보는 과목이 증가하는 경우에도 바로 대응할 수 있습니다. 이와 같이 반복문 안에서 변수를 사용하면 다양한 프로그램을 작성할 수 있습니다.

 변수를 for문의 반복문 안에서 사용하면 반복 횟수 등을 나타낼 수 있다.

 ## for문의 응용

for문을 응용한 프로그램을 몇 가지 작성해 보겠습니다. 다음 코드를 입력하기 바랍니다.

Sample3.c ▶ 입력한 수만큼 *를 출력

```
#include <stdio.h>

int main(void)
{
   int num;
   int i;

    printf("몇 개의 *를 출력할까요? \n");
   scanf("%d", &num);           수를 입력시킵니다.

   for(i=1; i<=num; i++){
      printf("*");              입력한 수만큼 *를 반복해서 출력합니다.
   }
```

```
    printf("\n");

    return 0;
}
```

Sample3 실행 화면

```
몇 개의 *를 출력할까요?
10 ⏎                      입력한 수만큼 *가 출력됩니다.
**********
```

프로그램을 실행하면 입력한 수만큼 *가 출력됩니다. for문을 사용해서 입력한 수와 같은 개수의 *가 반복 처리되어 출력됩니다. * 부분을 다른 문자로 변경하면 여러 가지 기호와 문자를 출력할 수 있습니다. 다양한 문자로 변경해서 출력해보기 바랍니다.

이번에는 반복문 안에서 변수 값을 사용하겠습니다. 1부터 입력한 수까지 순서대로 더해서 합계를 구하는 프로그램을 작성해 봅니다.

Lesson 6

Sample4.c ▶ 입력한 수까지의 합계

```
#include <stdio.h>

int main(void)
{
    int num, sum;
    int i;

    num = 0;
    sum = 0;

    printf("몇까지의 합계를 계산할까요? \n");
    scanf("%d", &num);           수를 입력시킵니다.

    for(i=1; i<=num; i++){
        sum += i;                i가 입력한 수가 될 때까지 덧셈을 반복합니다.
```

```
    }

    printf("1부터 %d까지의 합계는 %d입니다. \n", num, sum);

    return 0;
}
```

Sample4 실행 화면

```
몇까지의 합계를 계산할까요?
10 ↵
1부터 10까지의 합계는 55입니다.
```

1부터 입력한 수까지의
합계가 계산됩니다.

　여기에서도 역시 입력한 수까지 반복처리를 하고 있습니다. for문 안에서는 변수 sum에 변수 i의 값을 더하고 있습니다. 변수 i 값은 1부터 하나씩 증가하기 때문에 이 반복처리를 이용하면 1부터 입력한 수치까지 더한 수를 계산할 수 있습니다.

```
sum    i       새로운 sum의 값
 0  +  1   =  1                      1번째 반복
 1  +  2   =  3                      2번째 반복
 3  +  3   =  6                      3번째 반복
 6  +  4   =  10                     4번째 반복
       . . .                              . . .
45  +  10  =  55                     10번째 반복
```

다양한 반복문

반복문은 다양하게 응용할 수 있습니다. 예를 들어, 다음과 같이 응용할 수 있습니다.

```
for(i = 0; i < 10; i++){•••}
```
10번 반복합니다.

```
for(i = 1; i <= 10; i++){•••}
```
1~10의 정수 i를 순서대로 처리할 수 있습니다.

```
for(i = 10; i >= 1; i--){•••}
```
10~1의 정수 i를 역순으로 처리할 수 있습니다.

반복문의 다양한 응용을 익혀두면 도움이 됩니다.

Lesson
6

6.2 while문

while문 구조

C 언어에는 for문처럼 지정한 문을 반복하는 구문이 있습니다. 그 가운데 하나가 while문(while statement)입니다.

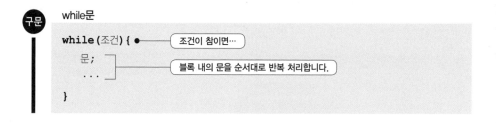

구문

while문

```
while (조건) {        조건이 참이면…
    문;
    ...              블록 내의 문을 순서대로 반복 처리합니다.
}
```

while문은 조건이 참이면 지정한 문을 몇 번이라도 반복 처리할 수 있습니다. 이 장의 처음에 설명했던 예를 적용시켜보면 while문은 다음과 같은 구문처럼 표현할 수 있습니다.

```
while (시험에 떨어졌다.)
    시험을 본다.
```

while문은 '시험에 떨어졌다'라는 조건이 거짓이 될 때까지 시험을 반복해서 봅니다. 이 while문에서는 처리를 시작하기 전에 이미 시험에 합격했으면 시험 보는 처리는 하지 않습니다. 그림을 보면서 반복 처리를 이해하기 바랍니다.

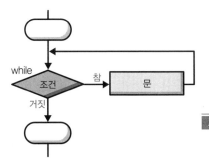

Lesson 6

그림 6-2 while문

while문을 사용하면 조건이 거짓이 될 때까지 반복 처리
를 할 수 있습니다.

while문을 사용한 코드를 표기해 보겠습니다.

Sample5.c ▶ while문의 이용

```
#include <stdio.h>

int main(void)
{
    int i = 1;                            조건이 참이면…

    while(i <= 5){
        printf("%d번째 반복입니다. \n", i);   이 블록 안이 순서대로 반복됩니다.
        i++;
    }                                     조건이 거짓에 가까워지도록 증가시킵니다.
    printf("반복을 종료했습니다. \n");

    return 0;
}
```

Sample5 실행 화면

```
1번째 반복입니다.
2번째 반복입니다.
3번째 반복입니다.
4번째 반복입니다.
5번째 반복입니다.
반복이 종료되었습니다.
```

사실은 이 while문 코드의 처리 내용과 Sample2에서 for문의 처리는 완전히 같습니다. 이 while문에서는 조건 i<=5가 거짓이 될 때까지 반복을 계속하기 때문입니다.

이 블록 안에서는 조건이 거짓에 가까워지도록 변수 i 값을 증가시키고 있습니다. 일반적으로 반복문에서는 반복을 할지 안 할지를 판단하기 위한 조건이 변하지 않으면 반복 처리를 영원히 하게 됩니다. 예를 들어 다음 코드를 보기 바랍니다.

```
int   i = 1;

                                    조건은 결코 거짓이 되지 않기 때문에
                                    블록 안이 영원히 반복됩니다.

while(i <= 5){
    printf("%d번째 반복입니다. \n", i);
}
```

이 코드는 while문의 조건 안에 변수 i 값을 증가시키는 'i++;'와 같은 문이 없기 때문에 while문의 조건은 몇 번을 반복해도 거짓이 되지 않습니다. 따라서 이와 같은 프로그램을 실행하면 while문 처리가 영원히 반복되고 프로그램은 종료되지 않습니다. 이런 결과가 발생하지 않도록 조건을 표기할 때는 충분히 주의해야 합니다.

while문을 사용하면 반복 처리를 표기할 수 있다.
반복문의 조건을 표기할 때는 주의해야 한다.

조건 표기의 생략

그러면 이쯤에서 if문이나 while문 등에서 관용적으로 사용되는 조건의 사용법을 알아 보겠습니다. 다음 코드는 과연 무슨 프로그램일까요?

Sample6.c ▶ 관용적인 조건의 이용

```
#include <stdio.h>

int main(void)
{
    int num = 1;

    while(num){
        printf("정수를 입력하세요. (0이면 종료)\n");
        scanf("%d", &num);
        printf("%d가 입력되었습니다. \n", num);
    }
    printf("반복을 종료합니다. \n");

    return 0;
}
```

num이 0이면(거짓이면) 반복을 종료합니다.

Lesson
6

Sample6 실행 화면

```
정수를 입력하세요. (0이면 종료)
1 ↵
1을 입력했습니다.
정수를 입력하세요. (0이면 종료)
10 ↵
10을 입력했습니다.
정수를 입력하세요. (0이면 종료)
5 ↵
5를 입력했습니다.
정수를 입력하세요. (0이면 종료)
0 ↵
0을 입력했습니다.
반복을 종료합니다.
```

이 코드는 입력한 정수를 반복해서 출력하고, 사용자가 0을 입력하면 반복을 종료
합니다. 그런데 이 코드에서 while문은

```
while(num) {
   ...
```
num이 0이면 while문을 종료합니다.

으로 작성했습니다. 사실 C 언어에서는 참과 거짓을 내부적으로는 정수 값으로 처리하고 있습니다.

0 이외의 정수 값 → 참
0 → 거짓

으로 취급합니다. 따라서 이 while문은 'num'이 0이면, 즉 사용자가 0을 입력하면 조건이 거짓으로 평가되어 종료되는 것을 의미합니다.

0 이외의 값을 입력하면 조건은 참이 되기 때문에 while문 처리를 반복합니다. 조건을 쓸 때 이와 같은 간단한 표기를 사용할 수도 있습니다. 이 조건을 관계 연산자를 사용해서 정확하게 수정하면 다음과 같이 표기할 수 있습니다.

```
while(num != 0) {
   ...
```
num이 0이면 while문을 종료합니다.

이것은 확실하게 관계 연산자를 사용해서 입력된 수치가 0인지 아닌지를 판단하고 있습니다. 또한 반대로 식이 0 이외일 때 반복을 종료하는 조건도 자주 사용합니다. 이 조건은 다음과 같이 표기합니다.

```
while( !num ) {
   ...
```
num이 0이외의 값이면 while문을 종료합니다.

!는 부정을 나타내는 논리 연산자입니다. 이 조건은 다음 조건과 같습니다.

```
while(num == 0) {
   ...
```
num이 0이외의 값이면 while문을 종료합니다.

C 언어의 코드에서 이와 같이 간결한 표기방법을 사용할 때도 있지만, 코드에 익숙해질 때까지 관계 연산자를 사용하는 편이 이해하기 쉽기 때문에 형식만 기억해 두기 바랍니다.

6.3 do~while문

 do~while문 구조

이번에는 do~while문(do~while statement)이라는 반복을 실행하는 또 다른 구문을 설명하겠습니다. 이 구문에서는 마지막에 지정한 조건이 참이면 블록 내의 처리를 반복합니다.

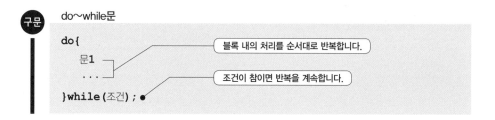

구문 do~while문

```
do {
    문1
    ...
} while (조건);
```

블록 내의 처리를 순서대로 반복합니다.

조건이 참이면 반복을 계속합니다.

do~while문이 while문과 다른 점은

조건을 판단하기 전에 블록 내의 처리를 실행한다

는 점입니다. while문에서는 첫 번째 반복 처리의 조건이 거짓이면 한번도 블록 내의 처리가 실행되지 않습니다. 한편 do~while문에서는 최소한 한 번은 반드시 블록 내의 처리가 이루어집니다.

예를 들어, while문에서 언급한 예를 do~while문으로 수정해 보겠습니다.

```
do {
    시험을 본다
} while (시험에 떨어졌다);
```

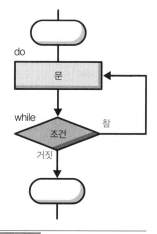

그림 6-3 do~while문

while문에서는 블록 내의 처리 전에 조건이 판단되지만, do~while문에서는 블록 내의 처리 후에 조건이 판단됩니다.

이것은 while문과 마찬가지로 조건에 맞지 않으면 시험을 계속 보는 반복문입니다. 그러나 처리를 시작하기 전 시험에 이미 합격했어도 최소한 한 번은 시험보는 처리가 실행됩니다. 다음 코드는 while문과 비교해보기 위해 do~while문을 사용해서 Sample5를 수정한 것입니다.

Sample7.c ▶ do~while문의 이용

```c
#include <stdio.h>

int main(void)
{
    int i = 1;

    do{
        printf("%d번째 반복합니다. \n", i);
        i++;
    }while(i <= 5);

    printf("반복이 종료되었습니다. \n");

    return 0;
}
```

이 부분이 반복됩니다.

i<=5가 거짓이면 반복을 종료합니다.

Sample7 실행 화면

```
1번째 반복입니다.
2번째 반복입니다.
3번째 반복입니다.
4번째 반복입니다.
5번째 반복입니다.
반복을 종료했습니다.
```

이것은 do~while문을 사용했지만 Sample5와 같은 처리를 합니다. 이와 같이 같은 처리를 여러 가지 구문을 사용해서 표기할 수도 있습니다. 다양한 형태의 코드를 표기하는 연습을 해두면 많은 도움이 될 것입니다.

do~while문을 사용하면 반복 처리를 표기할 수 있다.
do~while문은 최소한 한번은 루프 본체를 실행한다.

6.4 다중 루프

 ## for문 다중 루프

지금까지 다양한 구문을 배웠습니다. 이런 조건 판단문, 반복문 등의 구문에서는 복수의 문을 다중으로 작성해서 다중 루프로 만들 수 있습니다. 예를 들어 다음과 같이 for문 안에 for문을 사용하는 복잡한 표기도 가능합니다.

Lesson 6

구문 for문의 다중 루프

```
for(식1-1; 식2-1; 식3-1;){
    ...
    for(식1-2; 식2-2; 식3-2){
        ...
    }
}
```

for문을 다중루프로 만들 수 있습니다.

```
for(    ){

    for(    ){

    }

}
```

그림 6-4 **다중 루프**

for문 등의 구문은 다중 루프로 표기할 수 있습니다.

그러면 for문을 다중 루프로 작성한 코드를 살펴보겠습니다.

```
#include <stdio.h>

int main(void)
{
   int i, j;

   for(i=0; i<5; i++){                    for문을 다중루프로 만들 수 있습니다.
      for(j=0; j<3; j++){
         printf("i는 %d:j는 %d\n", i, j);
      }
   }

   return 0;
}
```

Sample8 실행 화면

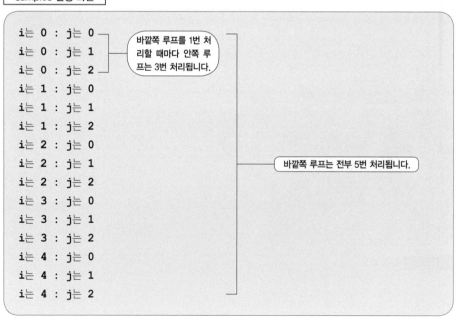

```
i는 0 : j는 0
i는 0 : j는 1      바깥쪽 루프를 1번 처
i는 0 : j는 2      리할 때마다 안쪽 루
                  프는 3번 처리됩니다.
i는 1 : j는 0
i는 1 : j는 1
i는 1 : j는 2
i는 2 : j는 0
i는 2 : j는 1                              바깥쪽 루프는 전부 5번 처리됩니다.
i는 2 : j는 2
i는 3 : j는 0
i는 3 : j는 1
i는 3 : j는 2
i는 4 : j는 0
i는 4 : j는 1
i는 4 : j는 2
```

이 코드에서는 변수 i를 증가시키는 for문 안에 변수 j를 증가시키는 for문이 포함되어 있는 이중 구조이기 때문에 루프 내에서는 다음과 같이 처리됩니다.

```
┌ 변수 i를 증가시킨다
│              ↓      변수 j를 증가시킨다 ┐
│              ↓      변수 j를 증가시킨다 │
└              ↓      변수 j를 증가시킨다 ┘
┌ 변수 i를 증가시킨다
│              ↓      변수 j를 증가시킨다 ┐
│              ↓      변수 j를 증가시킨다 │
└              ↓      변수 j를 증가시킨다 ┘
                   . . .
```

즉, i를 증가시키는 루프문(반복문)이 한번 처리될 때마다 j를 증가시키는 루프문이 반복(3회)됩니다. 이와 같이 문을 다중 루프로 작성하면 복잡한 처리도 표기할 수 있습니다.

> for문을 다중 루프로 작성하면 다중 반복 처리를 할 수 있다.

for문과 if문의 조합

Sample8에서는 for문 안에 for문이 있었지만, 서로 다른 종류의 문을 조합해도 상관없습니다. 예를 들어 다음 예제와 같이 for문과 if문을 조합할 수도 있습니다.

Sample9.c ▶ if문과 조합

```c
#include <stdio.h>

int main(void)
{
    int i, j, ch;
```

Lesson 6

```
    ch = 0;

    for(i=0; i<5; i++){
        for(j=0; j<5; j++){
            if(ch == 0){
                printf("*");
                ch = 1;
            }
            else{
                printf("-");
                ch = 0;
            }
        }
        printf("\n");
    }

    return 0;
}
```

for문이 다중 루프로 되어 있습니다.

*를 출력하면 다음에 ─를 출력하도록 ch에 1을 대입합니다.

─를 출력하면 다음에 *를 출력하도록 ch에 0을 대입합니다.

안쪽 루프가 끝나면 줄 바꿈을 합니다.

Sample9 실행 화면

```
*-*-*
-*-*-
*-*-*
-*-*-
*-*-*
```

이 코드에서는 두 개의 for문과 한 개의 if~else문을 사용하고 있습니다. * 또는 ─를 출력할 때마다 변수 ch에 교대로 0과 1을 대입합니다. 이렇게 하면 다음에 어느 문자를 출력할 것인지 if문 내의 'ch == 0'이라는 조건을 평가해서 판단할 수 있습니다.

또한 안쪽 루프가 끝나면 \n으로 줄이 바뀌기 때문에 5문자마다 줄 바꿈이 됩니다. 문자 종류를 바꾸어보거나 종류를 증가시키는 코드도 작성해 보기 바랍니다.

6.5 처리 흐름의 변경

 break문 구조

지금까지 배운 내용으로부터 반복문에는 일정한 처리의 흐름이 있다는 것을 알았습니다. 그러나 때에 따라서는 이와 같은 처리의 흐름을 강제적으로 변경하고 싶을 경우가 있을지도 모릅니다.

C 언어에는 처리의 흐름을 변경하는 문으로 break문과 continue문이 있습니다. 이 절에서는 먼저 break문에 대해서 설명하겠습니다.

break문(break statement)은

처리의 흐름을 강제적으로 종료시키고, 그 블록에서 빠져나가는

처리를 하는 문입니다. 다음과 같이 코드 안에 표기합니다.

구문 break문

```
break;
```

다음 코드에서는 break문을 이용해서 키보드로부터 입력된 횟수에서 루프 처리를 강제적으로 종료시켜 보겠습니다.

Sample10.c ▶ break문을 이용한 블록 탈출

```
#include <stdio.h>

int main(void)
{
    int res;
```

```
    int i;

    printf("몇 번째 루프를 중지할까요? (1~10)\n");

    scanf("%d", &res);

    for(i=1; i<=10; i++){
        printf("%d번째 처리입니다. \n", i);
        if(i == res)
            break;
    }

    return 0;
}
```

원래 10번 반복하는 for문이지만…

지정한 횟수에서 반복을 종료합니다.

Sample10 실행 화면

몇 번째에서 루프를 중지할까요? **(1~10)**
5 ↵
1번째 처리입니다.
2번째 처리입니다.
3번째 처리입니다.
4번째 처리입니다.
5번째 처리입니다. ● ─── 지정한 횟수로 처리가 끝납니다.

Sample10에서는 원래 10번 반복 처리하는 for문을 사용하고 있지만 여기에서는 사용자가 입력한 횟수에서 break문이 실행되고 루프를 강제적으로 종료시킵니다. 따라서 6번째 이후의 반복 처리는 실행되지 않는 것을 알 수 있습니다.

또한 반복문을 다중 루프로 할 때 안쪽 문에서 break문을 사용하면 안쪽 블록을 탈출해서 또 하나의 바깥쪽 블록으로 처리가 이동합니다.

break문을 사용하면 블록에서 탈출할 수 있다.

```
for(i=1; i<=10; i++){
    printf("%d번째 처리입니다. \n", i);

    if(i == res)
        break;
}
```

break문

break문을 사용하면 반복 처리를 강제적으로 종료시키고, 블록에서 탈출할 수 있습니다.

 break문과 switch문

5.5절 switch문에서 사용된 break문은 이 절에서 설명한 break문과 같은 것입니다. 즉, switch문 안에서 break문을 응용하면 다음과 같은 처리가 가능합니다.

Lesson
6

Sample11.c ▶ switch문 안에서 break문의 이용

```
#include <stdio.h>

int main(void)
{
    int res;

    printf("성적을 입력하세요. (1~5)\n");
    scanf("%d", &res);

    switch(res){
        case 1:
        case 2:
            printf("조금 더 노력하세요. \n"); ●
            break; ●
        case 3:
        case 4:
            printf("잘 했습니다. \n"); ●
            break; ●
```

res가 1이나 2이면 이 문이 처리됩니다.

break문의 위치에 주의합니다.

res가 3이나 4이면 이 문이 처리됩니다.

○

```
       case 5:
           printf("매우 우수합니다. \n");
           break;
       default:
           printf("1~5까지의 성적을 입력하세요. \n");
           break;
   }

   return 0;
}
```

Sample11 실행 화면1

```
성적을 입력하세요. (1~5)
1 ↵
조금 더 노력하세요.
```

Sample11 실행 화면2

```
성적을 입력하세요. (1~5)
2 ↵
조금 더 노력하세요.
```

Sample11 실행 화면3

```
성적을 입력하세요. (1~5)
3 ↵
잘 했습니다.
```

Sample11은 입력한 정수의 성적에 따라서 여러 가지 메시지를 표시하는 프로그램입니다. 코드 안에서 break문의 위치를 조심하기 바랍니다. case1과 case3의 뒤에는 break문이 없기 때문에 각각 case2 또는 case4와 같은 처리를 하게 됩니다. 이와 같이 break문의 위치를 이용해서 처리를 제어할 수 있습니다.

continue문 구조

문의 흐름을 강제적으로 변경하는 또 하나의 문이 continue문(continue statement)입니다. continue문은

반복문 안의 처리를 건너뛰고 블록의 처음 위치로 돌아가서 다음 처리를 계속하는

문입니다.

구문

continue문

```
continue;
```

continue문을 사용한 코드를 살펴봅니다.

Lesson
6

Sample12.c ▶ continue문을 이용해서 블록의 처음으로 돌아간다

```c
#include <stdio.h>

int main(void)
{
   int res;
   int i;

   printf("몇 번째 처리를 건너뛸까요? (1~10)\n");
   scanf("%d", &res);

   for(i=1; i<=10; i++){
      if(i == res)
         continue;
      printf("%d번째 처리입니다. \n", i);
   }

   return 0;
}
```

입력한 횟수 번째의 처리에서는 여기에서 처음으로 돌아갑니다.

입력한 횟수 번째에서는 이 문이 처리되지 않습니다.

Sample12 실행 화면

몇 번째 처리를 건너뛸까요? (1~10)

3 ↵

1번째 처리입니다.

2번째 처리입니다.

4번째 처리입니다. ● ─────── 3번째 반복 처리에서 continue문 뒤를 건너뛰기 때문에 출력되지 않습니다.

5번째 처리입니다.

6번째 처리입니다.

7번째 처리입니다.

8번째 처리입니다.

9번째 처리입니다.

10번째 처리입니다.

Sample12를 실행해서 처리를 건너뛰는 횟수로 '3'을 입력해 보면 3번째 반복은 continue문에 의해 강제적으로 종료되고 블록의 처음, 즉 다음 반복 처리로 이동합니다. 따라서 위 예제에서 '3번째 처리입니다.'는 출력되지 않습니다.

중요

continue문을 사용해서 다음 반복문으로 이동할 수 있다.

```
for(i=1; i<=10; i++){ ◄───────

    if(i == res)
        continue; ───────
    printf("%d번째 처리입니다. \n", i);

}
```

그림 6-6 continue문

반복 내의 처리를 건너뛰고 다음 처리로 이동하기 위해서는 continue문을 사용합니다.

goto문

그 밖에도 처리의 흐름을 강제적으로 변경하는 구문에는 goto문(goto statement)이 있습니다. goto문은 식별자를 표기한 장소로 처리의 흐름을 변경합니다.

구문 goto문

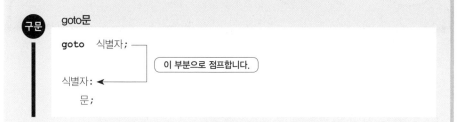

예를 들어 프로그램 안에서 다음과 같은 처리를 합니다.

단, goto문은 임의의 장소로 프로그램의 흐름을 변경하는 것이기 때문에 코드를 읽기가 매우 어렵습니다. 가능한 goto문을 사용하지 않고 코드를 작성하는 편이 좋습니다.

Lesson
6

이 장에서는 다음과 같은 내용을 배웠습니다.

- for문을 사용하면 반복 처리를 할 수 있습니다.
- while문을 사용하면 반복 처리를 할 수 있습니다.
- do~while문을 사용하면 반복 처리를 할 수 있습니다.
- 문은 다중 루프로 구성할 수 있습니다.
- break문을 사용하면 반복문 또는 switch문의 블록에서 빠져나옵니다.
- continue문을 사용하면 반복문의 처음으로 돌아가서 다음 반복 처리로 이동합니다.

이 장에서는 반복 처리와 처리의 흐름을 변경하는 구문을 설명했습니다. 제5장에서 배운 구문과 함께 사용하면 다양한 처리가 가능한 복잡한 프로그램을 표기할 수 있습니다. 이런 구문들을 이용해서 실행시키고 싶은 처리를 자유자재로 표기할 수 있도록 연습하기 바랍니다.

연습

1. 화면에 다음과 같이 출력하는 코드를 작성하시오.

```
1~10 가운데 짝수를 출력합니다.
2
4
6
8
10
```

2. 키보드로 시험 점수를 입력하고 그 합계를 출력하는 코드를 작성하시오. 단, 0을 입력하면
종료됩니다.

```
시험 점수를 입력하세요. (0이면 종료)
52 ↵
68 ↵
75 ↵
83 ↵
36 ↵
0 ↵
시험 점수의 합계는 314점입니다.
```

3. 탭(\t)을 사용해서 다음과 같이 화면에 구구단을 출력하는 코드를 작성하시오.

```
1    2    3    4    5    6    7    8    9
2    4    6    8    10   12   14   16   18
3    6    9    12   15   18   21   24   27
4    8    12   16   20   24   28   32   36
5    10   15   20   25   30   35   40   45
6    12   18   24   30   36   42   48   54
7    14   21   28   35   42   49   56   63
8    16   24   32   40   48   56   64   72
9    18   27   36   45   54   63   72   81
```

4. 화면에 다음과 같이 출력하는 코드를 작성하시오.

```
*
**
***
****
*****
```

5. 키보드로 수를 입력하고, 그 수가 소수(1 또는 자신의 수 이외에는 나누어지지 않는 수)인 지 아닌지를 판단하는 코드를 작성하시오.

```
2 이상의 정수를 입력하세요.
7⏎
7은 소수입니다.
```

```
2 이상의 정수를 입력하세요
10⏎
10은 소수가 아닙니다.
```

Lesson

배열

제3장에서는 변수를 사용해서 특정한 값을 기억하는 구조에 대해서 설명했는데, 이 외에도 C 언어는 동일한 형의 여러 값을 모아서 기억하는 '배열'이라는 기능도 있습니다. 배열을 사용하면 많은 데이터를 처리하는 복잡한 코드를 깔끔하게 표기할 수 있습니다. 이 장에서는 배열의 구조에 대해서 설명하겠습니다.

Check Point

- ●배열
- ●배열 선언
- ●배열 요소
- ●인덱스
- ●배열 초기화
- ●매크로
- ●다차원 배열
- ●문자열과 배열

배열

프로그램 안에서는 많은 데이터를 취급할 때가 있습니다. 예를 들어, 50명의 학생이 있는 반의 시험 점수를 취급하는 프로그램을 생각해 봅니다.

지금까지 배운 지식을 이용하면 50명의 시험 점수를 변수에 기억시켜서 관리하는 코드를 작성할 수 있기 때문에 test1부터 test50까지 모든 변수를 준비합니다.

```
int   test1 = 80;
int   test2 = 60;
int   test3 = 22;
...
int   test50 = 35;
```

50개의 변수를 초기화하고 있습니다.

그러나 이렇게 많은 변수가 등장하면 코드가 복잡해서 읽기 힘들 수도 있습니다. 이럴 때 배열(array)이라는 구조를 이용하면 편리합니다.

변수는 특정한 한 개의 값을 기억시키는 기능이 있습니다. 배열도 '특정한 값을 기억'하는 점에서 변수와 같은 역할을 합니다. 단 배열은

같은 형의 값을 복수로 정리해서 기억하는

편리한 기능을 가지고 있습니다.

이름이 같은 몇 개의 상자가 쌍으로 나열되어 있는 이미지를 생각해 보기 바랍니다. 변수와 마찬가지로 배열 상자 안에 값을 저장해서 이용할 수 있습니다. 배열 내 각각의 상자를 배열 요소(element)라고 합니다.

중요

배열은 같은 형의 값을 모아서 기억하는 기능이 있다.

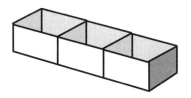

그림 7-1 **배열**

같은 형의 값을 모아서 기억하기 위해서는 배열을 사용합니다.

배열 이용하기

시험점수 외에도 매달의 상품 판매 금액처럼 종류가 같은 데이터를 프로그램 안에서 처리해야 하는 상황이 적지 않습니다. 종류가 같은 데이터를 한 번에 대량으로 처리해야 할 때는 배열이 어울립니다.

그리고 종류가 다른 값을 다뤄야 한다면 11장에서 소개하는 구조체와 배열을 함께 사용하게 됩니다.

Lesson
7

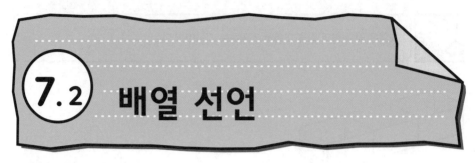

배열 선언

배열을 사용하려면 변수와 마찬가지로 사용하기 전에

배열을 선언하는

작업이 필요합니다.

배열 선언이란 배열이라는 복수의 상자를 준비하는 작업에 해당합니다. 배열도 식별자(제3장)로 적당한 배열 이름을 준비하고 형을 지정합니다. 단, 배열은 여기에 더해서

값을 얼마나 기억할 수 있는지

지정해야 되고, 상자 수도 지정해야 합니다. 이 상자의 수를 배열의 요소 수라고 합니다. 배열 선언은 다음과 같은 형식으로 지정합니다.

구문 배열 선언

형 이름   배열 이름[요소 수]; ●──────(형 이름과 요소 수를 지정합니다.)

그러면 int형 값을 5개 기억할 수 있는 요소 수 5인 배열 test[5]를 선언해 보겠습니다.

```
int  test[5]; ●
```
┌──────────────────────┐
│ int형 값을 5개 선언할 수 있는 │
│ 배열을 선언했습니다.   │
└──────────────────────┘

배열의 요소 수는 미리 정해 두어야 합니다. [ ]에 표기하는 수는 5나 10처럼 고정적인 수이고, num 등과 같은 변수는 지정할 수 없습니다.

배열을 선언하고 배열의 요소 수(상자)가 준비되면 각각의 상자에 다음과 같은 이름이 붙습니다.

```
test[0]
test[1]
test[2]
test[3]
test[4]
```

[ ] 안에 지정하는 번호를 인덱스(index, 첨자)라고 합니다. 즉 인덱스에 의해 배열의 각 상자를 확인할 수 있습니다.

또한 C 언어의 배열 인덱스는 0부터 시작하기 때문에 마지막 인덱스는 '요소 수 - 1'이 됩니다. 즉, 5개의 요소를 갖는 배열이면

test[4]가 값을 저장할 수 있는 마지막 요소

가 됩니다. test[5]라는 이름의 요소는 없기 때문에 주의하기 바랍니다.

> 배열은 형과 요소 수를 지정해서 선언한다.
> 마지막 배열 요소의 인덱스는 요소 수보다 1개 적다.

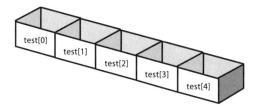

그림 7-2 배열 선언

5개의 요소로 구성된 배열을 선언하면 인덱스는 0~4가 됩니다.

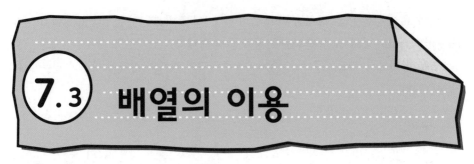

7.3 배열의 이용

 ### 배열 요소와 값의 대입

준비한 배열에 값을 저장해 보겠습니다. 배열의 각 요소는 test[0], test[1]… 이라는 이름으로 취급할 수 있기 때문에 하나씩 값을 대입해 봅니다.

```
int test[5];    ●          ⎯⎯⎯ 배열을 선언했습니다.
test[0] = 80;  ⎤
test[1] = 60;  ⎥
test[2] = 22;  ⎥⎯⎯⎯ 배열 요소에 하나씩 값을 대입하고 있습니다.
test[3] = 50;  ⎥
test[4] = 75;  ⎦
```

여기에서는 5개의 배열 요소에 시험 점수를 대입하고 있습니다. 배열 요소에 값을 대입하는 방법은 변수와 마찬가지입니다. 배열 상자를 지정해서 대입 연산자인 =를 사용해서 값을 대입하면 됩니다.

구문

배열 요소에 대한 값의 대입

배열 이름[인덱스] = 식;

배열에 값을 기억시키기 위해서는 인덱스를 사용해서 요소를 지정하고 값을 대입한다.

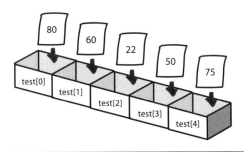

그림 7-3 배열과 값의 대입

배열에 값을 기억시킬 수 있습니다.

 배열 요소와 값의 출력

실제로 배열을 이용하는 코드를 살펴보겠습니다. 각 요소의 인덱스는 0부터 순서대로 나열되어 있기 때문에 제6장에서 배운 반복문을 사용하면 깔끔하게 표기할 수 있습니다. 반복문을 사용해서 배열에 저장한 시험 점수를 출력하는 코드를 작성하겠습니다.

Sample1.c ▶ 배열 요소와 값의 출력

```
#include <stdio.h>

int main(void)
{
    int test[5];    배열을 선언합니다.
    int i;

    test[0] = 80;
    test[1] = 60;
    test[2] = 22;    배열 요소에 하나씩 값을 대입합니다.
    test[3] = 50;
    test[4] = 75;
```

Lesson
7

```
    for(i=0; i<5; i++){ ●━━━━━━ 반복문을 이용해서 배열 요소를 출력합니다.
        printf("%d번째 사람의 점수는 %d점입니다. \n", i+1, test[i]);
    }

    return 0;
}
```

Sample1 실행 화면

1번째 사람의 점수는 80점입니다.
2번째 사람의 점수는 60점입니다.
3번째 사람의 점수는 22점입니다. ━━━━━ 배열 요소의 값이 순서대로 출력됩니다.
4번째 사람의 점수는 50점입니다.
5번째 사람의 점수는 75점입니다.

Sample1에서는 먼저 배열의 각 요소에 값을 대입하고 있습니다. 그 후에 for문을 사용해서 각 요소의 값을 출력합니다. 배열의 인덱스는 0부터 시작하기 때문에 반복문 안에서 출력하는 순서를 'i+1번째 사람'으로 지정하고 있습니다. 이와 같이 배열은

각 요소를 지정할 때 인덱스에 변수를 사용

할 수가 있습니다. 이것으로 '몇 번째 학생이 몇 점인지'를 반복문 안에서 출력할 수 있습니다.

각 요소의 상자에 들어있는 점수는 int형 정수이기 때문에 int형 변수와 똑같이 취급합니다. 요소의 값을 출력하기 위해서는 변수와 마찬가지로 변환 사양 %d를 사용해서 출력하면 됩니다. 배열과 반복문을 사용해서 코드가 깔끔하게 작성되었습니다.

배열과 반복문을 사용하면 많은 데이터를 간단하게 처리할 수 있다.

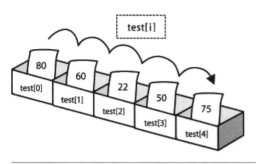

그림 7-4 배열 요소의 이용

배열과 반복문을 사용해서 코드를 표기할 수 있습니다.

 표준 입력

이번에는 키보드로부터 입력된 시험 점수를 배열에 저장하고 모아서 출력하는 코드를 설명하겠습니다.

Lesson
7

Sample2.c ▶ 키보드로부터 입력된 데이터의 이용

```c
#include <stdio.h>

int main(void)
{
    int test[5];
    int i, j;

    printf("5명의 점수를 입력하세요. \n");
    for(i=0; i<5; i++){
        scanf("%d", &test[i]);
    }

    for(j=0; j<5; j++){
        printf("%d번째 사람의 점수는 %d점입니다. \n", j+1, test[j]);
    }
```

> 키보드로 5번 반복해서 점수를 입력하고 배열에 저장합니다.

> 입력한 값을 배열을 사용해서 출력합니다.

```
    return 0;
}
```

Sample2 실행 화면

```
5명의 점수를 입력하세요.
80 ⏎
60 ⏎
22 ⏎
50 ⏎
75 ⏎
1번째 사람의 점수는 80점입니다.
2번째 사람의 점수는 60점입니다.
3번째 사람의 점수는 22점입니다.
4번째 사람의 점수는 50점입니다.
5번째 사람의 점수는 75점입니다.
```

이 코드에서는 먼저 키보드로부터 반복해서 입력된 값을 배열에 저장합니다. 변수와 마찬가지로 배열 요소에 & 기호를 사용하고, 변환 사양 %d를 지정해서 저장하고 있습니다.

그리고 다음 반복문에서는 저장된 값을 하나씩 출력하고 있는데, 여기에서는 나중에 모아서 한번에 점수를 출력하기 위해 배열을 이용하고 있습니다.

배열 인덱스에서 주의할 점

배열을 사용할 때 주의해야 할 점이 있습니다. 그것은

배열의 크기를 넘는 요소를 이용할 수 없다.

는 점입니다. 예를 들어 지금까지 작성한 코드는 5개의 요소를 갖는 배열을 선언했습니다. 이 배열을 취급할 때는 test[10]과 같은 인덱스를 지정해서 값을 대입할 수 없습니다.

```
int   test[5];
/* 오류 */
/* test[10] = 50; */
```

　test[10]이라는 요소는 존재하지 않기 때문에 이와 같은 코드는 잘못된 코드입니다. 그러나 이와 같이 잘못된 인덱스를 사용해도 컴파일러 에러는 발생하지 않습니다. 이런 오류가 있는 프로그램을 실행하면 컴퓨터가 폭주하는 에러가 발생할 수도 있기 때문에 배열 인덱스를 표기할 때는 충분히 주의하기 바랍니다.

> 배열의 크기를 넘는 요소에 값을 대입하지 않도록 한다.

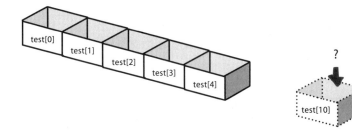

Lesson
7

그림 7-5 | **배열 인덱스의 주의점**
배열에 값을 대입할 때 인덱스의 수치에 주의합니다.

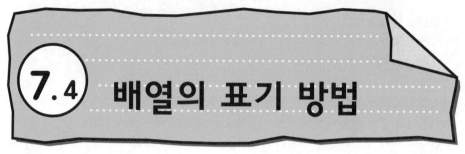

7.4 배열의 표기 방법

배열 초기화

배열에는 다양한 표기 방법이 있습니다. 먼저 배열 초기화에 대해서 설명하겠습니다. 앞 절에서는 '배열 선언'과 '값의 대입'을 따로따로 코드에 표기했습니다. 배열은 이 두 가지 작업을 한번에 표기할 수 있는데 이것을 배열 초기화라고 합니다.

구문 배열 초기화

형 이름   배열 이름[요소 수]={값0, 값1, ⋯ };

앞에서 설명했던 시험 점수를 취급하는 배열은 다음과 같이 초기화할 수 있습니다.

```
int  test[5]  =  {80, 60, 22, 50, 75};
```
● 5개의 배열 요소를 초기화합니다.

{ } 안에 각 요소의 값을 나열해서 표기하면 배열이 준비되었을 때 80, 60⋯ 이라는 값이 요소에 저장됩니다. 이때 { } 안에 지정하는 값을 초기화 값(initializer) 또는 초기 자라고 합니다. 위에서는 80, 60⋯ 이 초기화 값입니다.

또한 배열을 초기화할 때 [ ] 안에 배열의 요소 수를 지정하지 않아도 됩니다. 요소 수를 지정하지 않으면

초기화 값의 수에 따라 요소가 자동적으로 준비됩니다.

즉, 다음 초기화는 위 코드와 똑같은 의미입니다.

```
int  test[ ] = {80, 60, 22, 50, 75};
```

> 요소 수를 지정하지 않아도
> 5개의 배열 요소가 준비됩니다.

초기화를 이용한 코드를 작성해 보겠습니다.

Sample3.c ▶ 배열 초기화

```
#include <stdio.h>

int main(void)
{
    int test[5] = {80, 60, 22, 50, 75};
    int i;

    for(i=0; i<5; i++){
        printf("%d번째 사람의 점수는 %d점입니다. \n", i+1, test[i]);
    }

    return 0;
}
```

> 5개의 배열 요소를 초기화합니다.

Lesson
7

Sample3 실행 화면

```
1번째 사람의 점수는 80점입니다.
2번째 사람의 점수는 60점입니다.
3번째 사람의 점수는 22점입니다.
4번째 사람의 점수는 50점입니다.
5번째 사람의 점수는 75점입니다.
```

이 코드는 Sample1과 실행 결과는 같지만 초기화를 이용해서 깔끔하게 표기됐습니다.

배열을 초기화하면 선언과 값의 저장이 동시에 처리된다.

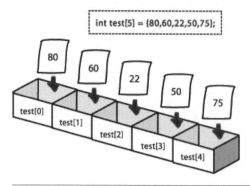

그림 7-6 배열 초기화

배열 선언과 값의 대입을 모아서 초기화할 수 있습니다.

 초기화 값이 부족하면?

그런데 배열 요소 수보다 적은 초기화 값을 표기하면 어떻게 될까요? 이런 경우 남는 요소에 0이라는 값이 자동적으로 저장됩니다.

```
int  test[5] = {80, 60, 22};
```
남는 2개의 요소에 0이 저장됩니다.

예를 들어, 위와 같이 초기화를 하면 마지막 2개의 상자에 0이라는 값이 저장됩니다.

 초기화 값이 부족하면 남는 요소에 0이 저장됩니다.

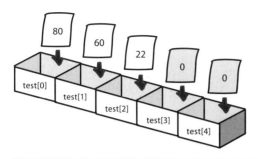

그림 7-7 **초기화 값이 부족한 경우**

지정한 배열의 요소 수보다 초기화 값이 부족하면 남는 요소는 0이 됩니다.

 # 매크로의 이용

지금까지 배운 코드에서는 반복문을 사용해서 배열을 취급했습니다. 다음과 같이 배열 크기가 '5'인 수치를 사용해서 코드를 작성한 것입니다.

```
int test[5] = {80, 60, 22, 50, 75};
int i;
                                  ┤ 반복문에 '5'라는 숫자를 사용하고 있습니다. ├
for(i=0; i<5; i++){
        printf("%d번째 사람의 점수는 %d점입니다. \n", i+1, test[i]);
}
```

그러나 만약 다른 시험에 대한 코드를 새롭게 작성하려면 어떻게 해야 될까요? 이 코드를 이용할 수 있지만 그러기 위해서는 80, 60⋯ 과 같은 시험 점수를 수정한 후 코드 안에 있는 모든 '5'라는 숫자를 새로운 수험자의 수로 변경해야만 합니다.

하지만 코드 안에서 '5'라는 단순한 숫자를 일일이 찾아내려면 매우 번거로운 작업이 되기 때문에 다음과 같이 코드를 작성하면 매우 편리합니다.

Sample4.c ▶ 매크로의 이용

```
#include <stdio.h>
#define NUM 5 ●──────── 'NUM'에 '5'가 지정됩니다.

int main(void)
{                          '5'로 바뀝니다.
    int test[NUM] = {80,60,22,50,75};
    int i;
                           '5'로 바뀝니다.
    for(i=0; i<NUM; i++){
        printf("%d번째 사람의 점수는 %d점입니다. \n", i+1, test[i]);
    }

    return 0;

}
```

Sample4 실행 화면

```
1번째 사람의 점수는 80점입니다.
2번째 사람의 점수는 60점입니다.
3번째 사람의 점수는 22점입니다.
4번째 사람의 점수는 50점입니다.
5번째 사람의 점수는 75점입니다.
```

Sample4의 실행 결과는 앞의 예제들과 같지만 이 코드에서는 배열 요소를 'NUM'이라는 이름으로 지정하고 있습니다. 이것은 #define 지정으로 코드 안의 'NUM'이라는 식별자에 '5'를 저장하도록 지정했기 때문입니다.

```
#define NUM 5 •————── 'NUM'에 '5'가 지정됩니다.

int test[NUM] = {80, 60, 22, 50, 75};
...


for(i=0; i<NUM; i++){
...                              '5'로 바뀝니다.
```

여기에서 #define이라는 지정은

코드를 번역하기 전에 식별자의 값을 지정한 값으로 바꾸는

역할을 합니다. 즉, 이 코드에서 'NUM'이라고 지정한 부분이 모두 '5'로 바뀌고 나서
실제로 코드가 번역되는 프로그램이 됩니다.

이와 같이 설정하면 나중에 이 코드를 간단하게 수정할 수 있습니다. 즉, 이 코드의
머리 부분에 있는 #define 지정의 '5'를 수정만 하면 더욱 많은 학생을 관리할 수 있는
프로그램으로 수정할 수 있습니다. 따라서 코드 안에서 '5'라는 수치를 사용하는 장소
를 일일이 찾아서 '10'이나 '20'으로 수정할 필요가 없습니다.

Lesson
7

```
#define NUM 20 •————── 'NUM'에 '20'이 지정됩니다.

int test[NUM] = {80,60,22,50,75};
...
for(i=0; i<NUM; i++){        NUM은 모두 '20'으로 바뀝니다.
...
```

위 예제와 같이 #define을 사용해서 지정한 이름을 매크로(macro)라고 합니다.
#define은 코드 안의 매크로를 수치나 문자 등을 포함한 문자열로 단순히 바꾸는 역
할을 하며, 매크로 이름은 모두 대문자로 표현하는 것이 관례입니다.

매크로 정의

| **#define** 매크로 이름 치환할 문자열

　배열의 요소 수를 변경하는 일은 자주 있는 일입니다. 이때 매크로를 이용해서 코드를 작성해 두면 코드를 수정할 때 편리합니다.

　또한 제2장에서 설명한대로 코드 안에 #이 붙어있는 부분은 컴파일러가 번역하기 전에 프리프로세서에 의해 처리되는 줄을 나타냅니다. 따라서 #define 부분이 프리프로세서에 의해 치환된 후, 코드가 번역됩니다. 코드 안에서 다른 부분과 달리 프리프로세서가 처리되는 줄의 마지막에는 세미콜론(;)을 붙이지 않습니다.

> #define으로 매크로를 정의할 수 있다.

```
#define NUM 5

int main(void)
{
                    5
   int test[NUM] = {80, 60, 22, 50, 75};
   ...

   for(i=0; i<NUM; i++){
   ...         5
   }
}
```

그림 7-8 매크로 정의

#define을 사용하면 매크로를 정의할 수 있습니다.

7.5 배열의 응용

배열의 정렬

이 절에서는 지금까지 배운 내용을 이용해서 시험 점수의 순서를 바꾸는 코드를 작성해 보겠습니다. 값을 순서대로 나열하는 것을 정렬(sort)이라고 합니다. 배열은 요소에 복수의 값을 저장할 수 있기 때문에 순서대로 값을 나열하는 코드에 이용하면 편리합니다.

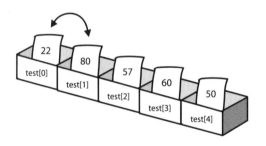

Sample5.c ▶ 배열의 정렬

```c
#include <stdio.h>
#define NUM 5

int main(void)
{
    int test[NUM];
    int tmp;
    int i, j, s, t;

    printf("%d명의 점수를 입력하세요. \n", NUM);
```

```
    for(i=0; i<NUM; i++){
        scanf("%d", &test[i]);
    }

    for(s=0; s<NUM-1; s++){
        for(t=s+1; t<NUM; t++){
            if(test[t] > test[s]){
                tmp = test[t];
                test[t] = test[s];
                test[s] = tmp;

            }
        }
    }

    for(j=0; j<NUM; j++){
        printf("%d등 점수는 %d점입니다. \n", j+1, test[j]);
    }

    return 0;
}
```

배열을 정렬하고 있습니다.

Sample5 실행 화면

```
5명의 시험 점수를 입력하세요.
22 ↵
80 ↵
57 ↵
60 ↵
50 ↵
1등 점수는 80점입니다.
2등 점수는 60점입니다.
3등 점수는 57점입니다.
4등 점수는 50점입니다.
5등 점수는 22점입니다.
```

순서대로 점수를 출력합니다.

이 코드는 배열 요소를 크기 순으로 정렬하는 코드입니다. 실행 결과를 보면 확실하게 점수가 큰 순서대로 출력되고 있습니다. 배열을 정렬하는 방법은 여러 가지가 있지만 여기에서는 다음과 같은 방법을 사용하고 있습니다. 순서대로 알아보겠습니다.

① 먼저 배열의 각 요소를 배열의 첫 번째 요소(test[0])와 비교합니다. 비교한 요소 쪽이 크면 첫 번째 요소와 바꾸고, 배열의 첫 번째 요소에 최댓값을 저장할 수 있습니다.

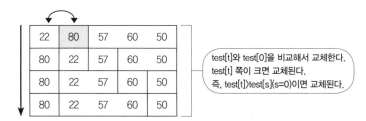

② 이것으로 가장 큰 값인 배열의 첫 번째 요소가 정해집니다. 그리고 나머지 요소도 같은 처리를 반복합니다. 즉, 남은 요소를 배열의 두 번째 요소(test[1])와 비교해서 크면 바꾸고, 최종적으로 두 번째 큰 수치가 두 번째 요소가 됩니다.

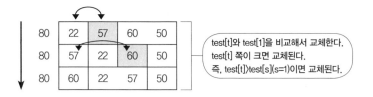

③ 순서대로 반복되면 배열의 정렬이 완료됩니다.

　80　60　57　50　22

조금 복잡하지만 Sample5의 코드와 비교하면서 순서를 확인하기 바랍니다. Sample5에서는 다중 루프를 이용한 반복문으로 정렬 순서를 표기하고 있습니다. 요소를 바꾸기 위해서는 바꾸는 것과 같은 형의 작업용 영역(변수)이 필요하기 때문에 위 정렬에서는 작업용 변수 tmp를 사용하고 있습니다.

다차원 배열

또 다른 배열의 응용을 설명하겠습니다. 지금까지 배운 배열은 일렬로 나열된 상자와 같은 이미지였지만, 배열은 2차원 이상으로 나열된 다차원 배열로 지정할 수도 있습니다. 2차원 배열이면 표계산 소프트웨어의 표와 같은 이미지를 생각하고, 또한 3차원 배열이면 X축, Y축, Z축으로 나타낼 수 있는 입체를 생각하면 좋을 것입니다. 다차원 배열의 선언은 다음과 같습니다.

 구문 다차원 배열의 선언(2차원일 때)

형 이름   배열 이름[요소 수][요소 수];

다음은 실제로 코드에서 사용할 수 있는 다차원 배열의 선언입니다.

```
int   test[2][5];
```
2차원 배열을 선언합니다.

이 2차원 배열은 int형 값을 2×5 = 10개 기억할 수 있는 배열입니다. 다차원 배열은 다양한 이용방법을 생각할 수 있습니다. 예를 들어 복수 과목의 시험 점수를 정리할 수도 있고, 수학의 행렬식 계산 등에 응용할 수도 있습니다.

여기에서는 간단한 예로서 5명의 '국어', '산수' 2가지 과목의 시험 점수를 2차원 배열의 값으로 대입해서 출력해 보겠습니다.

Sample6.c ▶ 다차원 배열의 이용

```
#include <stdio.h>
#define SUB 2          과목 수입니다.
#define NUM 5          사람 수입니다.

int main(void)
{                      과목×사람 수의 값을 저장하는 2차원
                       배열을 준비합니다.
    int test[SUB][NUM];
    int i;
```

```
    test[0][0] = 80;
    test[0][1] = 60;
    test[0][2] = 22;
    test[0][3] = 50;
    test[0][4] = 75;                    하나씩 값을 대입합니다.
    test[1][0] = 90;
    test[1][1] = 55;
    test[1][2] = 68;
    test[1][3] = 72;
    test[1][4] = 58;

    for(i=0; i<NUM; i++){               국어 점수를 출력합니다.
        printf("%d번째 사람의 국어 점수는 %d점입니다. \n", i+1, test[0][i]);
        printf("%d번째 사람의 산수 점수는 %d점입니다. \n", i+1, test[1][i]);

    }                                   산수 점수를 출력합니다.

    return 0;

}
```

Lesson
7

Sample6 실행 화면

```
1번째 사람의 국어 점수는 80점입니다.
1번째 사람의 산수 점수는 90점입니다.
2번째 사람의 국어 점수는 60점입니다.
2번째 사람의 산수 점수는 55점입니다.
3번째 사람의 국어 점수는 22점입니다.
3번째 사람의 산수 점수는 68점입니다.
4번째 사람의 국어 점수는 50점입니다.
4번째 사람의 산수 점수는 72점입니다.
5번째 사람의 국어 점수는 75점입니다.
5번째 사람의 산수 점수는 58점입니다.
```

이 코드에서는 test[0][●]에 국어 점수를, test[1][●]에 산수 점수를 저장하고 이것을 for문으로 반복해서 출력하고 있습니다. 2차원 이상의 배열도 값을 대입하고 출력하는 사용법은 기본적으로 같습니다. 인덱스를 지정해서 값을 대입하거나 출력하면 됩니다.

또한 다차원 배열도 초기화할 수 있습니다. 배열 초기화에서는 일반적인 배열의 초기화에서 사용한 { } 안에 다시 한번 { }를 표기하는 형식입니다. 다음 코드는 Sample6의 다차원 배열을 초기화하는 표기입니다.

```
int  test[2][5] = {
            {80, 60, 22, 50, 75}, {90, 55, 68, 72, 58}
};
int  test[ ][5] = {
            {80, 60, 22, 50, 75}, {90, 55, 68, 72, 58}
};
```

생략할 수도 있습니다.

첫 번째 배열의 요소 수는 1차원 배열과 마찬가지로 생략할 수도 있습니다. 다차원 배열은 C 언어에서 내부적으로 1차원 배열의 각 요소가 다시 배열로서 취급되기 때문에 이와 같은 표기가 가능합니다.

 다차원 배열을 선언해서 이용할 수 있다.

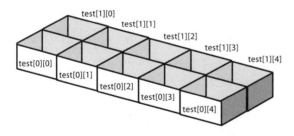

그림 7-9 **다차원 배열**

배열은 다차원도 가능합니다.

7.6 문자열과 배열

문자열과 배열의 관계

이 장의 마지막에서는 배열을 응용한 구조에 대해서 설명하겠습니다. 사실 지금까지 몇 번이나 등장한 C 언어의 '문자열'은 배열과 깊은 관계를 가지고 있습니다. 문자열이란

```
"Hello"
```

와 같은 문자의 나열이었습니다. C 언어는 이와 같은 영문숫자의 문자열을

'char형 배열'로 취급할 수 있는

구조로 되어 있습니다. 'char형'은 제3장에서 설명한대로 '문자'를 나타내는 형이고, 문자열은 문자의 나열로 구성되기 때문에 이 형의 배열로 취급할 수 있습니다.

예를 들어, 위의 "Hello"라는 문자열은 다음과 같이 취급합니다.

```
char   str[6];              char형 배열을 선언합니다.

str[0]='H';
str[1]='e';
str[2]='l';                 하나씩 문자를 대입합니다.
str[3]='l';
str[4]='o';
str[5]='\0';                마지막에 '\0'을 붙입니다.
```

char형 배열을 선언한 후 각 요소에 하나씩 문자를 대입합니다. 이것으로 배열 str[ ]에서 "Hello"라는 문자열을 취급할 수 있게 됩니다. 단 C 언어에서 한글의 문자열은 다르게 취급하는 경우가 있기 때문에 여기에서는 영문숫자만을 취급하겠습니다.

그런데 이 배열의 마지막에 대입한 '\0'이란 무엇을 의미할까요? 이 문자는 NULL 문자(NULL character)라고 합니다. C 언어는 문자열 배열의 마지막을 나타내기 위해

반드시 마지막에 '\0'이라는 값을 붙이도록

정해져 있기 때문에 '\0'을 잊지 않도록 합니다. 특히, 배열을 선언할 때 '\0'을 포함한 요소 수를 잊지 말고 준비해야 됩니다.

예를 들어 "Hello"와 같은 5문자로 된 문자열을 취급할 때 요소를 5개만 갖는 배열로는 이 문자열을 취급할 수 없기 때문에, 배열 요소는 최소한 6개 준비해야 됩니다. 즉 최소한 '문자열 길이+1'개의 요소가 필요합니다.

문자열은 char형 배열로 취급한다.
문자열 배열의 마지막 요소는 '\0'으로 한다.
문자열 배열의 요소 수는 '문자열 길이+1' 이상이 필요하다.

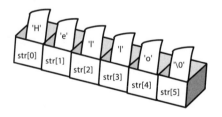

그림 7-10 **다차원 배열**
배열은 다차원도 가능합니다.

문자열 배열의 초기화

문자열은 다음과 같이 초기화해서 char형 배열로 저장할 수도 있습니다.

```
char  str[6] = {'H', 'e', 'l', 'l', 'o', '\0'};
char  str[ ] = {'H', 'e', 'l', 'l', 'o', '\0'};
char  str[6] = "Hello";
char  str[ ] = "Hello";
```

> 배열의 초기화를 할 수 있습니다.

> " "를 사용해서 초기화할 수 있습니다.

이것은 모두 "Hello"라는 문자열을 취급하기 위해 char형 배열 str[6]을 초기화한 것입니다. 문자열의 경우 일반적인 배열의 초기화 방법 외에 위와 같이

" "로 묶어서 초기화하는

방법을 사용할 수도 있습니다. " "를 사용해서 문자열 배열을 초기화하면 자동적으로 NULL 문자(\0)가 붙게 되어 있습니다.

또한 " "를 사용하는 저장 방법은 초기화할 때만 이용할 수 있고, 다음과 같이 " "를 사용해서 나중에 문자열을 대입할 수는 없기 때문에 주의하기 바랍니다.

```
char  str[6] = "Hello";
/* 오류 */
/* str = "Hello" */
```

> " "를 사용해서 초기화할 수 있지만…

> " "를 사용해서 대입할 수는 없습니다.

문자열 배열의 출력

다음과 같은 코드를 작성해서 배열에 저장한 문자열을 출력해 보겠습니다.

Sample7.c ▶ 문자열 출력

```
#include <stdio.h>

int main(void)
{
    char str[6];

    str[0]='H';
    str[1]='e';
```

❏

Lesson
7

```
    str[2]='l';
    str[3]='l';
    str[4]='o';
    str[5]='\0';                                    문자열을 출력합니다.

    printf("%s는 문자열입니다. \n", str);

    return 0;
}
```

Sample7 실행 화면

Hello는 문자열입니다.

문자열 배열은 printf 함수로 출력할 수 있지만, 변환 사양에 %s를 사용해야 합니다.

```
printf(" %s는 문자열입니다. \n", str);
```

또한 이 코드는 앞에서 설명한대로 " "를 사용해서 초기화하는 방법으로 작성할 수도 있기 때문에 확인해 보기 바랍니다. 실행 결과는 마찬가지입니다.

```
#include <stdio.h>

int main(void)
{                                      " "를 사용해서 초기화합니다.
    char str[ ] = "Hello";

    printf("%s는 문자열입니다. \n", str);

    return 0;                          동일하게 출력할 수 있습니다.
}
```

중요 | 문자열을 출력할 때 변환 사양 %s를 사용한다.

문자열 입력

문자열이 문제없이 출력됐습니까? 이번에는 키보드로부터 입력된 문자열을 취급하는 코드를 작성하겠습니다. 다음 코드는 사용자가 입력한 문자열을 출력합니다.

Sample8.c ▶ 문자열 입력

```c
#include <stdio.h>

int main(void)
{
    char str[100];              큰 배열을 준비합니다.

    printf("문자열을 입력하세요. \n");

            scanf("%s", str);     문자열을 입력시킵니다.

    printf("입력한 문자열은 %s입니다. \n", str);

                                   입력한 문자열을 출력합니다.
    return 0;
}
```

Sample8 실행 화면

```
문자열을 입력하세요.
Hello ⏎
입력한 문자열은 Hello입니다.
```

배열은 요소 수를 초과해서 값을 대입할 수 없기 때문에 이 코드에서 배열을 사용하려면 str[100]과 같이 요소 수를 많이 확보해 둘 필요가 있습니다. 사용자가 입력하는 문자열 전체를 저장하기 위해 반드시 큰 배열을 준비합니다.

문자열을 입력할 때도 출력할 때와 마찬가지로 변환 사양 %s를 사용합니다. 콤마 뒤에 배열 이름을 표기하면 입력한 문자열이 배열 str[]에 순서대로 저장되고 마지막에 \0가 붙습니다.

단 정수나 소수, 문자를 입력할 때와 달리 콤마 뒤 배열 이름에는 & 기호를 붙이지 않기 때문에 코드를 표기할 때는 주의해야 합니다.

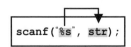

```
scanf("%s", str);
```

문자열을 입력할 때 변환 사양 %s를 사용한다.
scanf로 입력할 때 배열 이름에는 &를 붙이지 않는다.

문자열 입력

지금까지는 문자열을 입력하는 방법으로 scanf를 사용했습니다.

3.6 절에서 소개했던 것처럼, 문자열을 입력할 때는 scanf 대신에 scanf_s를 사용할 수 있습니다. 단, scanf_s로 문자열을 읽어 들일 때는 배열의 요소 개수를 정해주어야 합니다.

배열의 요소 수를 정해 줍니다.

```
scanf_s("% s",str,10);
```

scanf는 미리 준비한 배열 요소의 개수를 넘어서는 문자열도 입력으로 처리합니다. 그래서 컴퓨터가 의도하지 않은 값도 데이터로 받아들이게 되어 보안 문제가 발생할 수 있습니다.

scanf_s는 이러한 보안 문제를 해결하기 위해 만들어진 것입니다.

이 외에도 다양한 문자열 입력 방법이 있는데 12장에서 설명하겠습니다.

문자열 조작

마지막으로 문자열이 배열인 점을 이용해서 문자열을 조작하는 코드를 작성해 보겠습니다. 다음 코드는 배열 str[ ]에 기억된 문자열 "Hello"의 각 문자 사이에 * 기호를 삽입해서 출력합니다.

Sample9.c ▶ 배열에서 문자열의 취급

```
#include <stdio.h>

int main(void)
{
   char str[] = "Hello";
   int i;

   printf("Hello\n");

   for(i=0; str[i]!='\0'; i++){
      printf("%c*", str[i]);
   }
   printf("\n");

   return 0;
}
```

\0이 아니면 계속 반복합니다.

Lesson 7

Sample9 실행 화면

```
Hello
H*e*l*l*o*
```

이 코드는 for문을 사용해서 문자열 배열의 요소를 1개씩 취급하고 있습니다. C 언어의 문자열은 반드시 \0으로 끝나기 때문에 배열 str[ ]의 요소에 \0가 등장할 때까지 *을 삽입하면서 배열 요소를 반복 출력할 수 있습니다.

```
int i;
...
for(i=0; str[i]!='\0'; i++){
    printf("%c*", str[i]);
}
```

\0이 아니면 계속 반복합니다.

　이와 같이 문자열을 취급하는 코드에서는 마지막 문자가 \0인 점을 이용합니다. 다른 기호로 바꿔 보면서 문자열 취급에 익숙해지도록 합니다.

　또한 C 언어에서 \0을 정수로 변환하면 0이라는 값이 됩니다. 그런데 제6장에서 배운 C 언어의 조건에서 0 → '거짓' (0 이외 → '참')으로 평가됐습니다. 따라서 위 반복문은 다음과 같이 while문을 사용해서 표기할 수도 있습니다. 이 처리는 앞의 for문과 완전히 같은 처리를 나타내며, 이와 같이 간단한 조건의 표기 방법은 6.2절을 참고하기 바랍니다.

```
int  i = 0;
...
                              ┌─────────────────────────┐
                              │ \0이 아니면 계속 반복합니다. │
                              └─────────────────────────┘
while(str[i]){
printf("%c*", str[i]);
i++;
}
```

　문자열을 조작할 때 마지막이 \0인 점을 이용한다.

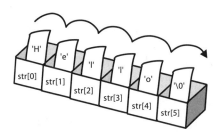

그림 7-11　**문자열 조작**

C 언어의 문자열은 마지막이 \0인 점을 이용해서 조작합니다.

이 장의 요약

이 장에서는 다음과 같은 내용을 배웠습니다.

- 배열을 선언해서 각 요소에 값을 대입할 수 있습니다.
- { } 안에 초기화 값을 지정해서 배열을 초기화할 수 있습니다.
- 초기화 값이 부족하면 부족한 수만큼 0이 저장됩니다.
- 문자열로 바꿀 수 있는 매크로를 정의할 수 있습니다.
- 다차원 배열을 작성해서 취급할 수 있습니다.
- 문자열 배열의 마지막에 ₩0을 저장합니다.
- 문자열 배열은 " "를 사용한 문자열을 지정해서 초기화할 수 있습니다.
- 문자열을 조작할 때 마지막이 ₩0인 점을 이용합니다.

  C 언어에서 배열을 이용하면 같은 종류의 많은 데이터를 취급할 수도 있고, 지금까지 자주 사용해 온 문자열을 이용할 때도 배열의 기능은 없어서는 안 될 편리한 구조입니다.

연습

1. 키보드로 5명의 시험 점수를 입력하고 최고 점수를 출력하는 코드를 작성하시오.

> 시험 점수를 입력하세요.
> 80 ↵
> 60 ↵
> 22 ↵
> 50 ↵
> 75 ↵
> 1번째 사람의 시험 점수는 80점입니다.
> 2번째 사람의 시험 점수는 60점입니다.
> 3번째 사람의 시험 점수는 22점입니다.
> 4번째 사람의 시험 점수는 50점입니다.
> 5번째 사람의 시험 점수는 75점입니다.
> 최고 점수는 80점입니다.

2. 키보드로 5명의 시험 점수를 입력하고 70점 이상의 학생 수를 세어서 표시하는 코드를 작성하시오.

> 시험 점수를 입력하세요.
> 80 ↵
> 60 ↵
> 22 ↵
> 50 ↵
> 75 ↵
> 1번째 사람의 시험 점수는 80점입니다.
> 2번째 사람의 시험 점수는 60점입니다.
> 3번째 사람의 시험 점수는 22점입니다.
> 4번째 사람의 시험 점수는 50점입니다.
> 5번째 사람의 시험 점수는 75점입니다.
> 70점 이상인 학생은 2명입니다.

3. 키보드로 문자열을 입력하고 문자열 길이를 조사하는 코드를 작성하시오.

> 문자열을 입력하세요.
> **Hello** ⏎
> 문자열 크기는 **5**입니다.

4. 키보드로 문자열을 입력하고 문자열에 'a'라는 문자가 몇 개 포함되었는지를 조사하는 코드를 작성하시오.

> 문자열을 입력하세요.
> **algebra** ⏎
> **algebra** 안에 **a**는 **2**개 있습니다.

Lesson
7

5. 키보드로 문자열을 입력하고 문자열 안에 'a'라는 문자를 'b'로 치환하는 코드를 작성하시오.

> 문자열을 입력하세요.
> **algebra** ⏎
> **blgebrb**로 치환했습니다.

Lesson

8

함수

지금까지 C 언어의 다양한 기능과 복잡한 코드의 작성법을 배웠습니다. 프로그램이 커지면 코드 안의 여러 장소에서 같은 처리를 해야 될 경우가 생기는데, 이때 일정한 처리를 하나로 정리해 두고 나중에 그 처리를 호출할 수 있으면 편리합니다. 이 장에서는 복수의 처리를 하나로 정리하는 '함수'의 기능에 대해서 배우겠습니다.

Check Point

- 함수 정의
- 함수 호출
- 인수
- 반환 값
- 변수
- 유효 범위
- 기억 수명
- 함수 선언
- 표준 라이브러리 함수

8.1 함수

함수

우리는 일상생활 속에서 일정한 순서로 정리된 과정을 몇 번이나 반복할 때가 있습니다. 예를 들어 매일 자신의 통장에서 돈을 인출하는 과정을 가정해 봅니다. 이때 예금한 돈을 인출할 때마다 다음과 같은 처리를 합니다.

① 통장을 현금자동인출기에 넣는다.

② 비밀번호를 입력한다.

③ 금액을 입력한다.

④ 돈을 받는다.

⑤ 돈과 통장을 확인한다.

C 언어에서도 복잡한 코드를 작성할 때 일정한 처리를 자주 해야 되는 경우가 있습니다. 이와 같은 처리를 필요할 때마다 반복해서 표기하는 것은 매우 귀찮은 작업입니다. 그래서 C 언어에는

일정한 처리를 하나로 모아서 표기하는 함수(function)

기능이 준비되어 있습니다. 함수를 이용하면 여러 번 반복해야 하는 처리를 하나로 모아두고 언제라도 호출해서 사용할 수 있습니다. 예를 들어 위에 제시했던 예금을 인출하는 일련의 과정을 '함수'로 정리해 두는 것입니다. 이 함수에

예금 인출

과 같은 이름으로 지정해 두면, 이 정리된 함수를 '예금 인출'이라는 하나의 처리로서
나중에 간단히 호출할 수 있습니다.

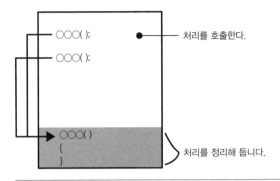

처리를 호출한다.

처리를 정리해 둡니다.

그림 8-1 함수의 작성
함수(음영 부분)를 작성하면 정리된 처리를 간단하게 호출할 수 있습니다.

C 언어에서 함수를 이용하기 위해서는 다음과 같이 2가지 과정이 필요합니다.

1. 함수를 작성한다(함수를 정의한다).
2. 함수를 이용한다(함수를 호출한다).

이 장에서는 먼저 '함수를 정의하는' 작업부터 살펴보겠습니다.

Lesson
8

main() 함수

크게 보면 프로그램 전체도 '하나로 정리된 처리'이며, C 언어 프로그램 전체도 하나의 함수
로 되어 있습니다. 이 함수의 이름은 이미 익숙해진 main() 함수입니다.

8.2 함수 정의와 호출

✏️ 함수 정의

함수를 사용하려면 먼저 코드 안에서 일정하게 정리된 처리를 지정해야 됩니다. 이것이 함수를 작성하는 작업이고, 이 작업을

함수 정의(function definition)

라고 합니다. 함수 정의는 프로그램 안에 정리해서 표기합니다. 다음 코드가 함수의 일반적인 형식입니다.

구문 함수 정의

```
반환 값의 형 함수 이름(인수 리스트)
{                          ──── 함수 이름은 식별자를 사용합니다.
    문;    ┐
    ...    ┘              ──── 처리를 정리해 둡니다.


    return 식;
}
```

'반환 값'이나 '인수'라는 익숙치 않은 용어들이 사용되고 있지만, 이 용어들은 나중에 자세히 설명하므로 지금은 함수의 개략적인 이미지만을 생각합니다.

또한 함수 이름은 변수 이름과 마찬가지로 식별자(제3장)를 사용한 이름입니다. 예를 들어 다음과 같은 코드가 함수 정의인데, 이것은 화면에 '차를 구입했습니다.'라는 출력 처리를 하는 'buy'라는 이름의 함수입니다.

```
/* buy 함수 정의 */
void buy(void)
{                                          함수의 이름입니다.
    printf("차를 구입했습니다. \n");
}                                          처리를 블록 내에 정리했습니다.
```

buy라는 함수 이름을 붙여서 블록 내에 하나의 문으로 구성된 처리를 표기하고 있습니다. 또한 블록 마지막의 괄호(}) 뒤에는 세미콜론(;)을 붙히지 않습니다.

 함수를 정의해서 일정한 처리를 하나로 모아서 정리해 둘 수 있다.

```
void buy(void)
{
    printf("차를 구입했습니다. \n");
}
```
함수 정의

그림 8-2 함수 정의
일정한 처리를 하나로 모아서 함수로 정의할 수 있습니다.

 함수 호출

함수를 정의하면 이 정리된 처리를 나중에 이용할 수 있습니다. 함수를 이용하는 것을

함수 호출(function call)

이라고 합니다. 그럼, 함수를 호출하는 방법을 배우겠습니다. 함수를 호출하려면 코드 안에서 함수 이름을 다음과 같이 표기합니다.

구문

함수 호출

함수 이름(인수 리스트);

예를 들어, 앞에서 정의한 함수를 호출하기 위해서는

```
buy( );
```

라고 표기합니다. 이번에는 블록을 사용하지 않고 마지막에 세미콜론을 붙입니다. 코드 안에서 이 함수가 호출되면 앞에서 정의한 함수가 일괄적으로 처리됩니다. 그러면 다음과 같이 코드를 입력해서 함수 정의와 호출 방법을 확인해 봅니다.

Sample1.c ▶ 기본 함수의 작성

```
#include <stdio.h>

/* buy 함수 정의 */
void buy(void)
{
    printf("차를 구입했습니다. \n");        buy() 함수의 처리 내용입니다.
}

/* buy 함수 호출 */
int main(void)
{
    buy();                여기에서 buy() 함수가 처리됩니다.

    return 0;
}
```

Sample1 실행 화면

차를 구입했습니다.   함수가 처리됩니다.

Sample1 코드는 다음과 같이 2가지 부분으로 구분할 수 있습니다.

- main() 함수 부분
- buy() 함수 부분

C 언어는 main() 함수부터 처리가 시작되기 때문에 이 함수 역시 프로그램을 실행하면 main() 함수의 처음부터 처리됩니다.

main() 함수의 첫 번째 문에서 buy() 함수를 호출하면(①), 처리의 흐름은 buy() 함수로 이동해서 함수의 첫 번째 문부터 순서대로 처리됩니다(②). 그 결과 화면에는 '차를 구입했습니다.'라는 문자열이 출력됩니다.

buy() 함수 안의 처리는 }가 오면 종료됩니다. buy() 함수가 끝나면 앞의 main() 함수 처리로 돌아갑니다(③). 이곳이 main() 함수의 마지막 부분이기 때문에 이것으로 프로그램은 종료됩니다. 즉 함수를 이용하는 코드는

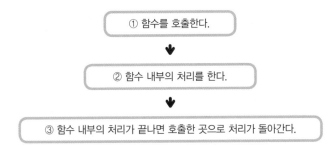

① 함수를 호출한다.

② 함수 내부의 처리를 한다.

③ 함수 내부의 처리가 끝나면 호출한 곳으로 처리가 돌아간다.

는 흐름으로 처리됩니다. Sample1의 처리 흐름을 정리해 보면 그림 8-3과 같습니다.

함수를 호출하면 정의해 둔 처리가 하나로 실행된다.

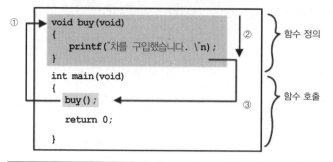

그림 8-3 함수 호출

① 함수를 호출하면, ② 함수 내부의 처리가 실행됩니다. ③ 내부 처리가 끝나면 호출한 곳으로 돌아가서 처리를 계속합니다.

 # 함수의 재호출

함수의 흐름을 더 깊이 이해하기 위해 함수를 두 번 호출하는 코드를 살펴보겠습니다.

Sample2.c ▶ 함수의 재호출

```
#include <stdio.h>

/* buy 함수 정의 */
void buy(void)
{
    printf("차를 구입했습니다. \n");
}

/* buy 함수 호출 */
int main(void)
{
    buy();          ●────  buy() 함수를 호출합니다.

    printf("차 1대를 더 구입합니다. \n");

    buy();  ●
                ────  다시 한번 buy() 함수를 호출합니다.
    return 0;
}
```

Sample2 실행 화면

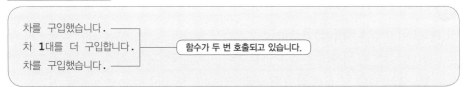

차를 구입했습니다. ─────
차 1대를 더 구입합니다. ─── 함수가 두 번 호출되고 있습니다.
차를 구입했습니다. ─────

이 코드는 먼저 main() 함수의 첫 번째 문에서 buy() 함수가 처리됩니다(①). 이 처리가 끝나면 main() 함수로 돌아가기 때문에 '차 1대를 더 구입합니다.'라는 문자열이 출력됩니다(②~④).

그리고 다시 한번 buy() 함수를 호출합니다(⑤). 이번에도 같은 반복 처리를 합니다(⑥~⑦). 실행 결과를 보면서 함수가 두 번 호출되는 처리의 흐름을 확인하기 바랍니다.

함수는 몇 번이라도 호출할 수 있다.

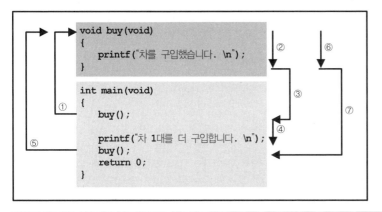

```
void buy(void)
{
    printf("차를 구입했습니다. \n");
}

int main(void)
{
    buy();

    printf("차 1대를 더 구입합니다. \n");
    buy();
    return 0;
}
```

그림 8-4 함수의 재호출
함수는 여러 번 호출할 수 있습니다.

함수의 역할

그런데 이와 같은 함수 처리가 조금 귀찮다는 생각이 들지도 모릅니다. 지금까지 배운 buy() 함수는 단 하나의 문을 처리할 뿐이기 때문에 일부러 함수 정의를 사용할 필요는 별로 없습니다. 오히려 함수를 사용하지 않고 main() 함수 안에 출력 처리를 모두 표기하는 편이 간단합니다. 즉, 다음과 같이 코드를 표기해도 Sample2와 같은 결과를 나타냅니다.

```
#include <stdio.h>
int main(void)
{
    printf("차를 구입했습니다. \n");
    printf("차 1대를 더 구입합니다. \n");      Sample2와 같은 처리를 합니다.
    printf("차를 구입했습니다. \n");

    return 0;
}
```

그러나 훨씬 복잡한 코드라면 어떨까요? 함수는 여러 가지 복잡한 처리를 정의할 수 있습니다. 예를 들어 다음과 같은 buy() 함수를 생각해 봅니다.

```
/* buy 함수의 정의 */
void buy(void)
{
    printf("통장을 현금자동지급기에 넣습니다. \n");
    printf("비밀번호를 입력합니다. \n");
    printf("금액을 입력합니다. \n");
    printf("돈을 받습니다. \n");                복잡한 처리도 하나로 정리됩니다.
    printf("돈과 통장을 확인합니다. \n");
    printf("차를 구입했습니다. \n");
}
```

 이 buy() 함수는 6개 문으로 구성된 처리를 하나로 모아놓은 것입니다. 이와 같은 복잡한 처리도 모아서 정의해 두면 편리합니다. 차를 구입하는 처리를 하고 싶을 때 다음과 같이 짧은 함수 이름을 사용해서 일련의 처리를 간단하게 호출할 수 있기 때문입니다.

```
buy( );
```
이 짧은 호출만으로 복잡한 처리를 할 수 있습니다.

 차를 구입할 때마다 6개 문을 몇 번이고 반복해서 표기할 필요가 없습니다. 함수를 사용하면 단 한번만 표기하면 됩니다. 또한 main() 함수에 여러 가지 처리를 길게 표기하면 큰 프로그램 안에서는 어떤 처리가 되고 있는지 알기 어렵습니다.
 함수를 사용해서 하나로 정리된 처리에 이름을 붙여 표기하면 이해하기 쉬운 코드를 작성할 수 있습니다. 함수는 복잡한 프로그램을 표기하기 위해 없어서는 안될 기능입니다.

함수를 사용해서 복잡한 프로그램을 이해하기 쉽게 작성할 수 있다.

Lesson
8

8.3 인수

 인수를 이용한 정보의 전달

이 절에서는 함수를 더욱 자세하게 설명하겠습니다. 함수는 처리를 하나로 정리하는 기능 외에도 처리를 더욱 유연하게 하는 방법도 준비되어 있습니다. 함수를 호출할 때

호출한 장소로부터 함수 안으로 어떤 정보(값)를 전달하고,

그 값에 따른 처리를 할 수 있습니다.

함수로 전달하는 정보를 인수(argument)라고 합니다. 인수를 사용하는 함수는 다음과 같은 형식으로 표기합니다.

```
/* buy 함수 정의 */
void  buy(int x)
{                                      ┌─────────────────┐
                                       │ int형 인수를 준비합니다. │
                                       └─────────────────┘
        printf("%d만 원짜리 차를 구입했습니다. \n", x);
                                           ┌─────────────────────┐
{                                          │ 인수를 함수 안에서 사용합니다. │
                                           └─────────────────────┘
```

이 buy() 함수는 호출한 장소로부터 호출될 때 int형 값을 한 개, 함수 안으로 전달하도록 정의한 것입니다. 함수의 ( ) 안에 있는 'int x'가 인수이고, 인수 x는 이 함수 안에서만 사용할 수 있는 int형 변수입니다.

변수 x(인수)는 함수가 호출될 때 호출한 장소로부터 전달되는 int형 값이 저장되기 때문에 변수 x의 값을 함수의 내부 처리에 이용할 수 있습니다. buy() 함수에서는 전달된 값을 출력하는 처리를 합니다.

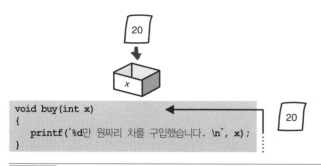

```
void buy(int x)
{
    printf("%d만 원짜리 차를 구입했습니다. \n", x);
}
```

그림 8-5 │ 인수

함수 본체로 정보(인수)를 전달해서 처리할 수 있습니다.

또한 변수 x는 buy() 함수 이외의 장소에서 사용할 수 없기 때문에, buy() 함수 이외의 장소에서는 값을 대입하고 출력할 수 없습니다. 즉 변수 x는 main() 함수 안에서만 사용할 수 있기 때문에 주의하기 바랍니다.

> 인수를 사용해서 함수로 값을 전달할 수 있다.

Lesson 8

 인수 전달과 함수 호출

실제로 인수를 갖는 buy() 함수를 호출해 보겠습니다. 인수를 갖는 함수를 호출할 때 함수 호출문인 ( ) 안에 지정해 둔 형의 값을 표기해서 함수로 값을 전달합니다.

Sample3.c ▶ 인수를 갖는 함수의 사용

```
#include <stdio.h>

/* buy 함수 정의 */            값을 전달받는 가인수입니다.
void buy(int x)
{                                              전달받은 값을 출력합니다.
    printf("%d만 원짜리 차를 구입했습니다. \n", x);
}
```

```
/* buy 함수 호출 */
int main(void)
{

    buy(20);  ●━━━━━━━━  실인수 20을 전달해서 호출합니다.
    buy(50);  ●

                      실인수 50을 전달해서 호출합니다.
    return 0;

}
```

Sample3 실행 화면

20만 원짜리 차를 구입했습니다.
50만 원짜리 차를 구입했습니다. ── 전달한 값이 출력됩니다.

이 main() 함수 안에서는

최초에 buy() 함수를 호출할 때, '20'이라는 값을 전달해서 호출하고
다음에 buy() 함수를 호출할 때, '50'이라는 값을 전달해서 호출하는

처리를 합니다. 값은 buy() 함수의 인수 x에 전달되어 저장됩니다. 20을 전달하면 20
을, 50을 전달하면 50이 출력됩니다. 함수를 호출할 때마다 전달된 인수에 따라서 다
른 금액이 출력되는 것을 알 수 있습니다.

이와 같이 같은 함수라도 전달된 인수 값에 따라 서로 다른 처리를 할 수 있습니다.
즉, 인수를 사용하면 유연한 함수를 작성할 수 있습니다.

또한 함수 본체에서 정의된 인수(변수)를 가인수(parameter) 또는 매개변수라고도
하며, 함수를 호출한 장소로부터 전달되는 인수(값)를 실인수(argument)라고 합니다.
여기에서는 변수 x가 가인수, '20'과 '50'이 실인수입니다.

함수의 정의 안에서 값을 전달받는 변수를 가인수라고 한다.
함수를 호출할 때 전달하는 값을 실인수라고 한다.

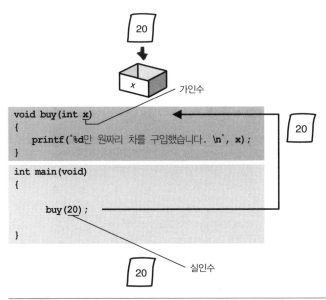

그림 8-6 가인수와 실인수

함수에는 가인수를 정의할 수 있습니다.
함수를 호출할 때 실인수를 전달해서 처리할 수 있습니다.

 표준 입력을 이용한 인수 전달

인수를 더욱 깊이 이해하기 위해서 다음과 같이 키보드로 입력한 값을 함수 안에 전달하는 코드를 작성해 보겠습니다.

Sample4.c ▶ 실인수 변수 값

```c
#include <stdio.h>

/* buy 함수 정의 */
void buy(int x)
{
    printf("%d만 원짜리 차를 구입했습니다. \n", x);
}

/* buy 함수 호출 */
```

```
int main(void)
{
    int num;

    printf("1번째는 얼마짜리 차를 구입했습니까? \n");
    scanf("%d", &num);

    buy(num); ●────────  변수 num(의 값)을 인수로 전달합니다.

    printf("2번째는 얼마짜리 차를 구입했습니까? \n");
    scanf("%d", &num);

    buy(num); ●────────  변수 num(의 값)을 다시 한번 전달합니다.

    return 0;
}
```

Sample4 실행 화면

```
1번째는 얼마짜리 차를 구입했습니까?
20 ⏎
20만 원짜리 차를 구입했습니다. ●
2번째는 얼마짜리 차를 구입했습니까?
50 ⏎                                 전달된 값이 출력됩니다.
50만 원짜리 차를 구입했습니다. ●
```

　여기에서는 호출한 장소로부터 함수에 전달하는 실인수로서 main() 함수 안에서 준비한 변수 num(의 값)을 사용했습니다. 즉 키보드로부터 num에 저장된 값을 함수에 전달하도록 한 것입니다.

　이와 같이 변수를 실인수로 사용할 때 실인수와 가인수의 변수 이름은 같지 않아도 됩니다. 여기에서는 서로 다른 변수 이름을 사용해서 코드를 표기하고 있습니다.

　또한 C 언어에서는 변수 num 자체가 아니라 변수 num에 저장되어 있는 '값'이 함수에 전달됩니다. 이와 같은 인수의 전달 방법을 값 전달(pass by value) 또는 값에 의한 전달이라고도 합니다.

함수가 호출되면 실인수의 '값'이 전달된다.

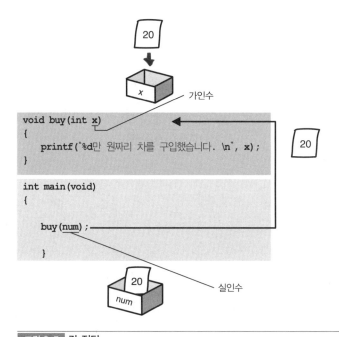

그림 8-7 **값 전달**

함수가 호출되면 실인수(의 값)가 전달되어 가인수가 초기화됩니다.

 복수의 인수를 갖는 함수

그런데 지금까지 정의한 함수의 인수는 1개뿐이었지만, 함수는 2개 이상의 인수를 가질 수도 있습니다.

즉, 함수를 호출할 때 복수의 값을 함수 내로 전달해서 처리할 수 있습니다. 그러면 코드를 작성해 보겠습니다.

Sample5.c ▶ 복수의 인수를 갖는 함수

```
#include <stdio.h>

/* buy 함수 정의 */          2개의 인수를 갖는 함수입니다.
void buy(int x, int y)
{
    printf("%d만원과 %d만 원짜리 차를 구입했습니다. \n", x, y);
                                                    2번째 인수를 출력합니다.

}                                    1번째 인수를 출력합니다.

/* buy 함수 호출 */
int main(void)
{
    int num1, num2;

    printf("얼마짜리 차를 구입했습니까? \n");
    scanf("%d", &num1);

    printf("얼마짜리 차를 구입했습니까? \n");
    scanf("%d", &num2);

    buy(num1, num2);
                        2개의 인수를 전달합니다.
    return 0;
}
```

Sample5 실행 화면

```
얼마짜리 차를 구입했습니까?
20 ↵
얼마짜리 차를 구입했습니까?
50 ↵
20만원과 50만 원짜리 차를 구입했습니다.
                                            2번째 인수가 출력됩니다.
      1번째 인수가 출력됩니다.
```

여러 개의 인수를 갖는 함수도 지금까지와 마찬가지입니다. 단, 호출할 때 여러 개
의 인수를 콤마(,)로 구분해서 지정합니다. 이런 인수들을 인수 리스트라고 하며, 콤마
로 구분된 순서대로 실인수 값이 가인수로 전달됩니다. 즉 Sample5의 buy() 함수에
서는 다음과 같이 값이 전달됩니다.

함수 내에서는 전달받은 두 개의 값을 출력 처리합니다.

함수에는 여러 개의 인수를 전달할 수 있다.

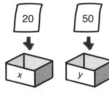

```
void buy(int x, int y)
{
    printf("%d만원과 %d만 원짜리 차를 구입했습니다. \n", x, y);
}

int main(void)
{

  buy(num1, num2);

}
```

그림 8-8 복수의 인수
인수는 복수를 지정할 수 있습니다. 인수 리스트의 순서대로 값이 전달됩니다.

그러나 함수를 호출할 때 가인수와 서로 다른 수의 실인수를 전달할 수 없습니다. 예를 들어 2개의 인수를 사용하는 buy() 함수를 정의한 경우, 인수를 1개만 지정해서 호출할 수 없습니다.

```
/* buy 함수 호출 */
...
buy(num1, num2);          가인수의 개수와 같은 개수의 실인수를 전달합니다.
buy(num1);
                          이 호출은 오류입니다.
```

 ## 인수 없는 함수

그런데 함수 안에는 이 장의 처음에 정의한 buy() 함수와 같이 '인수 없는 함수'도 있습니다. 인수 없는 함수를 정의할 때는 void라는 특수한 형 이름으로 지정해야 합니다.

```
/* buy 함수 정의 */
void buy(void)
{                 인수가 없는 경우 void형으로 합니다.
   printf("차를 구입했습니다. \n");
}
```

이와 같은 함수를 호출할 때 ( ) 안에 값을 지정하지 않고 호출합니다. 이 장의 처음에 인수를 지정하지 않고 buy() 함수를 호출했던 것을 복습하기 바랍니다. 이것이 인수 없는 함수의 호출 방법입니다.

```
/* buy 함수 호출 */
...                  인수를 전달하지 않고 호출합니다.
buy( );
```

중요

인수 없는 함수에서는 void형으로 지정한다.

```
void buy(void)
{
    printf("차를 구입했습니다. \n");
}

int main(void)
{
    buy( );

}
```

그림 8-9 인수 없는 함수

인수 없는 함수를 작성할 수도 있습니다. 인수 형은 void로 지정합니다.

Lesson
8

8.4 반환 값

반환 값

인수의 사용법을 이해했습니까? 함수에서는 인수와 정 반대로

함수 본체로부터 함수를 호출한 곳으로 특정한 정보를 반환하는

코드도 작성할 수 있습니다.

함수로부터 반환되는 정보를 반환 값(return value)이라고 합니다. 여러 개를 지정할 수 있는 인수와 달리 반환 값은 하나만 호출한 곳으로 값을 반환할 수 있습니다.

8.2절에서 소개한 함수 정의의 형식을 다시 한번 보기 바랍니다. 반환 값을 반환하기 위해서는 먼저 반환하는 값의 '형'을 함수 정의 안에 표기해 둡니다(①). 그리고 함수의 블록 안에서 return이라는 문을 사용해서 실제로 값을 반환하는 처리를 합니다 (②).

> **구문**　함수 정의
>
> ```
> 반환 값의 형        함수 이름 (인수 리스트)
> {
>     문;
>     . . .
>
>     return 식; ●
> }
> ```
>
> ① 반환 값의 형을 지정합니다.
>
> ② 식의 값을 호출한 곳으로 반환합니다.

여기에서는 블록 마지막에 return문을 표기했지만, return문은 블록의 중간에 표기할 수도 있습니다. 단 함수가 처리될 때 블록의 마지막까지 처리되지 않았어도,

return문이 처리되면 그 함수의 처리가 종료됩니다.

그림 8-10 **반환 값**
함수 내부로부터 호출한 곳으로 반환 값을 반환할 수 있습니다.

다음 코드가 반환 값을 갖는 함수입니다.

```
/* buy 함수 정의 */
int buy(int x, int y) ──────────── int형 값을 반환합니다.
{
    int z;

    printf("%d만원과 %d만 원짜리 차를 구입했습니다. \n", x, y);

    z = x+y;
                              이 값을 반환 값으로 반환합니다.
    return z; •
}
```

이 함수에서는 전달받은 2개의 인수 x와 y를 더하는 처리를 하고 있습니다. 덧셈 결과는 함수 안에서 선언한 변수 z에 저장됩니다. 그리고 return문에서 z 값을 반환 값으로서 반환하는 처리를 합니다. z는 int형이기 때문에 반환 값의 형도 int형으로 지정합니다. 실제로 코드를 표기해서 이 함수를 사용해 보겠습니다.

Sample6.c ▶ 반환 값을 갖는 함수

```
#include <stdio.h>

/* buy 함수 정의 */
```

```
int buy(int x, int y)
{
    int z;

    printf("%d만원과 %d만 원짜리 차를 구입했습니다. \n", x, y);

    z = x + y;

    return z;
}

/* buy 함수 호출 */
int main(void)
{
    int num1, num2, sum;

    printf("얼마짜리 차를 구입했습니까? \n");
    scanf("%d", &num1);

    printf("얼마짜리 차를 구입했습니까? \n");
    scanf("%d", &num2);

    sum = buy(num1, num2);

    printf("합계 %d만원입니다. \n", sum);

    return 0;
}
```

반환 값을 갖는 함수입니다.

반환 값을 반환합니다.

함수를 호출하고 그 반환 값을
변수 sum에 대입합니다.

반환 값의 값을 출력합니다.

Sample6 실행 화면

```
얼마짜리 차를 구입했습니까?
20 ↵
얼마짜리 차를 구입했습니까?
50 ↵
20만원과 50만원짜리 차를 구입했습니다.
합계 70만원입니다.
```

반환 값이 출력되고 있습니다.

Sample6에서는 함수 안에서 계산된 결과의 반환 값을 호출한 곳의 변수 sum에 저장합니다. 또한 반환 값을 이용하려면 함수 호출문에서 대입 연산자를 사용해서 대입해야 됩니다.

```
/* buy 함수 호출 */
...
sum = buy(num1, num2);
```
반환 값을 변수 sum에 대입합니다.

호출한 곳에서는 변수 sum의 내용을 출력하고 있습니다. 이와 같이 함수의 반환 값을 변수로 대입하면 호출한 곳에서 이용할 수 있습니다. 또한 반환 값은 반드시 호출한 곳에서 이용하지 않아도 상관없습니다. 반환 값을 이용하지 않을 때는

```
buy(num1, num2);
```
반환 값은 이용하지 않아도 상관없습니다.

이라고만 표기합니다.

반환 값을 사용하면 함수를 호출한 곳으로 정보를 반환할 수 있다.

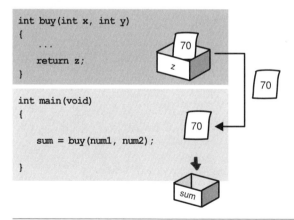

```
int buy(int x, int y)
{
   ...
   return z;
}

int main(void)
{
   sum = buy(num1, num2);
}
```

그림 8-11 **반환 값의 이용**

호출한 곳에서는 반환 값을 사용해서 처리할 수 있습니다.

반환 값이 없는 함수

인수가 없는 함수를 정의했듯이 반환 값이 없는 함수도 정의할 수 있습니다. 예를 들어, 8.2절에서 정의한 buy() 함수는 반환 값을 갖지 않는 함수입니다.

```
/* buy 함수 정의 */
void buy(void)          ┌─────────────────────────────────────┐
                        │ 반환 값을 갖지 않는 경우 void형으로 합니다. │
{                       └─────────────────────────────────────┘
    printf("차를 구입했습니다. \n");
}
```

반환 값이 없는 함수를 나타내기 위해서는 반환 값의 형을 void형으로 지정합니다. 반환 값이 없는 함수가 호출되어 처리될 경우, 블록 마지막의 }까지 처리되거나, 아니면 다음과 같이 아무 것도 지정하지 않은 return문에 의해 함수가 종료됩니다.

 구문 return문

```
return;
```

buy() 함수를 return문을 사용해서 표기해 보았습니다. 단 이와 같이 단순한 함수에서는 return문에 의한 차이는 발생하지 않습니다.

```
/* buy 함수 정의 */
void buy(void)
{
    printf("차를 구입했습니다. \n");
                              ┌─────────────────────────────┐
                              │ 호출한 곳의 처리로 돌아갑니다. │
                              └─────────────────────────────┘
    return; ●
}
```

```
void buy(void)
{
    printf("차를 구입했습니다. \n");
}
```

```
int main(void)
{

    buy( );

}
```

그림 8-12 **반환 값이 없는 함수**

반환 값을 갖지 않는 함수는 함수의 반환 값의 형으로 void형을 지정합니다.

Lesson
8

8.5 함수의 이용

합계를 구하는 함수

함수의 형식과 처리의 흐름을 이해했습니까? 이 절에서는 지금까지 배운 지식을 이용해서 다양한 처리를 하는 함수를 작성해 보겠습니다. 먼저 앞 절에서 표기한 buy() 함수를 보다 폭넓게 사용할 수 있는 함수로 만들어 보겠습니다. Sample7은 2개의 수치를 더해서 합계를 구하는 함수입니다.

Sample7.c ▶ 합계를 구하는 함수

```
#include <stdio.h>

/* sum 함수 정의 */
int sum(int x, int y)          ─── 2개의 수치를 전달받습니다.
{
    return x+y; ●              ─── 합계 값을 반환하는 처리를 합니다.
}

int main(void)
{
    int num1, num2, ans;

    printf("1번째 정수를 입력하세요. \n");
    scanf("%d", &num1);

    printf("2번째 정수를 입력하세요. \n");
    scanf("%d", &num2);           ─── 함수를 호출합니다.
    ans = sum(num1, num2); ●
```

```
    printf("합계는 %d입니다. \n", ans);

    return 0;
}
```

반환 값을 출력합니다.

```
1번째 정수를 입력하세요.
10 ⏎
2번째 정수를 입력하세요.
5 ⏎                          합계 값이 출력되고 있습니다.
합계는 15입니다.
```

여기에서는 2개의 수치를 더해서 합계를 구하는 sum() 함수를 정의했습니다. 이 함수의 처리는 앞 절에서 설명한 반환 값을 갖는 buy() 함수와 실제로는 같습니다. 앞절에서는 이해하기 쉽게 일단 합계 값을 변수에 저장한 후 그 값을 반환했지만, 여기에서는 합계를 구하는 식을 사용해서 그대로 값을 반환하고 있습니다. 따라서 보다 간단하게 코드를 표기하고 있습니다.

Lesson
8

```
return x+y;
```

합계 값을 반환 값으로 반환합니다.

최댓값을 구하는 함수

그럼 또 한 가지 편리한 함수를 정의해 보기 위해서 다음과 같은 코드를 입력합니다.

```
#include <stdio.h>

/* max 함수 정의 */
int max(int x, int y)
```

2개의 수치를 전달받습니다.

```
{
    if (x > y)          ──  x가 y보다 클 경우…
        return x;       ──  x값을 반환합니다.
    else
        return y;       ──  그렇지 않으면 y값을 반환합니다.
}

int main(void)
{
    int num1, num2, ans;

    printf("1번째 정수를 입력하세요. \n");
    scanf("%d", &num1);

    printf("2번째 정수를 입력하세요. \n");
    scanf("%d", &num2);
                              ──  함수를 호출합니다.
    ans = max(num1, num2);

    printf("최댓값은 %d입니다. \n", ans);
                              ──  반환 값을 출력합니다.
    return 0;
}
```

Sample8 실행 화면

```
1번째 정수를 입력하세요.
10 ↵
2번째 정수를 입력하세요.
5 ↵
최댓값은 10입니다.        ──  최댓값이 출력됩니다.
```

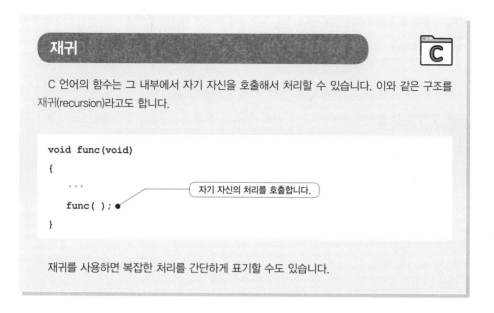

재귀

C 언어의 함수는 그 내부에서 자기 자신을 호출해서 처리할 수 있습니다. 이와 같은 구조를 재귀(recursion)라고도 합니다.

```
void func(void)
{
    ...
    func( );  ●─── 자기 자신의 처리를 호출합니다.
}
```

재귀를 사용하면 복잡한 처리를 간단하게 표기할 수도 있습니다.

이번에는 2개의 수치 가운데 큰 쪽의 값을 반환하는 max() 함수를 정의했습니다. 이 함수는 변수 x 또는 y 가운데 하나의 값을 호출한 곳으로 반환합니다. 어느 쪽 return문이든지 처리되면 그 장소에서 함수 처리가 종료되고 호출한 곳의 처리로 돌아갑니다.

실행 결과를 보면 2개 값의 최댓값을 출력하는 처리가 이루어지고 있습니다. 이와 같이 사용하기 쉬운 함수를 작성해두면 다양한 코드에서 함수를 이용할 수 있습니다.

Lesson
8

함수 형식 매크로

그런데 함수를 사용한 코드는 함수를 사용하지 않는 코드에 비해서 처리 시간이 더 길어지는 경우가 있습니다. 처리를 함수로 모아두면 인수나 반환 값을 전달할 때 필요 이상으로 시간이 걸리는 경우도 있습니다. 여러 번 호출되는 작은 함수일 때는 이 시간을 무시할 수 없는 경우도 있습니다.

이때 함수 형식 매크로(function-like macro)를 이용하면 이런 문제를 쉽게 해결할 수 있습니다. 함수 형식 매크로는 다음과 같은 형식으로 정의합니다.

함수 형식 매크로의 정의

#define 매크로 이름**(**인수**)** **(**식**)**

함수 형식 매크로는 제7장에서 설명한 매크로를 응용한 것입니다. 제7장에서는 문자나 수치를 단순하게 치환하는 것이었지만 이 매크로는 인수를 사용한 유연한 치환이 가능합니다.

> 인수를 지정합니다.

```
#define MAX(x, y) (x > y ? x : y)
```

> 치환되는 식을 지정합니다.

이 코드는 매크로 정의를 이용해서 최댓값을 구하는 함수 형식입니다. 'x가 y보다 크면 x를, 반대이면 y를 반환한다'는 처리를 의미합니다. 조건 연산자를 사용해서 간단하게 표기했지만, 실질적으로 이전 예제에서 사용한 max() 함수와 같은 처리를 합니다.

 함수 형식 매크로의 호출

매크로 이름**(**인수**)** **;**

다음 코드를 보기 바랍니다. 코드 안에서 ①과 같이 인수를 표기하면 프리프로세서에 의해 ②와 같이 치환됩니다.

> ① 인수를 지정해서 표기하면…

```
ans = MAX(num1, num2);
```

> ② 프리프로세서에 의해 이와 같이 바뀝니다.

```
ans = (num1 > num2 ? num1 : num2);
```

실제로 함수 형식 매크로를 사용한 코드를 입력해 보겠습니다.

Sample9.c ▶ 함수 형식 매크로의 이용

```
#include <stdio.h>
#define MAX(x, y) (x > y ? x : y)
```

> 함수 형식 매크로를 지정합니다.

○

```
int main(void)
{
    int num1, num2, ans;

    printf("1번째 정수를 입력하세요. \n");
    scanf("%d", &num1);

    printf("2번째 정수를 입력하세요. \n");
    scanf("%d", &num2);

    ans = MAX(num1, num2);          이 부분의 코드가 ②와 같이 바뀝니다.

    printf("최댓값은 %d입니다. \n", ans);

    return 0;
}
```

Sample9 실행 화면

```
1번째 정수를 입력하세요.
10 ⏎
2번째 정수를 입력하세요.
5 ⏎
최댓값은 10입니다.
```

이 실행 결과는 max() 함수를 사용한 코드와 같지만 Sample9에서는 그림 8-13과 같이 매크로를 호출한 부분이 최댓값을 구하는 코드로 바뀝니다. 따라서 함수 형식 매크로를 이용하면 프로그램의 처리 속도가 향상됩니다.

단, 함수 형식 매크로를 여러 번 사용하면 프로그램의 데이터 크기가 그만큼 커지기 때문에 함수 형식 매크로는 단순하고 짧은 처리를 할 때만 사용합니다.

함수 형식 매크로를 정의해서 함수 대신 사용할 수 있다.

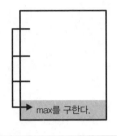

그림 8-13 함수 형식 매크로

함수 형식 매크로(좌)에서는 함수(우)와 달리 사용한 부분에 코드가 삽입됩니다.

함수 형식 매크로의 주의점

또한 함수 형식 매크로에서 호출할 때 전달하는 인수는 int형이나 double형에 상관 없이 같은 매크로를 사용할 수 있습니다.

```
#define MAX(x, y) (x > y ? x : y) ●────── 이 매크로는…
...

ans1 = MAX(10, 5);
ans2 = MAX(20.3, 30.6);          int형으로도 double형으로도 사용할 수 있습니다.
```

한편 함수에서는 인수 형이 다른 경우 별도의 함수를 사용해야 됩니다. 함수 형식 매크로 쪽이 취급하기 쉽지만, 전달되는 인수 형을 정확히 검사해서 오류가 적은 프로 그램을 작성하기 위해서는 함수를 이용하는 편이 좋습니다.

```
int imax(int x, int y) ●────── int형 인수를 취급하는 함수입니다.
{
    ...
}
double dmax(double x, double y) ●        double형 인수를 취급하는 함수입니다.
{
    ...
}

ans1 = imax(10, 5);  ●        int형 함수를 호출할 필요가 있습니다.
ans2 = dmax(20.3, 30.6); ●────── double형 함수를 호출할 필요가 있습니다.
```

변수와 유효 범위

변수의 종류

이 절에서는 함수 안에서 변수나 배열을 선언하는 방법을 배우겠습니다. 변수 배열의 선언은 지금까지 main() 함수나 스스로 작성한 함수의 처음에 표기했습니다.

```
int  main(void)
{
    int a;      함수 블록의 처음에 선언한 지역 변수입니다.
    ...
}
```

함수 선언은 반드시 함수 안에서 선언할 필요는 없습니다. 변수나 배열은

함수의 밖에서 선언

할 수도 있습니다.

```
int a;      함수 블록의 바깥에서 선언한 전역 변수입니다.

int main(void)
{
    ...
}
```

지금까지와 같이 함수 안에서 선언한 변수를 지역 변수(local variable), 그리고 함수 밖에서 선언한 변수를 전역 변수(global variable)라고 합니다.

함수 안에서 지역 변수를 선언할 수 있다.
함수 밖에서 전역 변수를 선언할 수 있다.

```
int a = 0; ──────── 전역 변수

void func(void)
{
    int c = 2; ──────── 지역 변수
    ...
}

int main(void)
{
    int b = 1; ──────── 지역 변수
    ...
}
```

그림 8-14 **지역 변수와 전역 변수**

함수 안에서 선언한 변수를 '지역 변수', 함수 밖에서 선언한 변수를 '전역 변수'라고 합니다.

유효 범위

지역 변수와 전역 변수는 어떤 차이점이 있을까요? 변수의 차이점을 알아보기 위해 2종류의 변수를 취급하는 코드를 작성해 보겠습니다.

Sample10.c ▶ 변수의 유효 범위

```
#include <stdio.h>
                        ┌─ 전역 변수 a입니다.
int a = 0; ●

/* func 함수 정의 */
void func(void)
{                       ┌─ 지역 변수 c입니다.           ┌─ 다른 함수 안의 지역 변수는 사용
    int c = 2; ●                                    │  할 수 없습니다.

    printf("func 함수에서는 변수 a와 c를 사용할 수 있습니다. \n");
    printf("변수 a값은 %d입니다. \n", a); ● ──── 전역 변수를 사용할 수 있습니다.
    /* printf("변수 b값은 %d입니다. \n", b); */ ●
    printf("변수 c값은 %d입니다. \n", c);                                        ○
```

```
    }

    /* main 함수 정의 */
    int main(void)
    {
        int b = 1; ●———[ 지역 변수 b입니다. ]          [ 전역 변수를 사용할 수 있습니다. ]

        printf("main 함수에서는 변수 a와 b를 사용할 수 있습니다. \n");
        printf("변수 a값은 %d입니다. \n", a); ●
        printf("변수 b값은 %d입니다. \n", b); ●———[ 이 함수 안의 지역 변수를 사용할 수 있습니다. ]
        /* printf("변수 c값은 %d입니다. \n", c); */ ●

        func();

        return 0;                          [ 다른 함수 안의 지역 변수는
    }                                        사용할 수 없습니다. ]
```

[Sample10 실행 화면]

```
main 함수에서는 변수 a와 b를 사용할 수 있습니다.
변수 a값은 0입니다.
변수 b값은 1입니다.
func 함수에서는 변수 a와 c를 사용할 수 있습니다.
변수 a값은 0입니다.
변수 c값은 2입니다.
```

이 코드에서는 다음과 같은 3가지 변수를 선언하고 있습니다.

> 변수 a · · · 함수 밖에 선언한 전역 변수
> 변수 b · · · main() 함수 안에 선언한 지역 변수
> 변수 c · · · func() 함수 안에 선언한 지역 변수

변수는 선언한 위치에 따라서 이용할 수 있는 범위가 다릅니다. 먼저 지역 변수일 때는

선언한 함수 안에서만 이용

할 수 있습니다. 예를 들어, 지역 변수 b는 main() 함수 안에서 선언되었기 때문에 func() 함수 안에서는 이용할 수 없습니다. 반대로 지역 변수 c는 main() 함수 안에서

는 이용할 수 없습니다. 한편 전역 변수는

　어느 함수에서도 이용

할 수 있습니다. 즉 변수 a는 main( ), func() 함수 어느 곳에서도 이용할 수 있습니다. 그림 8-15는 각각의 변수가 이용할 수 있는 부분의 범위를 나타내고 있습니다. 이와 같이 변수 이름이 통용되는 범위를 유효 범위(scope)라고 합니다.

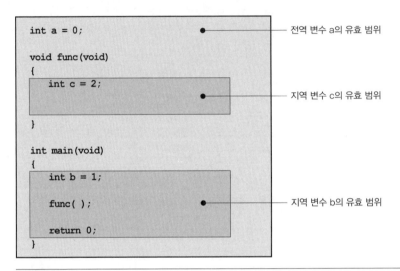

```
int a = 0;                          ●────── 전역 변수 a의 유효 범위

void func(void)
{
    int c = 2;                      ●────── 지역 변수 c의 유효 범위

}

int main(void)
{
    int b = 1;

    func( );                        ●────── 지역 변수 b의 유효 범위

    return 0;
}
```

그림 8-15 **변수의 유효 범위**
　지역 변수는 변수를 선언한 함수 안에서만 이용할 수 있습니다.
　전역 변수는 어느 함수에서도 이용할 수 있습니다.

표 8-1은 지역 변수와 전역 변수의 유효범위를 정리한 것입니다.

표 8-1 : 유효 범위

	선언 위치	유효 범위
지역 변수	함수 안	함수를 선언한 장소에서 그 함수가 끝날 때까지 이용할 수 있다.
전역 변수	함수 밖	어느 함수에서도 이용할 수 있다.

변수 이름이 통용되는 범위를 유효 범위라고 한다.

지역 변수의 이름이 중복되면?

변수 이름과 선언 위치는 주의해야 됩니다. 예를 들어 같은 함수 안의 지역 변수는 같은 이름을 사용할 수 없지만 다른 함수 안에서 선언한 지역 변수는 같은 이름을 사용할 수도 있습니다.

```
void func(void)
{
    int a = 0;
    a++;
}
int main(void)
{
    int a = 0;
    a++;
    ...
}
```

2개의 지역 변수는 전혀 다릅니다.

위의 코드에서 main() 함수와 func() 함수에서 모두 '변수 a'를 선언하고 있습니다. 이 2개의 지역 변수는 서로 다른 값을 저장할 수 있는 전혀 다른 변수입니다. 같은 이름을 사용해도 서로 다른 함수 안의 지역 변수는 별개의 변수입니다.

 서로 다른 함수 안의 지역 변수는 같은 이름을 사용해도 서로 다른 변수를 의미한다.

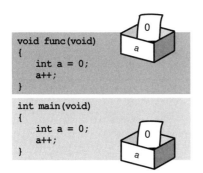

그림 8-16 **지역 변수 이름의 중복**
서로 다른 함수 안에서 선언된 지역 변수는 전혀 다른 2개의 변수입니다.

전역 변수와 이름이 중복되면?

전역 변수와 지역 변수는 같은 변수 이름을 사용해도 상관없습니다. 다음 코드를 보기 바랍니다.

```
int a = 0; ●──────────[ 전역 변수 a입니다. ]

void func(void)
{
    int a = 0; ●──────[ 지역 변수 a입니다. ]
    a++; ●
}                     [ 증가된 것은 지역 변수 a입니다. ]
int main(void)
{
    a++; ●
    ...               [ 증가된 것은 전역 변수 a입니다. ]
}
```

여기에서 전역 변수로서 '변수 a'를 선언하고, func() 함수 안에서 다시 지역 변수로서 '변수 a'를 선언했습니다. 전역 변수와 지역 변수에서는 이와 같이 이름을 중복해서 사용할 수 있습니다.

단 지역 변수를 선언한 func() 함수 안에 'a++'와 같이 표기하면 그것은 지역 변수 a를 의미합니다. 즉 위 코드에서는 func() 함수 안에서 증가된 것은 지역 변수 a입니다. 한편 main() 함수 안에서 증가된 것은 전역 변수 a입니다. 마치 func() 함수 안에서는 지역 변수에 의해 전역 변수의 이름이 감추어지는 형태입니다.

전역 변수와 지역 변수에서 같은 이름을 사용할 수 있다.

```
int a = 0;

void func(void)
{
    int a = 0;
    a++;
}

int main(void)
{
    a++;
    ...
}
```

'a'는 전역 변수 a를 의미한다.

'a'는 지역 변수 a를 의미한다.

그림 8-17 **전역 변수와 지역 변수 이름의 중복**

전역 변수와 함수 안의 지역 변수 이름이 중복되면
그 함수 안에서 전역 변수 이름이 무시됩니다.

지역 변수의 다양성

Lesson
8

지역 변수는 함수의 선두만이 아니라 for문이나 if문 블록의 선두에서도 선언할 수 있습니다.
함수의 가인수도 지역 변수의 일종입니다. 지역 변수는 그것을 선언한 블록 안({ })에서만 통용
되는 변수입니다. 블록 안과 밖에서 변수 이름이 중복되면 안쪽의 변수 이름이 우선됩니다.

```
void func(int x)
{
    int i;
    for(i = 0; i<10; i++){
        int s;
        ...

    }
}
```

가인수 x의 유효 범위

함수 선두의 변수 i의 유효 범위

for 블록 안의 변수 s의 유효 범위

8.7 기억 수명

🖊 변수의 기억 수명

그런데 변수나 배열은 프로그램을 시작해서 종료할 때까지 계속 값을 기억하는 것은 아닙니다. 여기에서 변수의 '일생'을 알아보겠습니다.

변수를 선언하면 먼저 값을 기억하기 위해 상자가 메모리 안에 준비됩니다(①). 이것을 메모리가 확보된다고 합니다. 그 후 변수에 값을 저장하거나 출력해서 이용하지만(②), 마지막에 상자는 폐기되고, 메모리는 다시 다른 용도로 사용됩니다(③). 이것을 메모리가 해제된다고 합니다.

변수의 상자가 존재하고 값을 기억하고 있는 기간을 기억 수명이라고 합니다.

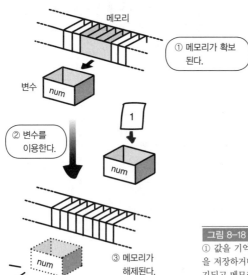

그림 8-18 **변수의 기억 수명**
① 값을 기억하기 위한 상자가 메모리 안에 준비되고, ② 변수에 값을 저장하거나 출력할 때 이용합니다. ③ 마지막에 변수의 상자는 폐기되고 메모리는 다른 용도로 사용됩니다.

변수가 어떤 기억 수명을 갖는지는 변수 선언의 위치와도 관계가 있습니다. 일반적인 지역 변수는

> 함수 안에서 선언될 때 변수의 상자가 메모리 안에 준비되고
>
> ↓
>
> 함수가 종료할 때 상자가 폐기되고 메모리는 다른 용도로 사용되는

일생을 걷습니다. 즉 일반적인 지역 변수는 선언되고 나서 함수가 종료될 때까지만 값을 저장해 둘 수 있습니다.

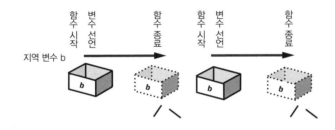

한편 전역 변수는

> 프로그램 본체의 처리가 시작하기 전에 한번만 메모리가 확보되고
>
> ↓
>
> 프로그램이 종료하면 메모리가 해제되는

일생을 걷습니다. 즉 전역 변수는 프로그램이 시작할 때부터 종료할 때까지 계속 값을 저장해 둡니다.

Lesson
8

지역 변수 a

변수의 일생을 확인하기 위해 다음과 같이 코드를 작성해 봅니다.

Sample11.c ▶ 변수의 기억 수명

```c
#include <stdio.h>

int a = 0;          전역 변수 a입니다.

/* func 함수 정의 */
void func(void)
{
    int b = 0;          지역 변수 b입니다.
    static int c = 0;   static을 붙인 지역 변수 c입니다.

    printf("변수 a는 %d, 변수 b는 %d, 변수 c는 %d입니다. \n", a, b, c);

    a++;
    b++;     각 변수를 증가시키고 있습니다.
    c++;
}

/* main 함수 정의 */
int main(void)
{
    int i;

    for(i=0; i<5; i++)
        func();

    return 0;
}
```

Sample11 실행 화면

> 변수 **a**는 **0**, 변수 **b**는 **0**, 변수 **c**는 **0**입니다. ┌─ 지역 변수 b는 증가되지 않습니다. ─┐
> 변수 **a**는 **1**, 변수 **b**는 **0**, 변수 **c**는 **1**입니다.
> 변수 **a**는 **2**, 변수 **b**는 **0**, 변수 **c**는 **2**입니다.
> 변수 **a**는 **3**, 변수 **b**는 **0**, 변수 **c**는 **3**입니다.
> 변수 **a**는 **4**, 변수 **b**는 **0**, 변수 **c**는 **4**입니다.

func() 함수는 변수 a, b, c의 값을 출력하고 하나씩 증가시키고 있는 함수입니다. 전역 변수 a는 프로그램이 시작할 때부터 종료할 때까지 값을 기억하기 때문에 값이 하나씩 증가합니다.

한편 지역 변수 b는 함수가 호출될 때 처음으로 0이 저장되고, 함수가 종료될 때마다 상자가 폐기되기 때문에 증가를 해도 언제나 0이 됩니다.

static을 사용하면?

이와 같이 일반적인 지역 변수의 기억 수명은 함수가 종료할 때까지입니다. 단 지역 변수에 static이라는 예약어(keyword)를 지정하면 전역 변수와 같은 기억 수명을 가질 수 있습니다. 이와 같은 지역 변수를 정적 수명을 갖는 지역 변수라고 합니다.

Sample11에서 변수 c는 정적 수명을 갖는 지역 변수이고, 이 변수는 전역 변수와 같이 프로그램이 시작될 때 초기화되고 종료될 때 폐기됩니다. 즉 func() 함수가 종료해도 상자가 폐기되지 않고 값이 저장된 상태이기 때문에 함수가 호출될 때마다 하나씩 수가 증가합니다. static은 기억 클래스 지정자(storage class identifier)라고 합니다. 그러면 여기에서 함수의 기억 수명에 관한 내용을 정리해 보겠습니다.

표 8-2 : 기억 수명

	기억 클래스	기억 수명
지역 변수	(자동)	선언되고 나서 함수가 종료할 때까지(자동)
	static	프로그램 실행 준비 때부터 종료할 때까지(정적)
전역 변수		프로그램 실행 준비 때부터 종료할 때까지(정적)

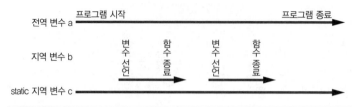

그림 8-19 **변수의 수명**

전역 변수, 정적인 지역 변수는 프로그램 시작부터 종료할 때까지 수명을 갖지만, 일반적인 지역 변수는 함수 안의 수명을 가집니다.

또한 변수를 초기화하는 코드가 없으면 전역 변수와 static 지역 변수는 자동적으로 0으로 초기화됩니다. 한편 지역 변수를 초기화하지 않으면 초기값은 특별히 정해지지 않습니다.

메모리 영역

이 장에서는 다양한 메모리 확보 방법을 배웠습니다. 지역 변수나 함수의 인수가 확보된 메모리 영역을 스택(stack) 영역, 전역 변수 등의 정적 변수가 확보된 영역을 정적 기억 영역이라고 합니다.

8.8 함수 선언

함수 선언

이 절에서는 함수를 사용해서 큰 프로그램을 작성하는 방법을 배우겠습니다. 먼저 큰 프로그램을 작성하기 전에 새로운 구조를 하나 기억하기 바랍니다. C 언어에서는

함수 이름과 인수의 수를 컴파일러에게 알리는

구조가 있습니다. 이것을 함수 프로토타입 선언(함수 선언 : function declaration)이라 고 합니다. 함수 프로토타입 선언은 함수를 호출하기 전에 호출하는 함수의 이름 · 반 환 값의 형 · 인수를 다음과 같이 표기합니다.

구문 **함수 프로토타입 선언**

    반환 값의 형   함수 이름(인수 리스트) ;

이 선언을 해두면 함수 본체를 코드 안의 어느 장소에서 정의해도 정확하게 호출할 수 있습니다. 지금까지는 호출하기 전 부분에서 함수 본체를 정의했지만, 이번에는 먼 저 함수를 선언해 두고 함수 본체는 main() 함수 뒤에 정의하는 코드를 표기해 보겠 습니다.

Sample12.c ▶ 함수 프로토타입 선언의 이용

```
#include <stdio.h>

/* max 함수 선언 */
int max(int x, int y);          함수 프로토타입 선언입니다.
```

```
int main(void)
{
   int num1, num2, ans;

   printf("1번째 정수를 입력하세요. \n");
   scanf("%d", &num1);

   printf("2번째 정수를 입력하세요. \n");
   scanf("%d", &num2);

   ans = max(num1, num2);          함수를 호출하고 있습니다.

   printf("최댓값은 %d입니다. \n", ans);

   return 0;
}
/* max 함수 정의 */
int max(int x, int y)           함수 정의를 함수 호출 뒤에 표기할 수 있습니다.
{
   if (x > y)
      return x;
   else
      return y;
}
```

Sample12 실행 화면

```
1번째 정수를 입력하세요.
5 ↵
2번째 정수를 입력하세요.
10 ↵
최댓값은 10입니다.
```

Sample12에서는 처음에 max() 함수가 2개의 인수를 갖고, int형 반환 값의 반환을 함수 프로토타입 선언으로 나타냈습니다. 만약 max() 함수의 호출에서 반환 값이나 인수가 프로토타입 선언과 다르면 컴파일할 때 에러가 표시됩니다. 이와 같은 함수 프로토타입 선언의 형식을 기억해두기 바랍니다.

```
/* max 함수 선언 */
int max(int x, int y);

int main(void)
{

}
```
} 함수 프로토타입 선언

```
/* max 함수 정의 */
int max(int x, int y)
{

}
```
} 함수 정의

그림 8-20 함수 프로토타입 선언

함수를 호출하기 전에 함수의 사양을 선언할 수 있습니다.

파일의 분할

실제로 큰 프로그램을 작성할 때 함수 프로토타입 선언을 하면 도움이 됩니다. 여기에서 큰 프로그램의 개발 작업을 생각해 봅니다. 한번 작성된 편리한 함수는 여러 프로그램에서 재이용할 수 있으면 편리합니다. 그렇게 하면 지금까지 작성된 함수를 사용해서 큰 프로그램을 빠르고 쉽게 개발할 수 있습니다.

이때 몇 번이고 다른 프로그램에서 이용할 것 같은 함수는 main() 함수와 같은 파일 안에 표기하지 않고 다른 파일로 분할해서 작성하는 것이 일반적입니다. 파일을 분할하면 다양한 프로그램에서 쉽게 이용할 수 있습니다.

시험 삼아 앞에서 작성한 max() 함수를 다른 파일로 분할해 보겠습니다.

max(int x, int y)
...

max(10, 5)

Lesson
8

263

myfunc.h

```
/* max 함수 선언 */
int max(int x, int y);
```

함수 프로토타입 선언을 표기합니다.

헤더 파일입니다.

myfunc.c

```
/* max 함수 정의 */
int max(int x, int y)
{
   if (x > y)
      return x;
   else
      return y;
}
```

함수 정의를 다른 파일에 작성합니다.

Sample13.c ▶ 파일의 분할

```
#include <stdio.h>
#include "myfunc.h"

int main(void)
{
   int num1, num2, ans;

   printf("1번째 정수를 입력하세요. \n");
   scanf("%d", &num1);

   printf("2번째 정수를 입력하세요. \n");
   scanf("%d", &num2);

   ans = max(num1, num2);

   printf("최댓값은 %d입니다. \n", ans);

   return 0;
}
```

헤더 파일을 읽어 들입니다.

다른 파일의 함수를 호출합니다.

Sample13 실행 화면

```
1번째 정수를 입력하세요.
10 ↵
2번째 정수를 입력하세요.
5 ↵
최댓값은 10입니다.
```

이 코드에서는 파일을 다음과 같이 3가지로 분할하고 있습니다.

myfunc.h · · · 함수 프로토타입 선언
myfunc.c · · · 작성한 max() 함수의 정의
Sample13.c · · · main() 함수의 정의(프로그램 본체)

이 경우 먼저 Sample13.c, myfunc.c를 각각 컴파일해서 오브젝트 파일을 작성하고, 이 오브젝트 파일끼리 링크해서 하나의 프로그램을 작성합니다(Sample13에서 컴파일 오류가 발생하면 생성된 CSample\08\Sample13 폴더 안에 헤더 파일 myfunc.h를 복사해서 저장한 후 다시 컴파일합니다).

myfunc.h 파일에는 함수의 사양을 나타내는 함수 프로토타입 선언만을 표기해 둡니다. 이와 같이 함수 프로토타입 선언을 모아둔 파일을 헤더 파일(header file)이라고 합니다.

Lesson
8

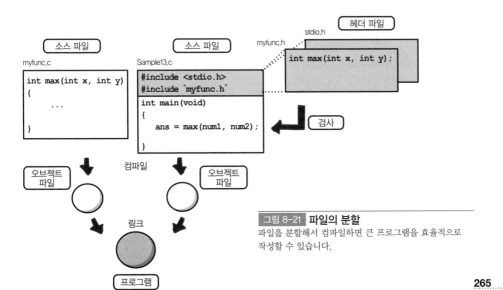

그림 8-21 **파일의 분할**
파일을 분할해서 컴파일하면 큰 프로그램을 효율적으로 작성할 수 있습니다.

함수를 이용하는 Sample13.c의 선두부분에서는 헤더 파일인 myfunc.h를 읽어 들이도록 지정해 둡니다. 이렇게 하면 함수 프로토타입 선언 때문에 파일을 분할해도 컴파일할 때 함수 호출이 정확한지를 검사할 수 있습니다.

복수 파일의 컴파일 · 링크의 순서는 사용하고 있는 C 언어 개발환경에 따라 다르기 때문에 대응하는 설명서를 참고하기 바랍니다. 이 책의 앞부분에서 소개한 Microsoft Visual C++은 하나의 프로젝트에 분할된 복수의 소스 코드를 추가해서 컴파일 · 링크를 합니다.

 표준 라이브러리 함수

파일을 분할해서 함수를 재이용하는 방법을 이해했습니까? 그런데 C 언어의 개발환경에는 어느 프로그램에서나 사용할 수 있는 표준적인 처리에 대해서 이미 정의된 함수가 있습니다. 이것을 표준 라이브러리 함수(standard library)라고 합니다. 사실 지금까지 사용해 온 printf, scanf 등도 표준 라이브러리 함수에 포함되는 함수입니다.

```
#include <stdio.h>
...
printf("C 언어에 입문하신 걸 환영합니다!")  ●
```
표준 라이브러리 함수입니다.

예를 들어 입출력을 하는 표준 라이브러리 함수의 함수 프로토타입 선언은 개발환경에 첨부되어 있는 stdio.h라는 헤더 파일에 표기되어 있습니다. 지금까지의 코드에서는 printf() 함수의 프로토타입 선언이 표기되어 있는 stdio.h를 인클루드했습니다.

또한 표준 헤더 파일을 인클루드하려면 〈 〉로, 자신이 작성한 헤더 파일을 인클루드하려면 " "로 묶습니다.

```
#include <stdio.h>  ●
#include "myfunc.h"  ●
```
표준 헤더 파일입니다.
자신이 작성한 헤더 파일입니다.

보통 〈 〉로 묶은 파일은 표준 라이브러리로서 개발환경이 지정하고 있는 디렉터리(폴더)로부터 읽어 들입니다. 한편 " "로 묶은 헤더 파일은 자신이 작성한 소스 파일이 있는 디렉터리로부터 읽어 들이게 됩니다.

앞으로도 표준 라이브러리 함수는 printf() 함수, scanf() 함수 외에도 몇 가지 더 사용할 예정입니다. 대표적인 표준 라이브러리 함수의 처리 내용을 부록에 정리해 두었으니 참고하기 바랍니다.

표준 라이브러리 함수를 사용해서 코드를 표기할 수도 있다.

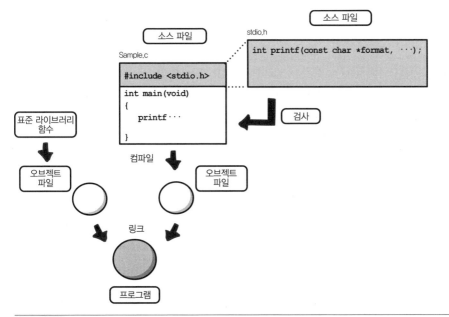

그림 8-22 **표준 라이브러리 함수**

C 언어 환경에 첨부된 표준 라이브러리 함수를 사용해서 코드를 작성할 수 있습니다.

Lesson
8

파일 분할의 주의점

규모가 아주 큰 프로그램을 작성할 때 헤더 파일에 다음과 같은 사항을 선언합니다. 헤더 파일(.h 파일)은 함수 프로토타입 선언 등 다른 파일에 공개되는 사양을 표기하기 위해 사용합니다.

- 다른 파일에 공개하는 함수 프로토타입의 선언
- 다른 파일에 공개하는 전역 변수의 선언
- 다른 파일에 공개하는 형의 선언(형에 대해서는 제11장을 참조)

단, 이 가운데 전역 변수를 선언할 때는 주의가 필요합니다. 헤더 파일(.h 파일)에서 전역 변수를 선언하면 코드 본체 파일(.c 파일)의 전역 변수와 중복되기 때문에 에러가 발생합니다.

앞 절에서 변수의 유효 범위에 대해서 배운 것을 기억하기 바랍니다. 파일을 분할한 경우 변수나 함수가 '어느 파일에서 사용할 수 있는지' 함께 고려해야 됩니다.

전역 변수와 함수 이름은 모든 파일에서 통용됩니다. 단 static을 붙이면 파일 안으로만 한정할 수도 있습니다.

이름이 모든 파일에서 통용하는 것을 'external linkage'라고 합니다. 그리고 이름이 파일 안에 한정될 때 'internal linkage'라고 합니다. 즉 전역 변수와 함수는 원칙적으로 external linkage를 갖지만, static을 붙이면 internal linkage가 됩니다. 따라서 파일을 분할한 경우 유효 범위는 다음과 같습니다.

	기억 클래스	유효 범위
지역 변수	(무지정) static	블록 안
전역 변수	(무지정)	모든 파일(external linkage)
함수	static	파일 안(internal linkage)

헤더 파일에서 공개하는 전역 변수에는 extern이라는 지정을 붙여서 선언합니다. extern은 변수 이름만을 다른 파일에 알리기 위한 지정입니다.

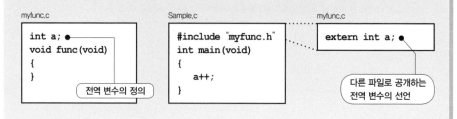

myfunc.c
```
int a;
void func(void)
{
}
```
전역 변수의 정의

Sample.c
```
#include "myfunc.h"
int main(void)
{
    a++;
}
```

myfunc.c
```
extern int a;
```
다른 파일로 공개하는 전역 변수의 선언

8.9 이 장의 요약

이 장에서는 다음과 같은 내용을 배웠습니다.

- 일정한 처리를 하나로 모아서 함수로서 정의하고 호출할 수 있습니다.
- 함수 본체로 인수를 전달해서 처리할 수 있습니다.
- 함수 본체로부터 반환 값을 전달받을 수가 있습니다.
- 간단한 처리는 함수 형식 매크로를 이용해서 정의할 수 있습니다.
- 함수 선언의 위치에 따라 지역 변수와 전역 변수가 있습니다.
- 함수 프로토타입 선언을 이용해서 함수 사양을 컴파일러에게 알릴 수 있습니다.
- 파일을 분할해서 컴파일할 수 있습니다.
- 헤더 파일에는 함수 프로토타입 선언을 표기합니다.
- C 언어의 개발환경에는 표준 라이브러리 함수가 첨부되어 있습니다.

Lesson
8

C 언어 프로그램을 작성하기 위해서는 함수가 반드시 필요합니다. 적절한 처리를 함수로서 정리해 두고 함수를 호출하면 복잡한 코드를 보다 간단하게 표기할 수 있습니다. 또한 파일을 분할해 두면 한번 작성한 함수를 다른 프로그램에서도 재이용할 수 있습니다.

연습

1. 2개의 int형 수치의 최솟값을 반환하는 함수 int min(int x, int y)을 작성해서, 다음과 같이 키보드로부터 입력된 정수의 최솟값을 출력하는 코드를 작성하시오.

> 1번째 정수를 입력하세요.
> **10** ↵
> 2번째 정수를 입력하세요.
> **5** ↵
> 최솟값은 **5**입니다.

2. int형 수치의 제곱 값을 반환하는 함수 int square(int x)를 작성해서, 다음과 같이 키보드로부터 입력된 정수의 제곱을 출력하는 코드를 작성하시오.

> 정수를 입력하세요.
> **5** ↵
> 5의 제곱은 **25**입니다.

3. x의 y 제곱을 반환하는 함수 int power(int x, int y)를 작성해서, 다음과 같이 키보드로부터 입력된 값을 계산하는 코드를 작성하시오.

> 1번째 정수를 입력하세요**(1~5)**.
> **2** ↵
> 2번째 정수를 입력하세요**(1~5)**.
> **3** ↵**n**
> 2의 **3**제곱은 **8**입니다.

4. 문제 2번의 square() 함수 코드를 함수 형식 매크로를 사용해서 표기하시오.

5. 문제 3번의 power() 함수를 main() 함수와 다른 파일로 표기하고 동시에 헤더 파일도 작성하시오.

Lesson

9

포인터

제3장에서는 변수를 사용해서 값을 기억하는 방법에 대해서 배웠습니다. C 언어에는 메모리 상의 위치를 직접 나타내기 위한 '포인터'라는 기능이 있습니다. 포인터를 이해하려면 컴퓨터의 메모리 개념을 이해해야 합니다. 이 장에서는 포인터의 의미와 그 사용법에 대해서 설명합니다.

Check
Point

● 메모리
● 어드레스
● 포인터
● 어드레스 연산자(&)
● 간접참조 연산자(*)
● const

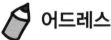 어드레스

제3장에서는 변수 값이 컴퓨터의 '메모리'에 기억되는 것을 배웠습니다. C 언어에는 메모리의 위치를 직접 나타내는 '포인터'라는 기능이 있습니다. 포인터는 상당히 이해하기 어려운 기능이지만 하나씩 확실하게 익히기 바랍니다.

이 장에서는 먼저 메모리 상의 위치를 직접 나타내는 어드레스(address : 번지)부터 배우겠습니다.

'어드레스'라고 들었을 때 여러분은 무엇을 생각했습니까? 집 '주소'나 메일 어드레스 등을 생각했을지도 모릅니다.

C 언어의 '어드레스'는 메모리의 장소를 직접 나타내기 위해 사용되는 메모리 상의 '주소'입니다. 컴퓨터 안의 주소답게 16진수의 수치 등을 사용해서 0x1000, 0x1004 … 라는 수치로 나타내는 경우가 많습니다.

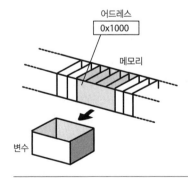

그림 9-1 메모리 · 변수 · 어드레스

어드레스는 메모리 상의 '위치'를 직접 나타내기 위해 사용됩니다.

변수 어드레스

그러나 '메모리'나 '어드레스'라는 단어를 듣고 조금 생소한 분도 있을 것입니다. 그래서 '어드레스'의 값을 실제로 알아보겠습니다.

변수 값이 저장되어 있는 메모리의 어드레스를 알기 위해서는 어드레스 연산자(address operator)인 &를 사용합니다. & 기호를 변수 앞에 붙여서 표기합니다.

어드레스 연산자

&변수 이름 ●————[변수 어드레스를 나타냅니다.]

Sample1.c ▶ 어드레스 출력

```c
#include <stdio.h>

int main(void)
{
    int a;

    a = 5;

    printf("변수 a의 값은 %d입니다. \n", a);
    printf("변수 a의 어드레스는 %p입니다. \n", &a);
                                        └──[ 변수의 어드레스를 나타냅니다. ]
    return 0;
}
```

Lesson 9

Sample1 실행 화면

변수 **a**의 값은 **5**입니다.
변수 **a**의 어드레스는 **0x00F4**입니다.
                   └──[변수 a의 어드레스가 출력됩니다.]

첫 줄에서는 지금까지와 마찬가지로 변수 a 값인 5가 출력되고 있습니다. 이어서 이 코드에서는 어드레스 연산자를 사용한 '&a'를 출력하고 있습니다. 이것으로 변수 a의 어드레스를 출력할 수 있습니다. '&a'에 의해

변수 a의 값이 메모리 상의 '어느 위치'에 기억되고 있는지

를 알 수 있습니다. 어드레스를 출력하기 위해 변환 사양으로서 %p를 사용합니다.

```
printf("변수 a의 어드레스는 %p입니다. \n", &a);
```

&a의 값을 보면 '0x00F4'(16진수)라고 출력되고 있습니다. 이것이 변수 a의 값이 저장되어 있는 메모리의 장소를 의미하는 '어드레스'입니다. 컴퓨터의 경우 변수 a의 값은 그림과 같이 0x00F4라는 메모리의 위치에 저장됩니다.

또한 여기에서는 0x00F4라는 값이 출력되고 있지만, 어드레스 값은 사용하고 있는 환경이나 프로그램의 실행 상황에 따라서 달라집니다. 다른 컴퓨터에서는 0x00F4가 아닌 다른 값이 출력될 것입니다. 그러나 변수 어드레스가 실제로 얼마인지는 별로 의미가 없습니다. 여기에서 중요한 점은

어드레스를 사용해서 메모리 상의 '위치'를 나타낼 수 있다

는 점입니다. 이 점은 확실히 기억해두기 바랍니다.

메모리 상의 위치를 나타내기 위해 어드레스가 사용된다.
어드레스를 출력하기 위해 변환 사양 %p를 사용한다.

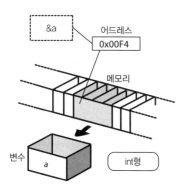

그림 9-2 | 어드레스 연산자

변수 이름에 & 연산자를 붙이면, 변수의 어드레스를 알 수 있습니다.

9.2 포인터

포인터

변수 값이 저장되어 있는 메모리의 장소(어드레스)에 대해서 배웠기 때문에 이것을 이용해 보도록 하겠습니다. 먼저 어드레스를 사용할 코드를 표기하기 위해

어드레스를 저장하는 특수한 변수

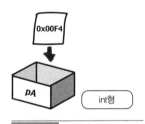

그림 9–3 **포인터**
포인터는 어드레스를 저장할 수 있는 변수입니다.

에 관해서 배우겠습니다. 이 변수를 포인터(pointer)라고 부릅니다.

포인터의 사용법은 원칙적으로 지금까지 배운 변수와 같습니다. 제3장의 변수와 마찬가지로 포인터 역시 사용하기 전에 'pA' 등의 이름을 정해서 선언합니다. 단, 포인터를 나타내는 변수에는 반드시 ＊ 기호를 붙여서 선언합니다.

다음의 포인터 선언의 방법을 보기 바랍니다.

구문 **포인터 선언**

형 이름 ＊포인터 이름; ●————(포인터를 선언합니다.)

즉, 포인터 선언은 다음과 같이 표기합니다.

```
int *pA; ●————( 포인터 pA를 선언합니다. )
```

이 문은

int형 변수의 어드레스를 저장할 수 있는 포인터 pA

를 선언한 것입니다. 이것을 int형 포인터 pA라고 합니다. 이 문 안에서는 포인터를 나타내는 이름이 'pA'뿐인걸 주목하기 바랍니다. pA 앞의 *는 포인터 선언임을 나타내는 기호입니다.

;int   *pA
포인터

그럼 포인터 pA에 변수의 어드레스를 저장해 보겠습니다.

Sample2.c ▶ 포인터에 어드레스를 저장

```
#include <stdio.h>

int main(void)
{
    int a;
    int *pA;          ① 포인터 pA를 선언합니다.

    a = 5;
    pA = &a;          ② 변수 a의 어드레스를 pA에 저장합니다.

    printf("변수 a의 값은 %d입니다. \n", a);
    printf("변수 a의 어드레스는 %p입니다. \n", &a);
    printf("포인터 pA의 값은 %p입니다. \n", pA);
                      ③ pA의 값(변수 a의 어드레스)을
    return 0;            출력합니다.
}
```

Lesson 9

Sample2 실행 화면

```
변수 a의 값은 5입니다.
변수 a의 어드레스는 0x00F4입니다.    포인터의 내용은 변수 a의 어드레스입니다.
포인터 pA의 값은 0x00F4입니다.
```

앞에서 본 것처럼 &a는 int형 변수 a의 어드레스를 나타내고 있습니다. 따라서 이 &a라는 값을 ②와 같이 포인터 pA에 대입할 수 있습니다.

```
pA = &a; ●────── [ 변수 a의 어드레스를 pA에 저장합니다. ]
```

즉, 이 대입으로

　포인터 pA에 변수 a의 어드레스를 저장하는

작업을 할 수 있었습니다. 따라서 포인터 pA의 값으로서 출력되는 값은 변수 a의 어드레스인 &a의 값과 같게 됩니다. 즉 ②와 같은 대입에 의해

　변수 a와 포인터 pA 사이에는 어떤 '관계'가 생겼다

고 볼 수 있습니다. 이 '관계'를

　pA는 변수 a를 지시한다

고 표현하기도 합니다. 이것은 일반적인 표현법은 아니지만 포인터 pA에는 변수 a의 메모리 내 위치(어드레스)가 저장되어 있다는 것을 의미합니다.

　pA(의 값)가 변수 a(의 장소)를 지시한다

고 생각하면 이해하기 쉬울 것입니다.

> 포인터에 어드레스를 저장할 수 있다.

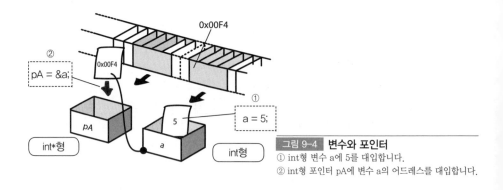

그림 9-4　**변수와 포인터**
① int형 변수 a에 5를 대입합니다.
② int형 포인터 pA에 변수 a의 어드레스를 대입합니다.

간접 참조

사실은 포인터에 변수 어드레스가 저장되면

그 포인터로부터 거꾸로 되짚어 가면 원래의 변수 값을 알 수 있습니다.

포인터로부터 변수의 값을 찾아가기 위해서는 포인터에 간접 참조 연산자(indirec-tion operator)인 * 연산자를 사용합니다.

 구문 **간접 참조 연산자**

*포인터 이름;

이 연산자를 사용하면 그 포인터에 저장되어 있는 어드레스에 대응하는 변수 값을 알 수 있습니다. 예를 들어 포인터 pA에 변수 a의 어드레스가 저장되어 있을 때

*pA

라고 표기하면 변수 a 값을 '간접적'으로 알 수 있습니다. 그럼 다음 코드로 확인해 보겠습니다.

Lesson 9

Sample3.c ▶ 간접 참조

```c
#include <stdio.h>
int main(void)
{
    int a;
    int *pA;

    a = 5;
    pA = &a;

    printf("변수 a의 값은 %d입니다. \n", a);
    printf("변수 a의 어드레스는 %p입니다. \n", &a);
```

변수 a의 어드레스를 pA에 저장합니다.

```
    printf("포인터 pA의 값은 %p입니다. \n", pA);
    printf("*pA의 값은 %d입니다. \n", *pA);

    return 0;
}
```

*를 사용하면 포인터가 지시하는 변수 값을 알 수 있습니다.

Sample3 실행 화면

변수 **a**의 값은 **5**입니다.
변수 **a**의 어드레스는 **0x00F4**입니다.
포인터 **pA**의 값은 **0x00F4**입니다.
*pA의 값은 **5**입니다.

포인터가 지시하고 있는 변수 값이 출력됩니다.

이 코드에서도 처음에 포인터 pA에 변수 a의 어드레스를 대입하고 있습니다. 즉 포인터 pA가 변수 a를 지시하고 있습니다. 그 후 pA에 * 연산자를 사용하면 변수 a의 값을 알 수 있습니다. pA에 *를 붙인 '*pA'는 변수 a와 같은 것을 나타내고 있습니다. 즉 다음 그림과 같습니다.

*pA ◄─── a
      같다

*pA의 값을 출력해 보면 변수 a 값인 '5'가 확실하게 출력되고 있습니다.

간접 참조 연산자 *에 의해 포인터가 지시하고 있는 변수의 값을 알 수 있다.

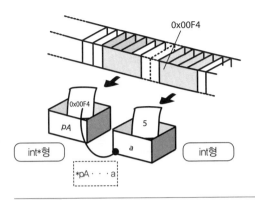

그림 9-5 간접 참조 연산자

포인터에 * 연산자를 사용하면 포인터가 지시하고 있는 변수의 값을 알 수 있습니다.

 포인터 정리

내용이 상당히 복잡해졌기 때문에 지금까지 배운 내용을 순서대로 정리해 보겠습니다. 먼저 변수 a와 그 어드레스 &a는 다음과 같이 표현합니다.

a	변수 a
&a	변수 a의 어드레스

여기에서 'pA = &a;'라고 대입합니다. 즉, 포인터 pA가 변수 a를 지시하면 pA와 *pA는 다음과 같이 됩니다.

pA	변수 a의 어드레스를 저장한 포인터
*pA	변수 a의 어드레스를 저장하는 포인터가 지시하는 변수 ⟶ 변수 a

마지막으로 다시 강조하지만 이곳이 가장 중요한 부분입니다. 'pA = &a;'라는 대입을 하지 않으면, pA와 *pA는 성립하지 않으니 주의하기 바랍니다.

포인터 선언

이 장에서 배운 포인터 선언을 기억하기 바랍니다.

```
int *pA;
```

여기에서 설명한대로 *pA와 int형의 변수 a가 같은 것을 나타낸다는 점을 생각하면 이 포인터 선언은

*pA는 int형이다

인 것을 알 수 있습니다. 포인터 그 자체와 *를 붙인 포인터의 차이점이 난해할 수도 있겠지만 의미를 파악해두면 이해하기 쉬울 것입니다.

또한 같은 내용을 포인터 쪽 시각에서

포인터 pA는 int *형이다

라고 부르는 경우도 있습니다.

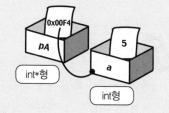

 # 포인터 값의 변경

지금까지 설명한대로 포인터는 어드레스를 저장하는 변수입니다. 그래서 이번에는 변수 a가 아닌 다른 변수 b의 어드레스를 pA에 저장하도록 포인터의 값을 변경해 보겠습니다.

Sample4.c ▶ 포인터 값의 변경

```c
#include <stdio.h>

int main(void)
{
```

```
    int a, b;
    int *pA;

    a = 5;
    b = 10;

    pA = &a;●────────────[ 변수 a의 어드레스를 대입합니다. ]

    printf("변수 a의 값은 %d입니다. \n", a);
    printf("포인터 pA의 값은 %p입니다. \n", pA);
    printf("*pA의 값은 %d입니다. \n", *pA);

    pA = &b;●────────────[ 변수 b의 어드레스를 대입합니다. ]

    printf("변수 b의 값은 %d입니다. \n", b);
    printf("포인터 pA의 값은 %p로 변경됐습니다. \n", pA);
    printf("*pA의 값은 %d입니다. \n", *pA);

    return 0;
}
```

Sample4 실행 화면

```
변수 a의 값은 5입니다.
포인터 pA의 값은 0x00F4입니다.────[ 처음에는 변수 a를 지시하고 있습니다. ]
*pA의 값은 5입니다. ●
변수 b의 값은 10입니다.
포인터 pA의 값은 0x00F0로 변경됐습니다. ●──[ 변수 b의 어드레스로 변경됐습니다. ]
*pA의 값은 10입니다. ●
                     [ 변수 b를 지시하고 있습니다. ]
```

Lesson
9

먼저 포인터 pA에 변수 a의 어드레스를 대입하고 있기 때문에 *pA의 값을 출력해 보면 변수 a의 값과 같은 '5'가 출력됩니다. 이것은 지금까지 살펴본 포인터와 같습니다.

그 다음에 'pA = &b;'라고 대입해서 포인터의 값을 변경해 봅니다. 이번에는 포인터 pA에 변수 b의 어드레스가 저장됩니다.

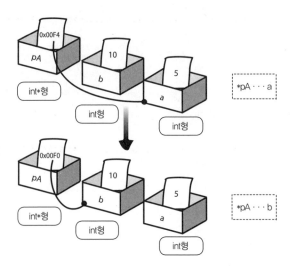

다시 한번 *pA를 출력해보면 이번에는 변수 b의 값과 같은 '10'이 출력됩니다. 즉, 포인터 pA가 변수 b을 지시하도록 변경됐습니다. 이와 같이 포인터 값을 변경해서 다른 변수를 지시할 수 있습니다.

포인터에는 여러 가지 변수의 어드레스를 저장할 수 있다.

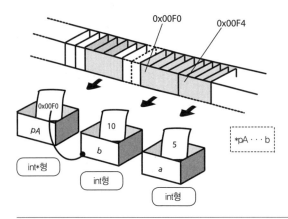

그림 9-6 **다른 변수의 어드레스 대입**

포인터에 다른 변수의 어드레스를 대입해서 값을 변경할 수 있습니다.

또한 포인터에는 지정한 형의 값의 어드레스 이외에는 원칙적으로 저장할 수 없습니다. pA의 경우 int형 이외의 값의 어드레스를 저장할 수 없기 때문에 주의하기 바랍니다.

포인터에 대입을 하지 않으면?

포인터를 취급할 때 주의할 점이 있습니다. 'pA = &a;'라는 대입을 하지 않고 *pA를 출력한 경우를 생각해 봅니다.

```
/* 이 코드는 오류 */
int a = 5;
int *pA;           ← pA에 대입하고 있지 않습니다.

printf("포인터 pA의 값은 %p입니다. \n", pA);
printf(" *pA의 값은 %d입니다. \n", *pA);
...                ← 어디를 지시하고 있는지
                     알 수 없습니다.
```

여기에는 'pA = &a;'라는 문은 없습니다. 즉, 포인터 pA에 어떤 어드레스도 저장되지 않습니다. 포인터가 아무것도 지시하지 않는 상태가 된 것입니다. 이러면 *pA라고 표기해도 의미 있는 값을 얻을 수 없습니다.

이와 같이 어디를 지시하고 있는지 모르는 포인터를 사용하면 프로그램을 실행할 때 생각지도 못한 에러가 발생할 수 있습니다.

포인터는 가능한 다음과 같이 초기화를 하도록 표기합니다.

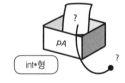

```
int a = 5;
int *pA = &a;      ← 포인터를 초기화합니다.
```

이와 같이 선언할 때 변수의 어드레스에서 초기화를 하면, 실수로 포인터에 값을 대입하지 않아도 포인터가 아무것도 지시하지 않는 상태를 방지할 수 있습니다.

Lesson 9

포인터에는 반드시 어드레스를 대입해서 사용한다.

포인터를 이용한 변수의 변경

포인터를 더욱 자세히 살펴보겠습니다. 사실 포인터를 사용하면 포인터가 지시하고 있는 변수의 값을 변경할 수 있습니다. 다음 코드를 보기 바랍니다.

Sample5.c ▶ 포인터를 이용한 변수의 변경

```c
#include <stdio.h>

int main(void)
{
    int a;
    int *pA;

    a = 5;
    pA = &a;

    printf("변수 a의 값은 %d입니다. \n", a);

    *pA = 50;          *pA, 즉 변수 a에 값을 대입했습니다.

    printf("*pA에 50을 대입했습니다. \n");
    printf("변수 a의 값은 %d입니다. \n", a);
                                            변수 a의 값을 출력해보면…

    return 0;

}
```

Sample5 실행 화면

```
변수 a의 값은 5입니다.
*pA에 50을 대입했습니다.             변수 a의 값이 변경됐습니다.
변수 a의 값은 50입니다.
```

이 코드에서는 변수 a의 값이 중간에 변경됐습니다. 그러나 이것은 제3장과 같이 'a = 50;'이라는 대입문을 표기해서 변수 a를 변경한 것이 아니고, '*pA = 50;'이라는 코드를 표기해서 변수 a를 변경한 것입니다. 이것은 포인터 pA가 a를 지시할 때 *pA와 a가 같은 점을 이용한 것입니다. 즉,

$$*pA \xleftrightarrow[\text{같다}]{} a$$

이기 때문에

$$*pA = 50; \xleftrightarrow[\text{같다}]{} a = 50;$$

라고 말할 수 있습니다. 'a = 50;'과 '*pA = 50;'은 모두 변수 a에 값을 저장하는 일을 합니다.

그러나 변수 a의 값을 변경할 목적이라면 *pA에 값을 대입하기보다 a에 직접 대입하는 편이 훨씬 간단할 것처럼 보입니다. 그럼 왜 이렇게 번거로운 방법을 사용하는 것일까요? 다음 절에서는 이 구조를 이용해서 포인터를 능숙하게 사용하는 방법을 배우겠습니다.

간접 참조 연산자 *를 사용해서 포인터가 지시하는 변수에 값을 대입할 수 있다.

Lesson
9

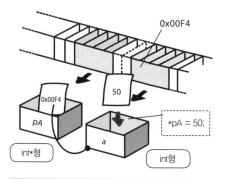

그림 9-7 *pA에 값을 대입

'*pA에 값을 대입'하는 것은 '포인터 pA가 지시하고 있는 변수 a에 값을 대입'하는 것입니다.

9.3 인수와 포인터

동작하지 않는 함수

먼저 포인터의 편리한 사용법을 배우기 전에 제8장에서 배운 '함수'를 생각하기 바랍니다. 이 장에서는 swap()라는 이름의 함수를 정의해 보겠습니다.

```
/* 잘못된 swap 함수의 정의 */
void swap(int x, int y)
{
    int tmp;

    tmp = x;
    x = y;         x와 y를 교환할 의도로 만든 함수입니다(①~③).
    y = tmp;
}
```

swap() 함수는 인수 x와 y를 교환·처리하는 함수로 작성했습니다. 이 함수 안에서는 다음과 같은 순서대로 변수 x와 y를 교환하고 있습니다.

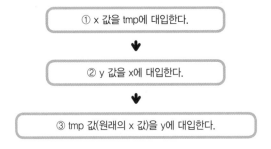

① x 값을 tmp에 대입한다.

↓

② y 값을 x에 대입한다.

↓

③ tmp 값(원래의 x 값)을 y에 대입한다.

변수 tmp를 매개로 x와 y를 교환하고 있습니다. 이것으로 x 값과 y 값이 당연히 교환될 것 같지만, 실제로 이 함수를 호출해보면 생각대로 처리가 이루어지지 않습니다.
swap() 함수를 실제로 사용해 보겠습니다.

Sample6.c ▶ 잘못된 함수의 사용

```
#include <stdio.h>

/* 잘못된 swap 함수의 선언 */
void swap(int x, int y);

int main(void)
{
   int num1 = 5;
   int num2 = 10;

   printf("변수 num1의 값은 %d입니다. \n", num1);
   printf("변수 num2의 값은 %d입니다. \n", num2);
   printf("변수 num1과 num2의 값을 교환합니다. \n");

   swap(num1, num2);    ● ── swap() 함수를 호출했지만…

   printf("변수 num1의 값은 %d입니다. \n", num1);
   printf("변수 num2의 값은 %d입니다. \n", num2);

   return 0;
}

/* 잘못된 swap 함수의 정의 */
void swap(int x, int y)
{
   int tmp;

   tmp = x;
   x = y;
   y = tmp;
}
```

Sample6 실행 화면

변수 **num1**의 값은 **5**입니다.
변수 **num2**의 값은 **10**입니다.
변수 **num1**과 **num2**의 값을 교환합니다.
변수 **num1**의 값은 **5**입니다. ┐
변수 **num2**의 값은 **10**입니다. ┘ └ 값은 교환되지 않습니다.

변수 num1과 num2를 교환하기 위해 swap() 함수를 호출해서 num1과 num2를 실인수로서 전달했지만, 실행 화면을 보면 변수 num1과 변수 num2의 값은 교환되지 않았습니다. 도대체 어떻게 된 것일까요?

 ## 함수에 인수를 전달하는 방법

이 비밀을 풀기 위해서는 함수에 인수를 전달하는 방법에 대해서 제8장을 다시 한 번 복습할 필요가 있습니다. 함수에 실인수를 전달할 때

실인수의 '값'만이 함수 안으로 전달

됩니다. 이와 같은 인수의 전달 방법을 값 전달(pass by value) 또는 값에 의한 전달이라고 합니다. 예를 들어 swap() 함수에서는 변수 num1과 num2의 값인 '5'와 '10'만이 함수로 전달됩니다.

그림 9-8을 보기 바랍니다. 함수 안에서 가인수 x와 y의 값을 교환해서 처리해도

이것은 변수 num1과 num2의 값을 '복사'한 5와 10을 교환한 것에 지나지 않습니다. 즉, swap() 함수 안에서 값을 교환해도 호출한 곳의 변수인 num1과 num2에는 영향을 미치지 않습니다.

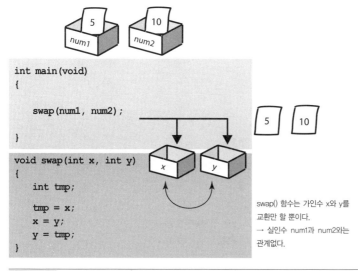

```
int main(void)
{

    swap(num1, num2);

}

void swap(int x, int y)
{
    int tmp;

    tmp = x;
    x = y;
    y = tmp;
}
```

swap() 함수는 가인수 x와 y를
교환만 할 뿐이다.
→ 실인수 num1과 num2와는
관계없다.

그림 9-8 함수 호출(값 전달)
일반적인 값 전달 방법에서는 호출한 곳의 실인수를 변경할 수 없습니다.

그런데 포인터를 잘 사용하면 함수를 호출할 때 지정한 인수의 값을 변경할 수 있습니다. 즉, 인수의 값을 변경하기 위해서는 swap() 함수의 가인수를 포인터로 정의할 필요가 있습니다. 다음과 같이 swap() 함수를 수정해보기 바랍니다.

```
/* swap 함수의 정의 */
void swap(int *pX, int *pY)           가인수를 포인터로 합니다.
{
    int tmp;

    tmp = *px;
    *px = *py;           포인터를 사용해서 값을 교환합니다.
    *px = tmp;
}
```

Lesson
9

이번에는 가인수에 포인터를 사용했습니다. 단, 함수 안에서는 *를 사용해서 포인터가 지시하고 있는 변수끼리 교환하기 때문에 앞서의 swap() 함수와 내용면에서는 같게 됩니다. 이 함수를 호출하면 가인수가 포인터이기 때문에 변수 어드레스를 인수로 전달합니다. 그럼 이번에는 어떻게 될까요?

Sample7.c ▶ 함수의 인수에 포인터를 사용

```
#include <stdio.h>

/* swap 함수의 선언 */
void swap(int *pX, int *pY);

int main(void)
{
   int num1 = 5;
   int num2 = 10;

   printf("변수 num1의 값은 %d입니다. \n", num1);
   printf("변수 num2의 값은 %d입니다. \n", num2);
   printf("변수 num1과 num2의 값을 교환합니다. \n");

   swap(&num1, &num2);  ●──── 어드레스를 전달해서 새로운 swap() 함수를 호출합니다.

   printf("변수 num1의 값은 %d입니다. \n", num1);
   printf("변수 num2의 값은 %d입니다. \n", num2);

   return 0;
}

/* swap 함수의 정의 */
void swap(int *pX, int *pY)
{
   int tmp;

   tmp = *pX;
   *pX = *pY;
   *pY = tmp;
}
```

Sample7 실행 화면

```
변수 num1의 값은 5입니다.
변수 num2의 값은 10입니다.
변수 num1과 num2의 값을 교환합니다.
변수 num1의 값은 10입니다.  ●──┐
변수 num2의 값은 5입니다.  ●──┴── 이번에는 확실히 교환됐습니다.
```

호출할 때 변수 num1과 num2의 어드레스(&num1, &num2)를 전달하면 이번에는 확실히 num1과 num2가 교환되는 것을 알 수 있습니다.

이와 같이 호출한 곳의 변수 값을 함수 안에서 변경하고 싶을 때는 가인수를 포인터로 지정합니다. 그리고 함수를 호출할 때 어드레스를 함수에 전달하면 가인수는 전달된 어드레스에서 초기화됩니다. 즉 num1과 num2의 어드레스가 포인터 pX, pY에 저장됩니다.

가인수		실인수
pX	←	num1의 어드레스
pY	←	num2의 어드레스

9.2절에서 설명한대로 포인터에 ＊를 붙이면 그 포인터가 지시하고 있는 변수와 같은 것을 나타냅니다. 즉,

*pX나 *pY는 num1, num2와 같은 것을 나타낸다

고 생각할 수 있습니다. 9.2절처럼 표기해보면 여기에서는

*pX(가인수 쪽) ◄─── 같다 ───► num1(실인수 쪽)

*pY(가인수 쪽) ◄─── 같다 ───► num2(실인수 쪽)

라는 관계가 성립합니다. 따라서 이 함수에서는

가인수 쪽 *pX, *pY를 변경한다 ◄─── 같다 ───► 실인수 쪽 num1, num2를 변경한다

와 같이 됩니다.

그림 9-9를 보기 바랍니다. 이번에는 가인수와 실인수 사이에 특별한 관계가 성립하기 때문에 함수 호출에 의해 호출한 곳의 변수 값을 교환할 수 있습니다. 앞의 함수에서는 복사된 실인수의 값이 가인수에 전달되었고, 가인수와 실인수는 아무런 관계도 없었습니다. 이와 같이 포인터를 함수의 가인수로서 사용하면 실인수의 값을 변경할 수 있습니다.

또한 함수가 호출될 때 실인수의 어드레스가 함수에 전달되는 것을 참조 전달(pass

Lesson
9

by reference) 또는 참조에 의한 전달이라고 합니다. 여기에서 소개한 포인터를 사용한 함수는 어드레스를 지정해서 함수에 전달하기 위해, 실질적으로 참조 전달 함수로 되어 있습니다.

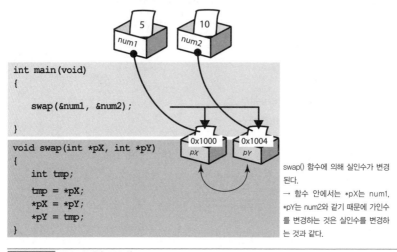

```
int main(void)
{
    swap(&num1, &num2);
}
void swap(int *pX, int *pY)
{
    int tmp;
    tmp = *pX;
    *pX = *pY;
    *pY = tmp;
}
```

swap() 함수에 의해 실인수가 변경된다.
→ 함수 안에서는 *pX는 num1, *pY는 num2와 같기 때문에 가인수를 변경하는 것은 실인수를 변경하는 것과 같다.

그림 9-9 함수 호출(포인터)

가인수에 포인터를 사용하면 실인수를 변경할 수 있습니다.

포인터 사용법

이와 같이 C 언어에서 포인터를 사용하면 전달한 실인수를 변경하는 함수를 작성할 수 있습니다. 인수에 포인터를 사용하는 방법은 특히 호출한 곳의 '여러 개'의 변수를 함수 안에서 직접 변경하고 싶을 때 편리합니다.

그럼 왜 '여러 개'의 변수를 함수 안에서 변경할 때 포인터를 사용할까요? 만약 호출한 곳의 변수를 '1개'만 변경하고 싶을 때는 반환 값의 구조를 사용하면 됩니다. 왜냐하면 변경 후의 값을 반환 값으로 1개만 함수로부터 반환 받아서 변수에 대입하면 되기 때문입니다. 따라서 여러 개의 변수를 변경할 때는 포인터를 사용하는 것이 좋습니다. 포인터에는 여기에서 살펴본 방법 이외에도 다양한 사용법이 있습니다.

> 원칙적으로 함수 안에서 실인수를 변경할 수 없다.
> 포인터를 사용하면 함수 안에서 실인수를 변경할 수 있다.

실인수를 변경하고 싶지 않을 경우?

그런데 포인터를 사용해도 반드시 실인수를 변경할 필요는 없습니다. 함수 내용에 따라서는 포인터를 사용하고 있어도 실인수를 변경하고 싶지 않을 경우도 있습니다.

이때 함수 안에서 실인수의 값을 변경하지 않는다고 확실히 표시하기 위해서 가인수에 const라는 지정을 사용합니다.

```
void func(const int *pX)
```
> const를 붙이면 함수 안에서는 실인수를 변경할 수 없습니다.

const를 사용한 경우 함수 안에서 인수를 변경하면 에러가 발생합니다.

```
/* func 함수의 정의 */
void func(const int *pX)
{                        ──── const를 붙이면…

    printf("%d를 출력합니다. \n", *pX);

    /* *pX = 10; */ ●  ──── 실인수를 변경할 수 없습니다.
}
```

Lesson
9

위 func() 함수 안에서는 인수를 변경할 수 없습니다. const는 지정하든 지정하지 않든 상관없습니다. 그러나 지정하면 실인수를 변경하지 않는다는 것을 확실히 표시할 수 있고, 오류가 발생하지 않는 코드를 표기할 수 있습니다.

이 장에서는 다음과 같은 내용을 배웠습니다.

- 어드레스는 메모리 상의 위치를 직접 나타냅니다.
- 포인터는 특정한 어드레스를 저장하는 변수입니다.
- 어드레스 연산자(&)를 사용하면 포인터가 지시하고 있는 변수의 값을 얻을 수 있습니다.
- 포인터에 간접 참조 연산자(*)를 사용하면 포인터가 지시하고 있는 변수의 값을 얻을 수 있습니다.
- 인수는 원칙적으로 '값 전달' 방식으로 함수에 전달됩니다.
- 함수의 가인수에 포인터를 사용하면 호출한 곳의 실인수를 변경할 수 있습니다.
- 가인수에 const를 지정하면 실인수를 변경할 수 없게 됩니다.

포인터를 사용하면 메모리 상의 위치를 직접 나타낼 수 있습니다. 포인터를 사용해서 함수의 인수를 참조 전달로 하는 방법도 배웠습니다. 포인터의 개념은 까다롭지만 서두르지 말고 천천히 하나씩 학습하기 바랍니다.

연습

1. 다음 항목에 대해서 O나 X로 대답하시오.

① 다음 코드를 작성하면 모든 컴퓨터에서 같은 결과가 출력된다.

```
#include <stdio.h>

int main(void)
{
    int a = 5;

    printf("변수 a의 어드레스는 %p입니다. \n", &a);

    return 0;
}
```

② 포인터를 선언한 후, 그 포인터에 다른 문의 변수 어드레스를 대입할 수 있다.

③ int *형 포인트에는 int형 수치를 대입할 수 있다.

2. 다음 코드 안의 빈칸(①~③)을 채우시오.

```
#include <stdio.h>

int main(void)
{
    int a;
    int *pA;

    a = 5;
      ① = &a;

    printf("변수 a의 값은 %d입니다. \n", a);
    printf("변수 a의 어드레스는  ②  입니다. \n", &a);
    printf("포인터 pA의 값은  ②  입니다. \n",  ③  );

    return 0;
}
```

3. 2과목의 시험 점수(x1, x2)에 a점씩을 더하는 함수 add() 함수를 포인터를 사용해서 정의하시오. 키보드로부터 x1, x2, a를 입력하고, 다음과 같이 출력하는 코드를 표기하시오.

> 두 과목의 점수를 입력하세요.
> **78** ↵
> **65** ↵
> 더할 점수를 입력하세요.
> **12** ↵
> **12**점을 더했기 때문에
> 과목 **1**은 **90**점이 됐습니다.
> 과목 **2**는 **77**점이 됐습니다.

Lesson 10

배열 · 포인터의 응용

지금까지 배운 배열과 포인터는 매우 밀접한 관계가 있습니다. C 언어에서는 이 배열과 포인터의 관계를 이용해서 코드를 작성하는 경우가 있습니다. 이 장에서는 배열이나 포인터에 대해서 더욱 자세히 배우겠습니다. 이 장에서 배운 내용을 사용하면 수준 높은 C 언어 코드를 작성할 수 있습니다.

Check Point

- 배열과 포인터의 관계
- 인수와 배열
- 문자열과 포인터
- 표준 라이브러리 함수
- strlen() 함수, strcpy() 함수, strcat() 함수, strcmp() 함수
- malloc() 함수, free() 함수

10.1 배열과 포인터의 관계

배열 요소의 어드레스

지금까지 변수, 배열, 포인터, 함수 등 여러 가지 C 언어의 구조에 대해서 배웠습니다. C 언어에는 이 가운데 포인터와 배열의 밀접한 관계를 이용해서 코드를 작성하는 경우가 있습니다. 따라서 이 장에서는 이런 관계에 대해서 자세히 배워보겠습니다.

먼저 제9장에서 사용한 어드레스 연산자(&)를 사용해서 배열의 각 요소의 어드레스를 검사하겠습니다. 배열이란 메모리 안에 값을 저장하기 위한 구조입니다.

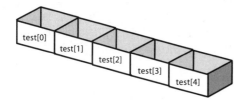

변수와 마찬가지로 배열의 각 요소에 & 연산자를 사용할 수 있습니다. 즉, 다음과 같이 배열 요소에 & 연산자를 사용하면 그 요소의 값이 저장되어 있는 어드레스를 알 수 있습니다.

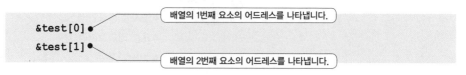

위 표기에서 배열의 1번째 요소(test[0]), 2번째 요소(test[1])의 값이 저장되어 있는 메모리 상의 어드레스를 알 수 있습니다. 다음 코드를 입력해서 확인하기 바랍니다.

Sample1.c ▶ 배열 요소의 어드레스

```
#include <stdio.h>

int main(void)
{
    int test[5] = {80, 60, 55, 22, 75};

    printf("test[0]의 값은 %d입니다. \n", test[0]);
    printf("test[0]의 어드레스는 %p입니다. \n", &test[0]);
    printf("test[1]의 값은 %d입니다. \n", test[1]);
    printf("test[1]의 어드레스는 %p입니다. \n", &test[1]);

    return 0;
}
```

> 배열의 1번째 요소의 어드레스를 출력합니다.

> 배열의 2번째 요소의 어드레스를 출력합니다.

Sample1 실행 화면

```
test[0]의 값은 80입니다.
test[0]의 어드레스는 0x00E4입니다.
test[1]의 값은 60입니다.
test[1]의 어드레스는 0x00E8입니다.
```

변수와 마찬가지로 각각의 배열 요소에 & 연산자를 붙이면 요소의 어드레스를 출력할 수 있습니다. 배열은 그림과 같이 메모리 상에 연속해서 상자가 나열되는 이미지로 표현할 수 있습니다.

Lesson 10

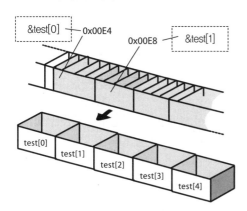

&test[0] ── 0x00E4   0x00E8 ── &test[1]

test[0] test[1] test[2] test[3] test[4]

그림 10-1 배열 요소의 어드레스
배열 요소에 &을 붙이면 각 요소의 어드레스를 알 수 있습니다.

배열 이름

배열에서는 특별한 표기법으로 배열 요소의 어드레스를 나타낼 수 있습니다. 즉 '배열 이름'을 표기만해도 배열 1번째 요소의 어드레스를 나타낼 수 있습니다.

test ●────[배열의 1번째 요소의 어드레스를 나타냅니다.]

[]나 첨자를 사용해서도 안 되고, & 연산자도 필요 없습니다. 이 표기의 구조를 알기 위해 다음 코드를 입력합니다.

Sample2.c ▶ 배열 이름의 사용

```c
#include <stdio.h>

int main(void)
{
    int test[5] = {80, 60, 55, 22, 75};

    printf("test[0]의 값은 %d입니다. \n", test[0]);
    printf("test[0]의 어드레스는 %p입니다. \n", &test[0]);
    printf("test의 값은 %p입니다. \n", test);

    return 0;
}
```

'배열 이름'으로 배열 1번째 요소의 어드레스를 나타냅니다.

Sample2 실행 화면

```
test[0]의 값은 80입니다.
test[0]의 어드레스는 0x00E4입니다.
test의 값은 0x00E4입니다. ●
```
배열 1번째 요소의 어드레스입니다.

출력 결과를 보기 바랍니다. 'test'의 값이 앞에서 출력한 &test[0]과 같음을 알 수 있습니다. 이와 같이 'test'라는 배열 이름만으로 배열 1번째 요소인 test[0]의 어드레스를 나타낼 수 있습니다.

배열 이름으로 배열 1번째 요소의 어드레스를 나타낼 수 있다.

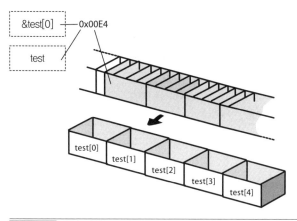

그림 10-2 배열 이름

배열 이름으로 배열 1번째 요소의 어드레스를 나타낼 수 있습니다.

배열 이름과 1번째 요소의 값

이와 같이 배열 이름이 1번째 요소의 어드레스를 나타내기 때문에

배열 이름은 배열 1번째 요소의 어드레스를 저장하고 있는 포인터와 같은 역할

을 합니다. 배열 이름은 배열 1번째 요소를 지시하는 포인터처럼 사용할 수 있습니다.

test ●─────(배열 1번째 요소를 지시하는 포인터처럼 사용할 수 있습니다.)

그런데 제9장에서도 배운 것처럼 포인터에 간접 참조 연산자(*)를 사용하면 그것이 지시하고 있는 변수의 값을 알 수 있었습니다. 배열 이름 test에 *를 붙인 경우도 마찬가지로 배열 1번째 요소인 test[0]의 값을 나타낼 수 있습니다.

다음 코드를 입력해서 확인해 봅니다.

Sample3.c ▶ 배열 이름과 1번째 요소의 값

```c
#include <stdio.h>

int main(void)
{
    int test[5] = {80, 60, 55, 22, 75};

    printf("test[0]의 값은 %d입니다. \n", test[0]);
    printf("test[0]의 어드레스는 %p입니다. \n", &test[0]);
    printf("test의 값은 %p입니다. \n", test);
    printf("즉 *test의 값은 %d입니다. \n", *test);

    return 0;
}
```

> 배열 이름에 *를 붙이면…

Sample3 실행 화면

```
test[0]의 값은 80입니다.
test[0]의 어드레스는 0x00E4입니다.
test의 값은 0x00E4입니다.
즉 *test의 값은 80입니다.
```

> 배열 1번째 요소를 나타낼 수 있습니다.

이 코드는 앞의 코드에 1줄을 추가한 것입니다. 배열 이름인 test에 *를 붙이면 배열 1번째 요소의 값이 출력되고 있음을 알 수 있습니다. 이와 같이 배열 이름은 1번째 요소의 어드레스를 저장한 포인터(1번째 요소의 포인터)처럼 취급할 수 있습니다.

그러면 지금까지 배운 내용을 다음 표에 정리해 보겠습니다.

test	&test[0]	→ 배열 1번째 요소의 어드레스
*test	test[0]	→ 배열 1번째 요소의 값

배열 이름에 *를 붙여서 배열 1번째 요소의 값을 나타낼 수 있다.

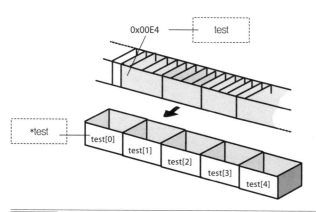

그림 10-3 배열 이름과 1번째 요소

배열 이름에 *를 붙이면 배열의 1번째 요소의 값을 나타낼 수 있습니다.

 포인터 연산

배열 이름은 배열의 1번째 요소의 포인터로서 사용할 수 있습니다. 그런데 C 언어에서는 포인터가 배열과 밀접한 관계를 가질 때 포인터에 대해서 표 10-1과 같은 연산을 할 수 있습니다.

표 10-1 : 포인터 연산

연산자	포인터 연산의 예(단 p, p1, p2는 포인터)	
+	p+1	p가 지시하는 요소의 다음 요소의 어드레스를 얻는다.
−	p−1	p가 지시하는 요소의 이전 요소의 어드레스를 얻는다.
	p1−p2	p1과 p2 사이의 요소 수를 얻는다.
++	p++	p가 지시하는 다음 요소의 어드레스를 얻는다.
−−	p−−	p가 지시하는 이전 요소의 어드레스를 얻는다.

포인터 연산은 제4장에서 배운 사칙연산 등의 계산과는 다소 다릅니다. 예를 들어 + 연산자를 보기 바랍니다. + 연산자를 사용해서 'p+1'이라는 계산을 하면

p가 지시하는 '하나 뒤의 요소'의 어드레스를 얻는

연산이지, '어드레스의 값에 1을 더하는' 계산은 아닙니다.

그럼 다음 예를 보면서 포인터 연산을 해보겠습니다.

Sample4.c ▶ 포인터 연산

```c
#include <stdio.h>

int main(void)
{
    int test[5] = {80, 60, 55, 22, 75};

    printf("test[0]의 값은 %d입니다. \n", test[0]);
    printf("test[0]의 어드레스는 %p입니다. \n", &test[0]);
    printf("test의 값은 %p입니다. \n", test);
    printf("test+1의 값은 %p입니다. \n", test+1);
    printf("*(test+1)의 값은 %d입니다. \n", *(test+1));

    return 0;
}
```

1번째 요소 '다음' 요소의 어드레스를 나타냅니다.

1번째 요소 '다음' 요소의 어드레스를 나타냅니다.

Sample4 실행 화면

test[0]의 값은 80입니다.
test[0]의 어드레스는 0x00E4입니다.
test의 값은 0x00E4입니다.
test+1의 값은 0x00E8입니다.
*(test+1)의 값은 60입니다.

2번째 요소의 어드레스가 됩니다.

2번째 요소의 값이 됩니다.

위에서는 + 연산자를 사용해서 포인터의 덧셈을 했습니다. test에 1을 더한 'test+1'을 출력하면

하나 뒤의 요소인 배열 2번째 요소의 어드레스

가 출력됩니다. 또한 * 연산자를 사용해서 *(test+1)을 검사하면 배열 2번째 요소의
값을 알 수 있습니다.

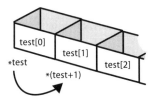

*(test+1)은 배열 2번째 요소인 test[1]과 같은 의미가 됩니다. 이것을 다음과 같이
표로 정리했습니다. 표와 같이 배열은 인덱스를 사용한 표기와 포인터의 덧셈을 사용한 표기
를 이용해서 같은 요소를 나타낼 수 있습니다.

*test	test[0]	→ 배열의 1번째 요소의 값
*(test+1)	test[1]	→ 배열의 2번째 요소의 값
*(test+2)	test[2]	→ 배열의 3번째 요소의 값
. . .	. . .	. . .

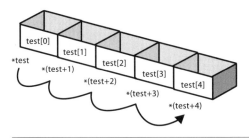

그림 10-4 **포인터 연산**

배열 이름(포인터)에 + 연산자를 사용하면 더한 수만큼 뒤의 요소를 나타낼 수 있습니다.

Lesson
10

중요

포인터와 배열이 밀접한 관계를 가질 때 포인터 연산을 할 수 있습니다.

배열 이름을 사용할 때 주의할 점

지금까지 설명한대로 배열 이름은 배열 1번째 요소의 어드레스를 저장하는 포인터와 같다고 생각할 수 있습니다. 단, 이 포인터는 일반적인 포인터와 다른 점이 있습니다. 그것은

배열 이름으로 나타내는 포인터에는
다른 변수의 어드레스를 대입할 수 없다

는 것입니다. 다음의 코드를 보기 바랍니다.

```
#include <stdio.h>

int main(void)
{
    int a = 5;
    int test[5] = {80, 60, 55, 22, 75};

    /* 오류 */
    /* test = &a; */
    
    return 0;
}
```

다른 어드레스를 대입할 수 없습니다.

제9장에서 배운 것처럼 일반적인 포인터에는 다른 변수의 어드레스를 대입할 수 있었지만 배열 이름은 그 배열의 1번째 이외의 어드레스를 나타낼 수 없습니다. 즉, 변수 a의 어드레스를 test에 대입할 수 없기 때문에 주의하기 바랍니다.

10.2 인수와 배열

함수의 배열 인수

배열과 포인터는 밀접한 관계가 있다는 것을 알았습니다. 이 절부터는 배열과 포인터의 관계를 이용한 다양한 코드를 살펴보겠습니다. 먼저 다음과 같은 코드를 작성해서 배열을 함수의 인수로 사용하는 코드를 살펴보겠습니다.

Sample5.c ▶ 함수의 배열 인수

```c
#include <stdio.h>

/* avg 함수의 선언 */
double avg(int t[]);
                        ┌─────────────────────────────┐
                        │ 배열을 함수의 인수로서 사용합니다. │
                        └─────────────────────────────┘
int main(void)
{

    int test[5];
    int i;
    double ans;

    printf("5명의 시험 점수를 입력하세요. \n");

    for(i=0; i<5; i++){
        scanf("%d", &test[i]);
    }                    ┌─────────────────────────────┐
                         │ 배열 이름(배열 1번째 요소의 어드레 │
                         │ 스)을 실인수로 전달합니다.        │
    ans = avg(test);     └─────────────────────────────┘

    printf("5명의 평균은 %lf점입니다. \n", ans);
```

Lesson
10

```
    return 0;
}

/* avg 함수의 정의 */
double avg(int t[])
{
    int i;
    double sum;

    sum = 0.0;

    for(i=0; i<5; i++){
        sum += t[i];
    }

    return sum/5;
}
```

배열을 이용합니다.

Sample5 실행 화면

```
5명의 시험 점수를 입력하세요.
80 ↵
60 ↵
55 ↵
22 ↵
75 ↵
5명의 평균은 58.400000점입니다.
```

  5명 시험 점수의 평균 점수를 반환하는 avg() 함수에서는 배열 인수를 사용하고 있습니다. 이때 가인수에는 t[]라고 표기하고, 실인수로 배열 이름 test를 표기해서 전달하고 있습니다. 이와 같이 배열 인수를 사용할 때는 실인수로 배열 이름을 전달합니다.

  앞에서 배운 것처럼 배열 이름과 1번째 요소의 어드레스를 나타내기 때문에 함수에는 배열의 각 요소 값이 아닌 배열 1번째 요소의 어드레스를 전달하는 방법을 사용합니다. 따라서 배열은 '참조 전달'로 전달됩니다. 함수 안에서 배열을 변경할 때 제9장에서 살펴본 구조에 의해 실인수의 배열 값이 직접 변경됩니다.

중요 배열 인수를 사용할 때 배열 1번째 요소의 어드레스를 실인수로 전달한다.

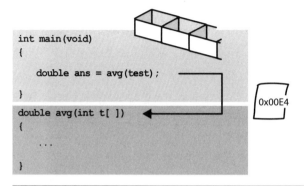

```
int main(void)
{
    double ans = avg(test);
}
double avg(int t[ ])
{
    ...
}
```

0x00E4

그림 10-5 인수와 배열

인수로 배열을 사용하기 위해 배열 1번째 요소의 어드레스를 실인수로 전달합니다.

 함수의 포인터 인수

10.1절에서 배운 배열과 포인터의 밀접한 관계를 사용하면 같은 함수를 포인터처럼 표기할 수 있습니다. 다음 코드를 보기 바랍니다.

```
/* avg 함수의 선언 */
double avg(int *pT);
...

/* avg 함수의 정의 */
double avg(int *pT)          가인수를 포인터로 표기할 수도 있습니다.
{
    int i;
    double sum;

    sum = 0.0;

    for(i=0; i<5; i++){        배열을 포인터 연산의 표기에서
        sum += *(pT+i);        이용할 수 있습니다.
    }
```

Lesson 10

```
    return sum/5;
}
```

이 함수의 가인수는 포인터 pT로 표기했습니다. 이때 호출한 곳으로부터 배열 1번째 요소의 어드레스가 전달되면 포인터 pT가 그 어드레스로 초기화됩니다. 따라서 함수 안에서는 포인터 pT에 대해서 포인터 연산을 하고, 배열 요소를 순서대로 처리할 수 있게 됩니다.

즉, 이 avg() 함수는 Sample5의 avg() 함수 대신에 사용할 수 있습니다. 다음 코드는 avg() 함수를 사용해서 작성한 코드입니다.

Sample6.c ▶ 함수의 포인터 인수

```c
#include <stdio.h>

/* avg 함수의 선언 */
double avg(int *pT);

int main(void)
{
    int test[5];
    int i;
    double ans;

    printf("5명의 시험 점수를 입력하세요. \n");

    for (i=0; i<5; i++){
        scanf("%d", &test[i]);
    }

    ans = avg(test);

    printf("5명의 평균은 %lf점입니다. \n", ans);

    return 0;
}
```

```
/* avg 함수의 정의 */
double avg(int *pT)
{                                   ┌─ 가인수를 포인터로 표기해서…
    int i;
    double sum;

    sum = 0.0;

    for(i=0; i<5; i++){
        sum += *(pT+i);
    }                               ┌─ 포인터 연산에 따라 취급합니다.
    return sum/5;
}
```

avg() 함수를 사용하고 있는 부분의 코드는 Sample5와 완전히 같습니다. 배열을
받는 함수는 이와 같이 포인터로 표기한 가인수를 이용하는 경우가 자주 있습니다.

실인수로서 배열 1번째 요소의 어드레스를 전달할 때, 가인수로서 포인터를 표기할
수 있다.

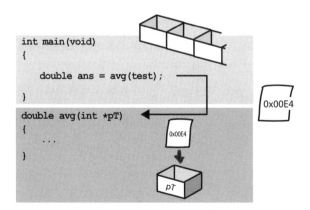

그림 10-6 포인터를 이용한 표기

가인수로서 포인터를 사용하고, 배열 1번째 요소의 어드레스를 받을 수 있습니다.

Lesson
10

포인터와 [] 연산자

지금까지 배열 이름을 1번째 요소의 포인터(1번째 요소의 어드레스를 저장한 포인터)로서 취급했지만, 반대로

포인터에 []를 사용해서 배열처럼 표기

하는 것도 가능합니다. 예를 들어 앞의 avg() 함수 안의 포인터 pT를 보기 바랍니다. 이 포인터를 표기할 때 []를 사용해서 다음과 같이 표기할 수 있습니다.

pT [2] ● ⎯⎯⎯⎯(포인터에 [ ]를 사용할 수 있습니다.)

이 []를 인덱스 연산자 또는 첨자 연산자(subscript operator)라고도 합니다. 이와 같이 포인터에 []를 사용한 표기는

포인터 pT가 지시하고 있는 요소부터 2번째 뒤의 요소

를 나타내고 있습니다. 포인터가 배열을 지시하고 있을 때는 포인터에 []를 붙여서 그것이 지시하고 있는 요소를 나타낼 수 있습니다. 마치 배열과 같은 표기가 됩니다.
단 []를 사용할 수 있는 것은

포인터와 배열이 밀접한 관계를 가질 때 뿐

이므로 주의하기 바랍니다. 이 함수에서는 실인수로서 배열 1번째 요소의 어드레스가 전달되기 때문에 []를 사용할 수 있습니다. 다른 포인터에 []를 사용하면 프로그램을 실행할 때 생각지 못한 에러가 발생할 수도 있습니다.
다음 코드는 앞에서 작성한 avg() 함수 안의 포인터에 []를 사용해서 배열처럼 나타낸 것입니다.

```c
#include <stdio.h>

/* avg 함수의 선언 */
double avg(int *pT);

int main(void)
{
    int test[5];
    int i;
    double ans;

    printf("5명의 시험 점수를 입력하세요. \n");

    for(i=0; i<5; i++){
        scanf("%d", &test[i]);
    }

    ans = avg(test);

    printf("5명의 평균은 %1f점입니다. \n", ans);

    return 0;
}

/* avg 함수의 정의 */
double avg(int *pT)
{
    int i;
    double sum;

    sum = 0.0;

    for(i=0; i<5; i++){
        sum += pT[i];
    }
    return sum/5;
}
```

포인터에 []를 사용한 표기를 할 수 있습니다.

Lesson
10

315

　반복문 안에서 pT[i]라고 표기해서 포인터 pT가 지시하는 배열의 요소를 순서대로 출력하고 있습니다. 즉 이 함수는 앞의 avg() 함수와 완전히 같은 처리를 할 수 있습니다. 이와 같이 포인터와 배열이 밀접한 관계를 가질 때만 포인터를 배열처럼 취급할 수 있습니다.

> 포인터와 배열이 밀접한 관계를 가질 때 포인터에 []를 붙여서 표기할 수 있다.

10.3 문자열과 포인터

포인터를 이용한 문자열 출력

배열과 포인터의 관계를 이해했습니까? 이 절에서는 배열과 포인터가 밀접한 관계를 갖는 C 언어의 문자열에 대해서 다시 한번 자세히 알아보겠습니다.

문자열은 제7장에서 이미 설명했습니다. 문자열을 취급하는 코드는 실제로 자주 작성되는 코드이기 때문에 배열이나 포인터를 사용해서 문자열을 자유자재로 취급할 수 있도록 학습합니다.

그럼 먼저 문자열을 복습해 보겠습니다. 제7장에서는 문자열이 char형인 배열이라고 배웠습니다.

```
char str[] = "Hello";
```
배열로 문자열을 초기화해서 취급할 수 있습니다.

문자열은 char형 포인터(char형 변수의 어드레스를 저장한 포인터)를 이용해서 취급할 수도 있습니다. 즉 다음 코드와 같이 문자열을 취급할 수 있습니다.

```
char *str = "Hello";
```
문자열의 장소를 지시하는 포인터를 취급할 수 있습니다.

다음에서 str은 char형 포인터를 나타내고 있습니다. 단 char형 포인터에 대입할 때는 문자열을 배열로 취급할 때와는 다릅니다. 포인터를 이용할 경우 " "를 사용해서 메모리 상의 어딘가 다른 장소에 문자열을 저장하고, 그 장소를 지시하도록 합니다.

Lesson
10

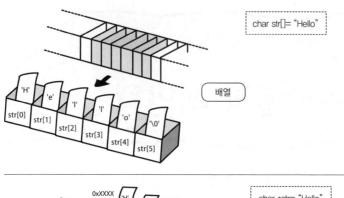

char str[]= "Hello"

배열

'H' 'e' 'l' 'l' 'o' '\0'
str[0] str[1] str[2] str[3] str[4] str[5]

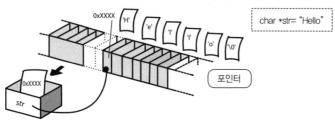

0xXXXX 'H' 'e' 'l' 'l' 'o' '\0'

char *str= "Hello"

포인터

0xXXXX

str

그림 10-7 문자열 취급

char str[]= "Hello" (배열)로 문자열을 취급할 수 있습니다(위).
char *str= "Hello" (포인터)로 문자열을 취급할 수 있습니다(아래).

char형 포인터를 이용해서 제7장과 마찬가지로 문자열을 출력할 수 있습니다. 다음
코드로 확인해보기 바랍니다.

Sample8.c ▶ 포인터를 이용한 문자열 출력

```
#include <stdio.h>

int main(void)
{
    char *str = "Hello";          포인터를 이용해서 문자열을 취급합니다.

    printf("문자열은 %s입니다. \n", str);
                                   포인터를 사용해서 문자열을
    return 0;                      출력할 수 있습니다.
}
```

Sample8 실행 화면

문자열은 **Hello**입니다.

제7장에서는 다음과 같이 배열을 이용해서 문자열을 출력했습니다.

```
#include <stdio.h>

int main(void)
{
    char str[] = "Hello";        배열을 이용해서 문자열을 취급합니다.

    printf("문자열은 %s입니다. \n", str);
                                  배열을 이용해서 문자열을 출력
                                  할 수 있습니다.
    return 0;
}
```

위 두 가지 코드의 실행 결과는 같습니다. 즉 배열이나 포인터를 이용해서 문자열을 취급할 경우 같은 방법으로 출력할 수 있습니다.

 ## 배열과 포인터의 차이점

배열과 포인터를 이용해서 문자열을 출력할 때는 몇 가지 주의할 점이 있습니다. 배열을 사용해서 문자열을 저장할 때는 다음과 같이 " "를 사용해서 초기화한 후, 다시 문자열 전체를 배열에 대입할 수 없습니다.

```
char str[] = "Hello";
/* str = "Goodbye"; */        배열에 대입할 수 없습니다.
```

그러나 문자열을 " "를 사용해서 포인터로 취급할 수 있도록 저장한 경우, 다시 " "를 사용해서 취급할 문자열을 변경할 수 있습니다.

```
char *str[] = "Hello";
str = "Goodbye";
```

다른 장소에 있는 문자열을 지시하도록 변환할 수 있습니다.

이 코드에서는 1번째 줄에서 포인터 str가 "Hello"를 지시하고 있습니다. 2번째 줄에서 str은 "Goodbye"를 지시하도록 변경할 수 있습니다.

그림 10-8을 보기 바랍니다. 포인터의 경우 다른 장소에 저장된 문자열을 지시하기 때문에 포인터가 지시하는 곳을 변경하면 취급하는 문자열을 변경할 수 있게 됩니다.

배열 이름에 대입할 수 없다.

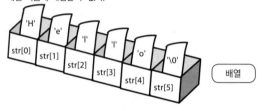

포인터에 대입하면 포인터가 지시하는 곳을 변경할 수 있다.

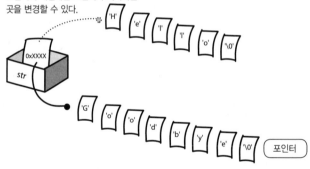

그림 10-8 **배열과 포인터의 차이점**

문자열을 배열로 취급할 때는 배열 이름에 대입해서 문자열을 변경할 수 없습니다(위).
문자열을 포인터로 취급할 때는 포인터에 대입해서 지시하는 문자열을 변경할 수 있습니다(아래).

또한 여기에서는 출력 방법에 대해서 설명했지만 문자열을 입력할 때는 배열을 선언해서
문자열을 저장할 영역을 확실하게 확보해두어야 합니다.

```
char str[100];          ← 문자열을 저장할 배열을 준비합니다.
...
scanf("%s", str);       ← 배열에 문자열을 저장합니다.
```

포인터는 " "등을 사용해서 다른 장소에 저장되어 있는 문자열을 지시하기 위한 것
입니다. 다음과 같이 포인터를 이용해서 입력하는 방법은 사용할 수 없습니다.

```
char *str;
...                     ← 저장할 수 없습니다.
scanf("%s", str);
```

문자열은 배열과 포인터 2가지를 이용할 수 있지만 구조의 차이점에 주의하면서 코
드를 작성하기 바랍니다.

배열의 문자열 저장

여기에서 살펴본 것처럼 배열을 이용해서 문자열을 취급할 때 초기화를 한 후 " "를 사용해
서 한번에 대입할 수는 없습니다. 배열을 사용해서 문자열을 취급할 때는 하나씩 문자를 저장
할 필요가 있습니다.

그러나 이런 방법은 문자열을 능숙하게 구사하기 위한 좋은 방법이 아닙니다. 따라서 10.4절
에서 소개할 표준 라이브러리 함수 가운데 배열로 문자열을 한번에 복사 처리하는 함수를 이용
합니다.

Lesson
10

문자열 배열의 배열

프로그램 안에서 여러 개의 문자열을 모아서 배열로 취급할 수 있으면 편리한 경우가 있습니다. 이번에는 배열을 이용해서 여러 개의 문자열을 취급하는 방법에 대해서 설명하겠습니다.

> "Hello"
> "Goodbye"
> "Thankyou"
> ...
>
> 배열을 이용해서 여러 개의 문자열을 취급할 수 있으면 편리합니다.

문자열 자체가 char형 배열이기 때문에 이와 같은 문자열의 배열은 제7장에서 배운 2차원 배열로 취급할 수 있습니다. 그럼 코드를 작성해 보겠습니다.

Sample9.c ▶ 문자열을 취급하는 배열의 배열

```
#include <stdio.h>

int main(void)
{
    char str[3][20] = {"Hello", "Goodbye", "Thankyou"};
    int i;

    for(i=0; i<3; i++){
        printf("문자열은 %s입니다. \n", str[i]);
    }

    return 0;
}
```

1개의 문자열이 19자 이내…

3개의 문자열로 구성된 배열을 준비합니다.

문자열을 하나씩 출력합니다.

Sample9 실행 화면

> 문자열은 **Hello**입니다.
> 문자열은 **Goodbye**입니다.
> 문자열은 **Thankyou**입니다.

배열을 이용해서 3개의 문자열을 취급하는 코드를 작성했습니다. C 언어의 다차원 배열은 내부적으로 배열의 각 요소가 배열로 되는 구조를 가지고 있습니다. 즉 앞의 예에서는 str[0], str[1], str[2]의 각 요소가 요소 수 20인 배열로 되어 있습니다.

따라서 이 배열에서는 다음과 같이 배열 요소를 지정하면 문자열을 출력할 수 있습니다.

```
printf("문자열은 %s입니다. \n", str[i]);
```
문자열을 하나씩 출력합니다.

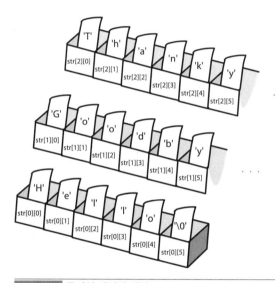

그림 10-9 **문자열 배열의 배열**

문자열 배열의 배열을 사용할 수 있습니다.

Lesson
10

문자열 포인터의 배열

앞에서 살펴본 것처럼 문자열은 포인터를 이용해서 취급할 수도 있습니다. 따라서 문자열의 배열을 취급할 때 포인터를 이용한 배열로 코드를 작성할 수도 있습니다. 다음 코드를 보기 바랍니다.

Sample10.c ▶ 포인터를 이용해서 문자열을 취급하는 배열

```
#include <stdio.h>

int main(void)
{                          ┌─── 3개의 문자열을 지시하는 포인터 배열을 준비합니다. ───┐
    char *str[3] = {"Hello", "GoodBye", "Thankyou"};
    int i;

    for(i=0; i<3; i++){
        printf("문자열은 %s입니다. \n", str[i]);
    }
                              └─── 문자열을 하나씩 출력합니다. ───┘
    return 0;
}
```

Sample10 실행 화면

문자열은 **Hello**입니다.
문자열은 **GoodBye**입니다.
문자열은 **Thankyou**입니다.

이번에는 포인터를 이용해서 문자열을 배열로 한 것입니다. 포인터의 배열은 다음과 같이 선언합니다.

┌─── 3개의 요소로 구성된 포인터의 배열입니다. ───┐

```
char *str[3]
```

char형 포인터가 3개 나열된 배열입니다. 배열을 이용해서 취급하는 방법과 방식은 다르지만 결과적으로 같은 문자열을 취급할 수 있습니다.

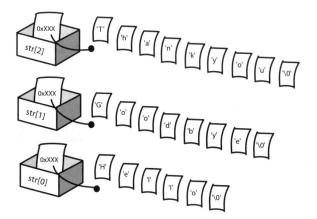

그림 10-10 문자열 포인터의 배열

문자열 포인터의 배열을 사용할 수 있습니다.

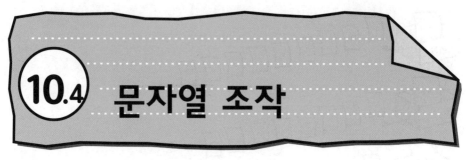

10.4 문자열 조작

 표준 라이브러리 함수의 이용

제8장에서 C 언어 개발환경에는 표준 라이브러리 함수(standard library)가 포함되어 있다고 배웠습니다. 표준 라이브러리 함수에는 문자열을 취급하는 함수가 많이 포함되어 있습니다. 이 함수들을 코드 안에서 이용하면 문자열 조작을 간단히 할 수 있습니다. 따라서 이 절에서는 표준 라이브러리의 주요 문자열 조작 함수를 소개하겠습니다.

표 10-2 : 문자열을 취급하는 표준 라이브러리 함수(string.h)

---

size_t strlen(const char *str);

    문자열 s의 NULL 문자를 제외한 길이를 반환합니다.

char *strcpy(char *str1, const char *str2);

    문자열 str2를 str1의 영역에 복사해서 str1을 반환합니다.

char *strcat(char *str1, const char *str2);

    문자열 str2를 문자열 str1의 뒤에 추가해서 str1을 반환합니다.

int strcmp(const char *str1, const char *str2);

    문자열 str1과 str2를 비교해서

        문자열 str1이 문자열 str2보다 작을 때 : 음의 값
        문자열 str1이 문자열 str2보다 같을 때 : 0
        문자열 str1이 문자열 str2보다 클 때　 : 양의 값

    을 반환합니다.

문자열 조작 함수를 사용할 때는 string.h라는 파일을 인클루드합니다. 그럼 문자열을 조작하는 방법을 확인해 보겠습니다.

문자열 길이의 검사

먼저 strlen() 함수를 이용해서 문자열 길이를 검사하는 코드를 작성해 보겠습니다. 다음 코드를 입력하기 바랍니다.

```c
#include <stdio.h>
#include <string.h>      이 헤더 파일을 인클루드합니다.
int main(void)
{
    char str[100];

    printf("문자열(영문숫자)을 입력하세요. \n");

    scanf("%s", str);

    printf("문자열 길이는 %d입니다. \n", strlen(str));
                                          문자열의 길이를 출력합니다.
    return 0;
}
```

Sample11 실행 화면

```
문자열(영문숫자)을 입력하세요.
Hello ↵              문자열의 길이가 출력됩니다.
문자열의 길이는 5입니다.
```

strlen() 함수는 문자열의 길이를 검사하는 함수입니다. 길이를 나타내는 반환 값에 의해 문자열의 길이를 출력하는 코드를 작성할 수 있습니다. 또한 strlen() 함수에서 반환되는 문자열의 길이는 \0을 포함하지 않는 문자만의 개수인 점에 주의하기 바랍니다.

Lesson
10

문자열의 길이를 알기 위해서는 strlen() 함수를 사용한다.

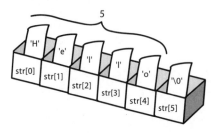

그림 10-11 strlen() 함수

strlen() 함수를 사용하면 문자열의 길이를 알 수 있습니다.

문자열의 배열 복사

이번에는 문자열을 배열에 복사하는 함수를 사용해 보겠습니다. 앞에서 소개한 것처럼 문자열을 배열로 취급할 때는 " "를 사용해서 초기화할 수 있습니다. 그러나 초기화 이외의 경우에서는 문자를 1문자씩 배열에 저장해야 되기 때문에 상당히 번거로운 작업입니다. 이때 문자열을 배열로 한번에 복사(저장)할 수 있는 표준 라이브러리의 strcpy() 함수를 사용하면 편리합니다. 그럼 strcpy() 함수를 사용해 보겠습니다.

Sample12.c ▶ strcpy() 함수의 이용

```
#define _CRT_SECURE_NO_WARNINGS
#include <stdio.h>
#include <string.h>

int main(void)
{
    char str1[10];
    char str2[10];

    strcpy(str1, "Hello");
```

> str1에 "Hello"를 복사합니다.

```
    strcpy(str2, "Goodbye");
    printf("배열 str1은 %s입니다. \n", str1);
    printf("배열 str2는 %s입니다. \n", str2);

    return 0;
}
```

str2에 "Goodbye"를 복사합니다.

Sample12 실행 화면

```
배열 str1은 Hello입니다.
배열 str2는 Goodbye입니다.
```

여기에서는 먼저 strcpy() 함수를 사용해서 str1[]에 "Hello"를 복사하고 있습니다. 다음 문에서는 str2[]에 "Goodbye"를 복사하고 있습니다. 이 함수를 사용하면 배열에 문자열을 간단하게 저장할 수 있기 때문에 편리합니다.

문자열을 배열에 복사하기 위해서는 strcpy() 함수를 사용한다.

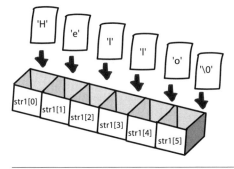

그림 10-12 strcpy() 함수

strcpy() 함수를 사용하면 문자열을 배열에 복사할 수 있습니다.

역주 : Visual Studio 2010 이상에서 strcpy 함수를 사용하면 빌드에러가 발생합니다.
       따라서 소스코드의 가장 윗줄에 아래의 매크로를 적어서 회피하시길 바랍니다.
       #define _CRT_SECURE_NO_WARNINGS

Lesson
10

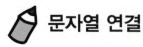

문자열 연결

이번에는 배열의 마지막에 문자열을 추가하는 strcat() 함수를 사용해보겠습니다. 앞의 코드에 추가해서 작성합니다.

Sample13.c ▶ strcat() 함수의 이용

```
#define _CRT_SECURE_NO_WARNINGS
#include <stdio.h>
#include <string.h>

int main(void)
{
   char str0[20];
   char str1[10];
   char str2[10];

   strcpy(str1, "Hello");
   strcpy(str2, "Goodbye");
   strcpy(str0, str1);          str0에 str1을 복사합니다.
   strcat(str0, str2);          str0의 마지막에 str2를 연결합니다.
   printf("배열 str1은 %s입니다. \n", str1);
   printf("배열 str2는 %s입니다. \n", str2);
   printf("연결하면 %s입니다. \n", str0);
                                연결된 문자열을 출력합니다.
   return 0;
}
```

Sample13 실행 화면

```
배열 str1은 Hello입니다.
배열 str2는 Goodbye입니다.
연결하면 HelloGoodbye입니다.      연결된 문자열이 출력됩니다.
```

여기에서도 str1[]과 str2[]에 "Hello"와 "Goodbye"를 복사했습니다. 그 후 str0[]이라는 배열에 str1[]을 복사해서 str0[]에 "Hello"가 저장됩니다.

그리고 마지막으로 str0[]의 끝에 "Goodbye"가 추가되도록 strcat() 함수를 사용했습니다. 이 과정을 그림으로 표시하면 다음과 같습니다.

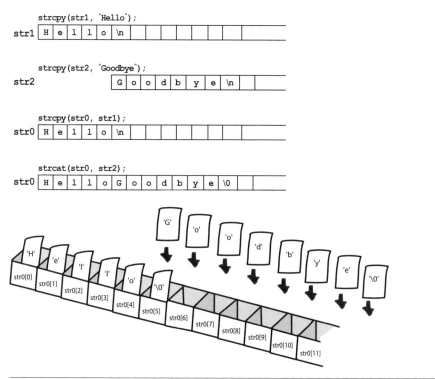

그림 10-13 strcat() 함수

strcat() 함수를 사용하면 문자열을 마지막에 연결할 수 있습니다.

문자열을 연결하기 위해서는 strcat() 함수를 사용한다.

배열 크기

그런데 strcpy() 함수나 strcat() 함수를 사용할 때는 배열의 크기에 주의해야 됩니다. 함수의 인수가 지시하는 배열의 크기가 충분하지 않으면 이런 함수들은 배열의 요소를 초과한 문자열을 복사합니다. 예를 들어 Sample13의 경우 str0[]의 요소가 10개라고 가정해 보겠습니다.

```
int main(void)
{
    char str0[10];    ●   충분하지 않은 크기의 배열을 사용하면 안 됩니다.
    char str1[10];
    char str2[10];
    ...
```

이때 마지막에 strcat() 함수를 사용해서 "Goodbye"를 복사한 경우, 배열의 최대 요소를 초과해서 문자열을 저장하게 됩니다. 그러나 배열 요소를 초과해서 요소를 취급하는 조작은 할 수 없습니다. 따라서 이와 같이 표기한 코드는 문제없이 컴파일이 되지만 프로그램을 실행하면 생각하지 못한 에러가 발생할 수도 있습니다.

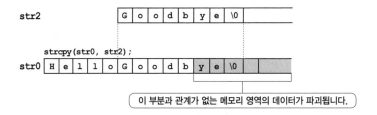

특히, 마지막에 문자열을 추가하는 strcat() 함수에서는 잘못하면 크기를 초과하기 쉽습니다. 크기에 여유가 있는 배열에 추가할 때는 주의하기 바랍니다.

또한, strcpy() 함수와 strcat() 함수는 두 개의 문자열이 차지하는 영역이 다르다는 것을 나타내는 용도로 restrict라는 가인수를 받습니다. 그리고 배열의 크기를 넘어서지 않게 보안 함수를 사용하기도 합니다.

중요 | 문자열을 배열에 복사하는 경우 배열의 크기를 초과하지 않도록 주의한다.

문자열 비교

이번에는 문자열을 비교 처리하는 strcmp() 함수를 사용해보겠습니다. 이 함수는 2개의 문자열 인수가 전달되면 문자열1과 문자열2를 비교해서 일치할 경우 0을 반환 값으로 반환합니다.

Sample14.c ▶ 문자열 비교

```c
#include <stdio.h>
#include <string.h>

int main(void)
{
    char str1[100];        같은 길이의 배열을 준비합니다.
    char str2[100];

    printf("1번째 문자열을 입력하세요. \n");
    scanf("%s", str1);

    printf("2번째 문자열을 입력하세요. \n");
    scanf("%s", str2);
                                           문자열을 비교한 결과가 0이면 · · ·
    if(strcmp(str1, str2) == 0){
        printf("2개의 문자열은 같습니다. \n");
                                           '같다'고 출력합니다.
    }
    else
    {
        printf("2개의 문자열은 다릅니다. \n");
                                           그렇지 않으면 '다르다'고 출력합니다.
    }
    return 0;
}
```

Lesson
10

Sample14 실행 화면

> 1번째 문자열을 입력하세요.
> **Hello** ⏎
> 2번째 문자열을 입력하세요.
> **Goodbye** ⏎
> 2개의 문자열은 다릅니다.

이 코드에서는 if문을 이용해서 입력된 2개의 문자열이 일치하고 있는지 아닌지를 판단하고 있습니다. 또한 이 함수는 문자열을 비교해서 1번째 문자열이 2번째 인수의 문자열보다 순서적으로 앞에 있는 경우에는 음의 값, 반대이면 양의 값을 반환합니다.

문자열을 비교하기 위해서는 strcmp() 함수를 사용한다.

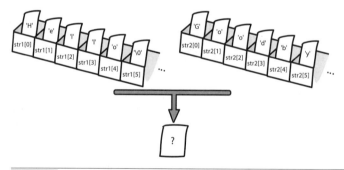

그림 10-14 strcmp() 함수

strcmp() 함수를 사용하면 문자열을 비교할 수 있습니다.

 문자열 길이

그런데 지금까지 문자열을 저장하는 배열의 크기는 프로그램을 실행하기 전에 정했습니다.

```
char str1[100];          ┌── 정해진 크기의 배열에…
...
scanf("%s", str1);       ┌── 문자열을 입력했습니다.
char *str2 = "Goodbye"   ┌── 또는 정해진 크기의 문자열을 지시합니다.
```

그러나 언제나 배열을 크게 해두면 문자열이 짧을 때 메모리를 쓸데없이 낭비하게 됩니다. 이럴 때 프로그램이 실행된 후 필요한 만큼만 메모리를 확보할 수 있으면 효율적인 관리를 할 수 있습니다. 이때 사용하는 것이 malloc() 함수와 free() 함수라는 표준 라이브러리 함수입니다.

malloc() 함수는 프로그램이 실행된 후 필요한 크기의 메모리를 확보해서, 그 장소의 어드레스를 반환합니다. 확보된 메모리는 사용이 끝난 후 free() 함수로 해제합니다. 이 2가지 함수는 헤더 파일의 stdio.h를 인클루드해서 사용합니다.

Sample15.c ▶ 동적 메모리의 확보

```
#include <stdio.h>
#include <stdlib.h>         ← 이 헤더 파일을 인클루드합니다.

int main(void)
{
   char *str;
   int num, i;                    확보된 메모리의 장소를 나타내는
                                  포인터를 얻을 수 있습니다.
   printf("몇 문자의 a를 준비할까요? \n");
   scanf("%d", &num);             지정된 수+1개 분의…

   str = (char *) malloc (sizeof(char) * (num+1));
   if(!str){
      printf("메모리를 확보할 수 없었습니다. \n");   char형 크기만큼의 메모리를
      return 1;                                  확보합니다.

   }
   for(i=0; i<num; i++){
      *(str+i) = 'a';     ← 포인터를 사용해서 배열에 저장합니다.
   }
```

```
    *(str+num) = '\0';
```
마지막에 \0을 붙여서 문자열로 합니다.

```
    printf("%s을 준비했습니다. \n", str);

    free(str);
```
사용이 끝난 메모리를 해제합니다.

```
    return 0;
}
```

Sample15 실행 화면

몇 문자의 **a**를 준비할까요?
10 ↵
aaaaaaaaaa를 준비했습니다.
확보된 메모리를 사용해서 문자열을 취급합니다.

이 코드에서는 문자열을 취급하기 위해 'char형의 크기×(실행할 때 지정된 문자열의 길이+1)'만큼의 메모리를 malloc() 함수를 이용해서 확보하고 있습니다. 마지막에 1을 더하는 것은 \0을 저장하기 위한 것입니다. 또한 실행할 때 메모리가 확보되지 못했을 경우를 대비해서 에러 처리를 준비해 두었습니다.

메모리가 확보된 경우 그 장소의 포인터를 사용해서 'aaa…'라는 문자열을 저장하고 출력하도록 합니다. 이와 같이 하면 문자열의 길이에 필요한 만큼 메모리를 사용할 수 있습니다. 단 이 메모리는 사용이 끝나면 반드시 free() 함수를 사용해서 해제할 필요가 있기 때문에 주의하기 바랍니다. 해제하는 코드를 잊어버리면 프로그램을 실행할 때마다 사용할 수 있는 메모리가 줄어듭니다.

동적 메모리의 확보

8.7절에서 설명한 변수나 배열의 수명을 기억하기 바랍니다. 8.7절에서는 함수의 시작과 종료 시에 확보 · 해제되는 자동 변수와 프로그램의 시작 종료시에 메모리가 확보 · 해제되는 정적 변수를 배웠습니다.

여기에서 배운 malloc() 함수, free() 함수는 이와 같은 적절한 시점에 프로그램이 실행되면 처리가 이루어집니다. 단 이 방법에서는 위와 같이 포인터를 사용해서 값을 취급할 필요가 있습니다. 이렇게 메모리를 확보하는 방법을 동적 메모리의 확보라고 하며, 이 메모리는 경고 영역이라는 장소에 확보됩니다.

함수 포인터의 구조

이 장에서는 배열 · 포인터의 응용에 대해서 배웠습니다. 이 절에서는 좀더 수준 높은 포인터의 사용법에 대해서 배워보겠습니다.

제8장에서 함수는 처리를 모아 놓은 것이라고 배웠습니다. 함수의 처리 내용은 C 언어 프로그램을 컴파일할 때 기계어 코드가 메모리에 저장됩니다. 컴퓨터는 메모리 상에 있는 기계어의 코드를 하나씩 꺼내서 처리하게 됩니다.

따라서 함수는 메모리 내의 어드레스를 가지고 있습니다. 함수의 어드레스는 함수 처리의 첫 부분의 메모리 위치를 나타낸 것입니다. 우리는 이 '함수의 어드레스'를 포인터에 저장해서 사용할 수 있습니다. 이와 같은 포인터를 함수 포인터(function pointer)라고 합니다.

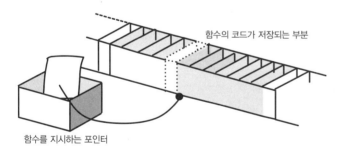

함수를 지시하는 포인터

함수의 코드가 저장되는 부분

그림 10-15 **함수 포인터**

함수를 지시하는 포인터를 사용할 수 있습니다.

함수는 어드레스를 갖는다.
함수 포인터에는 함수의 어드레스를 저장한다.

함수 포인터의 선언

함수 포인터에 대해서 설명하겠습니다. 함수 포인터는 지금까지 설명한 포인터 사용법과 같습니다. 포인터를 사용하기 위해서는 먼저 포인터를 선언합니다. 함수 포인터는 다음과 같이 선언합니다.

 함수 포인터의 선언

반환 값의 형   (★함수 포인터)   (인수 리스트) ;

예를 들어, 반환 값이 int형이고 2개의 int형 가인수를 갖는 함수의 어드레스를 저장하는 함수 포인터는 다음과 같이 선언합니다.

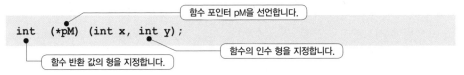

```
int   (*pM) (int x, int y);
```
함수 포인터 pM을 선언합니다.
함수의 인수 형을 지정합니다.
함수 반환 값의 형을 지정합니다.

'pM'이 지정한 형식의 함수의 어드레스를 저장할 수 있는 포인터로 되어 있습니다. 특이한 선언 방법이지만 지금까지 배운 int형 포인터의 선언을 기억하기 바랍니다. int형 포인터는 다음과 같이 선언하고 있었습니다.

```
int a;
...
int *pA;
```
int형 변수를 선언해서…
그 변수를 취급할 수 있는 포인터를 선언했습니다.

함수의 경우 다음과 같이 포인터를 선언합니다.

```
            ┌─────────── max() 함수를 선언해서…
int max(int x, int y);
...                              ┌─── 이 함수를 취급할 수 있는 포인터를 선언했습니다.
int (*pM) (int x, int y); ●─────┘
        └──── '*포인터' 부분을 ( )로 묶습니다.
```

지금까지 배운 포인터 선언과 같은 방식이지만, 함수 포인터에서는 '*포인터' 부분을 괄호 ( )로 묶고 있습니다. 함수 포인터를 괄호로 묶지 않으면 * 연산자보다 ( ) 연산자의 우선순위가 높기 때문에 pM(int x, int y)이라는 이름의 함수를 선언한 것처럼 됩니다.

함수를 지시하는 포인터를 선언할 수 있다.

반환 값이 int형 · 가인수가 2개인 int형 함수를 지시하는 포인터

그림 10-16 **함수 포인터의 선언**
함수를 지시하는 포인터를 선언할 수 있습니다.

 함수 포인터의 어드레스 저장

포인터를 선언하면 함수의 어드레스를 저장해야 합니다. 앞에서 포인터를 배울 때 포인터에 어드레스를 대입해야 비로소 메모리 상의 변수 위치를 지시할 수 있다고 설명했습니다. 다시 말해서 의미 없는 어드레스가 저장되어 있는 포인터는 사용할 수 없습니다. 마찬가지로 함수 포인터 역시 함수의 어드레스를 저장하지 않으면 사용할 수 없습니다.

그럼 함수 포인터에 함수의 어드레스를 저장해보겠습니다. 함수의 어드레스는 '함수

이름'으로 나타내고, &를 붙일 필요는 없습니다.

구문 **함수 포인터의 어드레스 대입**

함수 포인터 = 함수 이름;

즉, max() 함수의 경우 다음과 같이 어드레스를 대입하게 됩니다.

이 대입을 실행하면 포인터 pM은 max() 함수의 처리 내용이 저장되어 있는 메모리의 첫 번째 위치를 지시하게 됩니다.

그런데 변수를 지시하는 포인터에 간접 참조 연산자 *를 사용하면 그 변수의 내용을 간접적으로 취급할 수 있었습니다. 함수의 경우도 마찬가지입니다. 함수 포인터에 간접 참조 연산자를 사용하면 함수를 간접적으로 취급할 수 있습니다. 즉 함수를 호출할 수 있습니다.

```
res = (*pM) (5, 10);  ●──── 포인터에 *를 사용해서 함수를 호출합니다.
```

이것이 함수 포인터를 사용한 함수 호출입니다. 여기에서는 실인수 5와 10을 전달하고, 반환 값을 변수 res에 대입하고 있습니다. 함수의 호출 방법은 다음과 같습니다.

구문 **함수 포인터를 이용한 함수의 호출**

(*함수 포인터) (인수 리스트);

호출할 때도 '*포인터' 부분을 괄호 ()로 묶고 있습니다. 그렇지 않으면 * 연산자보다 () 연산자의 우선순위가 높기 때문에 정확한 호출 형식이 되지 않습니다.

단, C 언어에서는 함수 포인터를 쉽게 취급하기 위해서 다음과 같이 * 연산자 없는 호출도 가능합니다.

```
res = pM(5, 10);
```

이와 같이 함수를 호출할 수도 있습니다.

중요

함수 포인터에 어드레스를 대입해서 간접적으로 함수를 취급할 수 있다.

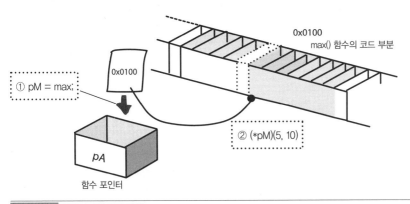

0x0100
max() 함수의 코드 부분

0x0100

① pM = max;

pA

함수 포인터

② (*pM)(5, 10)

그림 10-17 함수 포인터의 이용

① 함수 포인터에 어드레스를 대입하면, ② * 연산자를 사용해서 함수를 호출할 수 있습니다.

 함수 포인터의 이용

그럼 지금까지 배운 내용을 정리해서 함수 포인터를 사용해 보겠습니다.

Lesson
10

Sample16.c ▶ 함수 포인터의 이용

```c
#include <stdio.h>

/* max 함수의 선언 */
int max(int x, int y);

int main(void)
{
```

```
    int num1, num2, ans;
    int (*pM)(int x, int y);          함수 포인터를 선언합니다.

    pM = max;              함수의 어드레스를 대입합니다.

    printf("1번째 수치를 입력하세요. \n");
    scanf("%d", &num1);

    printf("2번째 수치를 입력하세요. \n");
    scanf("%d", &num2);

    ans = (*pM)(num1, num2);
                                      포인터를 사용해서 함수를 호출합니다.
    printf("최대값은 %d입니다. \n", ans);

    return 0;
}

/* max 함수의 정의 */
int max(int x, int y)
{
    if (x > y)
        return x;
    else
        return y;
}
```

Sample16 실행 화면

```
1번째 수치를 입력하세요.
5 ↵
2번째 수치를 입력하세요.
10 ↵                                 함수가 호출됩니다.
최대값은 10입니다.
```

이 코드에서는 함수 포인터를 선언한 후에 함수의 어드레스를 대입하고, 포인터를 사용해서 함수를 호출하고 있습니다. 실행 화면을 보면 확실하게 함수가 호출되고 있는 것을 알 수 있습니다. 이와 같이 함수 포인터를 사용하면 함수를 간접적으로 호출할 수 있습니다.

> 함수 포인터를 사용해서 함수를 호출할 수 있다.

함수 포인터의 응용

단순하게 함수를 호출할 때에는 함수 포인터를 사용하지 않고 함수를 직접 호출하는 편이 간단합니다. 그럼 함수 포인터는 언제 사용하면 편리할까요? 함수 포인터는 그 배열을 작성할 때 매우 편리한 프로그램을 작성할 수 있습니다. 다음 코드를 보기 바랍니다.

Sample17.c ▶ 함수 포인터의 배열

```c
#include <stdio.h>

/* 함수 선언 */
void show0(void);
void show1(void);
void show2(void);

int main(void)
{
    void (*pM[3])(void);        함수 포인터의 배열을 선언합니다.
    int num;

    pM[0] = show0;
    pM[1] = show1;              배열 요소에 함수의 어드레스를 대입합니다.
    pM[2] = show2;
```

Lesson
10

343

```
      printf("무엇을 호출할까요?  (0:승용차 1:승합차 2:화물차) \n");
      scanf("%d", &num);

      if(0<= num && num <= 2)
         (*pM[num])();  ●────── 포인터를 사용해서 함수를 호출합니다.

      return 0;
}

/* 함수 정의 */
void show0(void)
{
      printf("승용차입니다. \n");
}
void show1(void)
{
      printf("승합차입니다. \n");
}
void show2(void)
{
      printf("화물차입니다. \n");
}
```

Sample17 실행 화면

```
무엇을 호출할까요?  (0:승용차 1:승합차 2:화물차)
0 ⏎
승용차입니다.
```

이 코드에서는 함수 포인터를 배열로 작성했습니다. 여기에서는 요소 수가 3인 배열을 선언하고 있습니다.

```
void (*pM[3])(void);  ●────── 함수 포인터의 배열을 선언합니다.
```

또한 각 함수의 어드레스를 대입해서 배열의 각 요소가 3종류의 함수를 지시하고 있습니다. 그리고 사용자가 입력한 수치에 대응해서 이 가운데 1개의 함수를 호출하고 있습니다.

만약, 함수 포인터를 사용하지 않고 이 코드를 작성할 경우 어떻게 하면 될까요? 이 때에는 사용자가 입력한 수치에 따라 경우의 수를 따져서 함수를 호출해야 됩니다. 다음과 같이 switch문 등을 사용한 복잡한 코드가 될 것입니다.

```
switch (num) ●─────┐ 상황에 따라서…
{
    case 0:
        show0( );break;  ●───┐
    case 1:
        show1( );break;  ●───┤  서로 다른 함수를 호출합니다.
    case 2:
        show2( );break;  ●───┘
}
```

그러나 함수 포인터를 이용하면 위와 같이 경우의 수대로 전부 표기하지 않아도 간단하게 코드를 작성할 수 있습니다.

```
(*pM[num])( ); ●───┐ 포인터를 사용하면 코드를 간단히 작성할 수 있습니다.
```

또한 함수 포인터를 사용하면 나중에 함수를 변경하는 것도 간단합니다. 예를 들어, 차의 종류가 변경되어도 새로운 함수의 어드레스를 함수 포인터에 대입만 하면 되기 때문에 함수의 호출 부분은 변경할 필요가 없습니다.

```
    . . .
    pM[0] = show4;  ─┐
    pM[1] = show5;  ─┘  새로운 어드레스를 대입하면…
    . . .
    (*pM[num])( ); ●───┐ 함수 호출 부분의 코드는 같습니다.
```

이와 같이 같은 종류의 함수를 많이 관리하는 코드에서는 함수 포인터를 사용하면 편리합니다.

10.6 이 장의 요약

이 장에서는 다음과 같은 내용을 배웠습니다.

- 배열 이름은 배열 1번째 요소의 어드레스를 나타냅니다.
- 배열을 인수로 갖는 함수는 배열 1번째 요소의 어드레스를 전달합니다.
- 문자열 배열은 " "로 문자열을 지정해서 초기화할 수 있습니다.
- 문자열은 배열 또는 포인터로 취급할 수 있습니다.
- 표준 라이브러리의 문자열 조작 함수를 이용할 수 있습니다.
- 프로그램을 실행할 때 메모리를 확보할 수 있습니다.
- 함수 포인터를 이용해서 함수를 호출할 수 있습니다.

이 장에서는 배열과 포인터의 관계에 대해서 배웠습니다. 배열과 포인터의 밀접한 관계를 이용하면 다양하고 수준 높은 코드를 표기할 수 있습니다. 또한 배열과 포인터의 관계는 문자열을 취급할 때에도 중요한 역할을 합니다. 따라서 함수 포인터의 사용법을 확실히 익혀두면 많은 도움이 됩니다.

연습

1. 문자열의 길이를 검사하는 함수 int length(char str[])을 작성하시오. 실제로 키보드로 문자열을 입력해서 문자열의 길이를 검사하는 코드를 작성하시오.

```
문자열을 입력하세요.
Hello ⏎
문자열의 길이는 5입니다.
```

2. 문자열 안에 포함되어 있는 문자 'a'의 개수를 검사하는 함수 int search(char str[])을 작성하시오. 실제로 문자열을 입력해서 개수를 검사하는 코드를 작성하시오.

```
문자열을 입력하세요.
algebra ⏎
algebra 안에 a는 2개가 있습니다.
```

3. 문자열을 비교하는 함수 int compare(char str1[], char str2[])을 작성하시오. 문자열 str1과 문자열 str2를 비교해서 일치하면 1, 그렇지 않으면 -1을 반환합니다. 실제로 키보드로 문자열을 입력해서 문자열을 비교하는 코드를 작성하시오.

Lesson 10

```
1번째 문자열을 입력하세요.
Hello ⏎
2번째 문자열을 입력하세요.
Goodbye ⏎
2개의 문자열은 다릅니다.
```

4. 포인터 연산을 사용해서 1번~3번 함수의 코드를 수정하시오.

5. 이 책 후반부의 Appendix에 있는 표준 라이브러리 함수의 일람표에서 영문을 대문자로 변환하는 toupper() 함수, 소문자로 변환하는 tolower() 함수를 검사해서 다음과 같이 변환하는 코드를 작성하시오.

> 문자열을 입력하세요 **(영문).**
> **Hello** ⏎
> 대문자로 변환하면 **HELLO**입니다.
> 소문자로 변환하면 **hello**입니다.

Lesson 11

여러 가지 형

제3장에서는 C 언어에 포함되어 있는 기본적인 '형(type)'에 대해서 배웠습니다. C 언어는 이외에도 여러 가지 종류의 형이 존재합니다. 이 장에서는 코드를 작성하는 사람이 정할 수 있는 특별한 형에 대해서 배우겠습니다. 여러 가지 형을 능숙하게 사용하면 다양한 C 언어 프로그램을 작성할 수 있습니다.

Check Point

- 구조체
- 멤버
- 도트 연산자(.)
- typedef
- 화살표 연산자(−>)
- 공용체
- 열거

11.1 구조체의 기본

새로운 형의 결정

지금까지 변수와 배열 등 여러 가지 C 언어의 기능에 대해서 배웠습니다. 이와 같은 지식을 활용하면 여러 가지 프로그램을 자유롭게 작성할 수 있습니다.

예를 들어 어느 기업의 차를 관리하는 프로그램을 생각해 봅니다. 기업이 소유한 차의 번호 등을 배열로 나타낼 수도 있고, 자동차의 남은 연료량을 화면으로 출력할 수도 있습니다.

그러나 이런 데이터를 '자동차'라는 항목으로 정리하는 기능이 있으면 더욱 편리할 것입니다. C 언어에는 지금까지 배운 int형이나 double형 등 의 기본형과는 달리 '자동차'를 표현하는 새로운 형을 정할 수 있는 구조가 준비되어 있습니다.

이 장에서는 여러 가지 새로운 형에 대해서 배워보겠습니다.

구조체 형

새롭게 결정할 수 있는 형 가운데 가장 자주 사용되는 것이 구조체 형(structure type)입니다. 이 형은

서로 다른 형의 값을 모아서 새로운 형으로 하는

기능을 가지고 있습니다. 예를 들어 자동차의 번호(int형)와 연료량(double형)과 같이 서로 다른 형의 값을 모아서 '자동차'를 나타내는 형으로 만들 수 있습니다.

그럼 실제로 구조체 형을 결정하는 방법을 설명하겠습니다.

구조체 형이 어떤 형인지 결정하는 것을 구조체 형의 선언이라고 합니다. 구조체 형을 선언하기 위해서는 struct라는 예약어를 사용합니다.

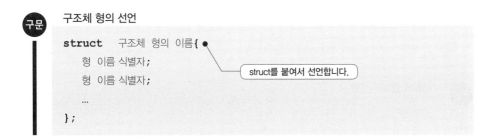

구문 **구조체 형의 선언**

```
struct   구조체 형의 이름{ ●
    형 이름 식별자;
    형 이름 식별자;              struct를 붙여서 선언합니다.
    ...
};
```

구조체 형은 블록 안에 변수 등을 하나로 모아서 표기한 것입니다. 예를 들어 자동차의 번호와 연료량을 관리하기 위한 구조체 형 struct Car의 선언은 다음과 같습니다.

```
                      '자동차'를 나타내는 구조체 형 struct Car입니다.
struct Car{
    int num; ●          번호를 저장합니다.
    double gas; ●
};                      연료량을 저장합니다.
```

여기에서는 int형 변수 num과 double형 변수 gas를 선언했습니다. Num은 자동차의 번호를, gas는 연료량을 나타내기 위한 것입니다.

구조체 형을 선언해서 서로 다른 형을 하나로 모을 수 있습니다.

Lesson
11

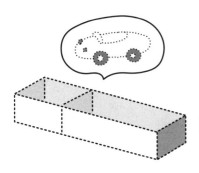

그림 11-1 **구조체 형의 선언**
서로 다른 형의 값을 하나로 모아서 구조체 형으로 할 수 있습니다.

구조체 변수의 선언

구조체 형을 선언하면 이것을 새로운 형으로 코드 안에서 사용할 수 있습니다. 예를 들어 'struct Car형의 변수'라는 것을 코드 안에서 선언할 수 있습니다. struct Car형의 변수도 일반적인 변수처럼 선언합니다.

 구조체 변수의 선언

구조체 형 이름   구조체 변수 이름;

다음과 같이 선언한 변수 car1은 구조체 형인 struct Car의 변수가 됩니다.

struct Car car1; ──(struct Car형의 값을 저장하는 변수 car1입니다.)

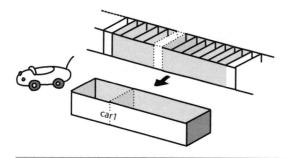

그림 11-2 **구조체 변수의 선언**
구조체 형의 변수를 선언할 수 있습니다.

멤버 액세스

구조체 형의 변수(구조체)를 선언하면 num과 gas에 번호와 연료량의 값을 저장할 수 있습니다. 이 num과 gas라는 변수를 멤버(member)라고 합니다. 구조체의 멤버를 이용하기 위해 도트 연산자(.)를 사용합니다. 멤버를 이용하는 것을 '멤버에 액세스한다'라고도 표현합니다.

구조체의 멤버 액세스

구조체형 변수이름.멤버

예를 들어 구조체 형의 변수 car1의 경우 다음과 같이 대입을 해서 멤버에 값을 저장할 수 있습니다.

```
car1.num = 1234;     ─── 멤버를 나타내는 번호 num에 1234를 대입합니다.
car1.gas = 25.5      ─── 연료량을 나타내는 번호 gas에 25.5를 대입합니다.
```

실제로 코드를 작성해 보겠습니다.

Sample1.c ▶ 구조체 멤버의 액세스

```c
#include <stdio.h>

/* 구조체 형 struct Car 선언 */
struct Car{
   int num;            ─── 구조체 형을 선언합니다.
   double gas;
};

int main(void)
{                       ─── 구조체 형의 변수(구조체)를 선언합니다.
   struct Car car1;
```

Lesson
11

```
    car1.num = 1234;
    car1.gas = 25.5;                    멤버에 값을 대입합니다.


    printf("자동차 번호는 %d : 연료량은 %f입니다. \n", car1.num, car1.gas);

                                                 멤버의 값을 출력합니다.
    return 0;
}
```

Sample1 실행 화면

자동차 번호는 **1234** : 연료량은 **25.500000**입니다.

이 코드에서는 구조체 형 struct Car를 선언하고 있습니다. 다음에 struct Car형의 변수인 car1을 선언합니다. 또한 도트 연산자를 사용해서 멤버에 액세스하고 있습니다. 이렇게 해서 자동차를 취급하는 코드를 작성할 수 있었습니다.

도트 연산자를 사용해서 구조체의 각 멤버에 액세스할 수 있다.

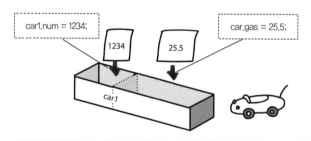

그림 11-3 **구조체의 멤버 액세스**

구조체의 각 멤버에 액세스해서 값을 저장할 수 있습니다.

또한 멤버의 값을 키보드로 입력할 수 있으면 보다 유연한 코드를 표기할 수 있습니다. 다음 코드를 작성해 봅니다.

Sample2.c ▶ 키보드로 멤버의 값을 입력

```
#include <stdio.h>

/* 구조체 형 struct Car의 선언 */
struct Car{
    int num;
    double gas;
};

int main(void)
{
    struct Car car1;                                    처음에 &를 붙입니다.
    printf("멤버를 입력하세요. \n");
    scanf("%d", &car1.num); ●
                                                        키보드로 멤버의
    printf("연료량을 입력하세요. \n");                    값을 입력합니다.
    scanf("%lf", &car1.gas); ●

    printf("자동차 번호는 %d : 연료량은 %f입니다. \n", car1.num, car1.gas);

    return 0;
}
```

Sample2 실행 화면

```
멤버를 입력하세요.
1234 ↵
연료량을 입력하세요.
25.5 ↵
자동차 번호는 1234 : 연료량은 25.500000입니다.
```

Lesson
11

이 코드에서는 scanf() 함수를 사용해서 입력하고 있습니다. 지금까지 배운 변수처럼 &를 사용해서 구조체 이름 앞에 붙입니다.

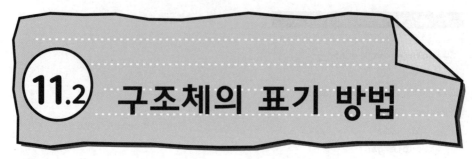

11.2 구조체의 표기 방법

 typedef

구조체 형의 이름이 struct Car라는 긴 이름으로 되어 있습니다. 구조체를 선언할 때 일일이 이렇게 긴 이름을 사용해서 선언하면 불편할 것입니다.

```
struct Car car1;
```
└─ 형 이름이 길게 되어 있습니다.

따라서 구조체 형의 이름을 단축하기 위해 typedef라는 예약어를 사용하는 방법이 자주 이용되고 있습니다.

```
/* 구조체 형 struct Car의 선언 */
typedef struct Car{
    int num;            ── typedef를 사용해서
    double gas;         ── 'struct Car' 형에
} Car;●                 ── 'Car'형이라는 이름을 붙입니다.
```

typedef는 이미 존재하는 형에 대해서 새로운 이름을 붙이기 위한 예약어입니다. 이름은 식별자로부터 선택해서 붙입니다.

> **구문** typedef
>
> **typedef** 형 이름 식별자;

이와 같이 하면 'struct Car'라는 형 이름에 대해서 'Car'라는 새로운 형 이름을 붙일 수 있습니다. 따라서 앞으로 구조체 형의 변수를 선언할 때는 다음과 같이 짧은 이

름을 사용해서 선언할 수 있게 됩니다.

```
Car car1; ●          struct Car형의 변수를 선언한 것과 같습니다.
```

Typedef를 사용하는 방법은 편리하기 때문에 잘 기억해두기 바랍니다. 코드를 작성하면 다음과 같이 됩니다.

Sample3.c ▶ typedef의 이용

```
#include <stdio.h>

/* 구조체 형 struct Car의 선언 */
typedef struct Car{
   int num;
   double gas;
}Car; ●          typedef를 사용해서 간단한 이름을 붙입니다.

int main(void)
{                           struct Car형의 변수를 선언한 것과 같습니다.
   Car car1; ●

   car1.num = 1234;
   car1.gas = 25.5;

   printf("자동차 번호는 %d : 연료량은 %f입니다. \n", car1.num, car1.gas);

   return 0;
}
```

Lesson 11

Sample3 실행 화면

```
자동차 번호는 1234 : 연료량은 25.500000입니다.
```

또한 typedef를 이용한 이름은 Car가 아닌 다른 이름을 붙여도 상관없습니다.

typedef를 이용해서 독자적인 형 이름을 사용할 수 있다.

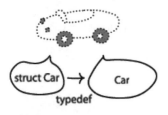

struct Car → Car

typedef

그림 11-4 typedef

독자적인 형 이름을 사용하려면 typedef를 사용합니다.

구조체의 초기화

이번에도 또 한 가지 구조체의 편리한 이용법을 설명하겠습니다. Sample3의 코드 등에서는 구조체를 선언한 후, 도트 연산자(.)를 사용해서 멤버에 값을 대입하는 방법을 이용했습니다.

```
Car car1; ●                    구조체를 선언합니다.


car1.num = 1234;               멤버에 액세스합니다.
car2.num = 25.5;
```

이 2가지 작업을 하나로 표현할 수 있는데, 이것을 구조체의 초기화라고 합니다. 구조체의 초기화는 다음과 같이 표기합니다.

```
                         num에 저장됩니다.
Car car1 = {1234, 25.5};
                         gas에 저장됩니다.
```

변수를 선언할 때 {}로 묶어서 값을 표기하면 콤마로 구분된 순서대로 멤버에 값이 저장됩니다. 이 방법은 미리 구조체에 초기값을 할당할 때 편리하기 때문에 기억해두기 바랍니다.

 구문 typedef

> 구조체 형 이름 구조체 변수 이름 = {값, 값, …};

Sample3을 초기화를 사용해서 수정하면 Sample4와 같이 되며, 실행 결과는 같습니다.

Sample4.c ▶ 구조체의 초기화

```c
#include <stdio.h>

/* 구조체 형 struct Car의 선언 */
typedef struct Car{
    int num;
    double gas;
}Car;

int main(void)
{
    Car car1 = {1234, 25.5};

    printf("자동차 번호는 %d : 연료량은 %f입니다. \n", car1.num, car1.gas);

    return 0;
}
```

num에 저장됩니다.

gas에 저장됩니다.

Lesson
11

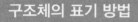

구조체의 표기 방법

구조체는 이외에도 여러 가지 표기 방법이 있습니다. 예를 들어, 구조체 형의 선언과 구조체 형의 변수 선언을 하나로 모아둘 수 있습니다.

```
struct Car{
    int num;
    double gas;
} car1;
```

> struct Car형의 선언과 그 변수 car1의 선언입니다.

또한 구조체 형 이름을 정하지 않고 구조체 형의 변수를 선언할 수도 있습니다.

```
struct {
    int num;
    double gas;
} car1;
```

> 이 멤버를 갖는 구조체 변수 car1의 선언입니다.

구조체의 여러 가지 표기 방법을 익혀두면 코드를 작성할 때 편리할 것입니다.

 구조체의 대입

지금까지는 각 멤버에 대해서 대입 연산자를 이용해서 값을 저장하는 코드를 표기했습니다. 그러면 구조체 변수 자체에 대해서 대입 연산자를 사용하면 어떻게 될까요? 다음 코드를 보기 바랍니다.

Sample5.c ▶ 구조체의 대입

```
#include <stdio.h>

/* 구조체 형 struct Car의 선언 */
typedef struct Car{                                          ○
```

```
    int num;
    double gas;
}Car;

int main(void)
{
    Car car1 = {1234, 25.5};
    Car car2 = {4567, 52.2};

    printf("car1의 자동차 번호는 %d : 연료량은 %f입니다. \n", car1.num, car1.gas);
    printf("car2의 자동차 번호는 %d : 연료량은 %f입니다. \n", car2.num, car2.gas);

    car2 = car1;            구조체끼리 대입합니다.

    printf("car1을 car2에 대입했습니다. \n");

    printf("car2의 번호는 %d : 연료량은 %f가 되었습니다. \n", car2.num, car2.gas);

    return 0;
}
```

Sample5 실행 화면

```
car1의 자동차 번호는 1234 : 연료량은 25.500000입니다.        대입한 구조체의 멤버
car2의 자동차 번호는 4567 : 연료량은 52.200000입니다.        값이 됩니다.
car1을 car2에 대입했습니다.
car2의 번호는 1234 : 연료량은 25.500000이 되었습니다.
```

Lesson
11

여기에서는 car1과 car2라는 2가지 구조체를 선언했습니다. 그리고 다음과 같이 대입을 하고 있습니다.

```
car2 = car1;            구조체끼리 대입합니다.
```

이 대입은

car2의 멤버에 car1의 멤버를 하나씩 복사해서 값을 저장한다

는 것을 의미합니다. 즉, 이 대입을 표기하면 car1의 멤버인 num과 gas의 값이 car2의 멤버에 저장됩니다. 이 결과 car2의 번호와 연료량은 car1과 같은 값이 됩니다. 구조체끼리는 이와 같은 대입이 가능하기 때문에 기억하기 바랍니다.

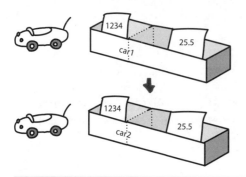

그림 11-5 구조체의 대입

구조체에 대입하면 멤버가 각각 복사되어 값이 저장됩니다.

구조체에 대입을 하면 각 멤버에 값이 저장된다.

11.3 구조체의 크기

 구조체 형의 크기

구조체 형이라는 새로운 형을 작성하는 방법을 배웠습니다. 이 절에서는 구조체에 대해서 더욱 자세히 살펴보겠습니다.

제4장에서는 int형과 double형 등 형의 크기를 검사했습니다. 구조체도 새로운 형이기 때문에 구조체 형의 크기에 대해서 검사해 보겠습니다. 구조체 형의 크기를 검사하기 위해서는 제4장에서 사용한 sizeof 연산자를 사용합니다. 다음 코드를 보기 바랍니다.

Sample6.c ▶ 구조체 형의 크기

```c
#include<stdio.h>

/* 구조체 형 struct Car의 선언 */
typedef struct Car{
    int num;
    double gas;
}Car;

int main(void)
{
    printf("int형의 크기는 %d바이트입니다. \n", sizeof(int));
    printf("double형의 크기는 %d바이트입니다. \n", sizeof(double));
    printf("구조체 struct Car형의 크기는 %d바이트입니다. \n", sizeof(Car));
    printf("구조체 struct Car형 포인터의 크기는 %d바이트입니다. \n", sizeof(Car *));

    return 0;
}
```

> 구조체 형의 크기를 검사합니다.

> 구조체 형 포인터의 크기를 검사합니다.

Sample6 실행 화면

int형의 크기는 **4**바이트입니다.
double형의 크기는 **8**바이트입니다.
구조체 **struct Car**형의 크기는 **16**바이트입니다.
구조체 **struct Car**형 포인터의 크기는 **4**바이트입니다.

이 코드를 작성한 환경에서는 int형이 4바이트, double형이 8바이트입니다.

그런데 구조체 struct Car형은 int형과 double형 멤버를 가지고 있습니다. 구조체형의 크기는 각 멤버의 크기를 더한 것과 같거나 그것보다 크게 됩니다. 따라서 많은 멤버를 갖는 구조체나 크기가 큰 멤버를 갖는 구조체는 크기가 커집니다.

그러나 실행 결과를 보면 알 수 있듯이 구조체의 크기는 2개의 형을 정확히 더한 크기가 되지는 않습니다. Sample6에서는 12바이트가 아닌 16바이트가 되었습니다.

또한 이 코드에서는 구조체를 지시하는 포인터에 대해서도 검사하고 있습니다. 위 환경에서 포인터의 크기는 4바이트입니다. 이 크기는 작은 구조체에서도 큰 구조체에서도 변하지 않습니다. 즉 일반적으로 많은 멤버를 갖는 구조체 포인터는 구조체 자체의 크기보다 작게 됩니다.

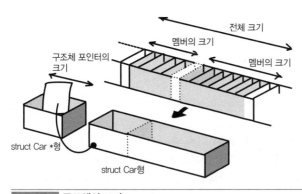

그림 11-6 **구조체의 크기**
구조체의 크기는 멤버의 크기를 더한 크기와 반드시 같지 않습니다.
또한 일반적으로 큰 구조체 포인터의 크기는 구조체 자체보다 작습니다.

이 코드의 실행 결과는 사용하는 환경에 따라 다릅니다. 자신이 사용하고 있는 환경의 크기에 대해서도 확인해보기 바랍니다.

 ## 비트 필드의 이용

이번에는 구조체의 크기에 영향을 미치는 비트 필드(bit field)라는 멤버에 대해서 설명하겠습니다.

구조체의 멤버에는 받아들이는 값의 범위를 작게 해도 되는 것이 있습니다. 예를 들어 자동차의 타이어 수를 구조체의 멤버로 표현할 때 타이어 수인 1~4의 값을 저장할 수 있으면 충분합니다. 그러나 제3장에서 배운 기본형을 사용하면 아주 작은 크기의 형이라도 1바이트의 크기를 사용하게 됩니다. 그리고 이 1바이트의 멤버에는 256가지 값을 저장할 수 있기 때문에 메모리를 쓸데없이 낭비할 수도 있습니다.

이럴 때 작은 크기의 멤버를 선언하면 메모리를 효율적으로 관리할 수 있습니다. 다음 구조체 선언을 보기 바랍니다.

```
typedef struct Car1{
    int num;
    double gas;
    unsigned int tire : 3;      ● ──── 3비트 멤버로 합니다.
    unsigned int roof : 1;      ● ──── 1비트 멤버로 합니다.
    unsigned int color : 4;     ● ──── 4비트 멤버로 합니다.
} Car1;
```

이 구조체는 지금까지 표기해온 2가지 멤버 외에 타이어, 지붕, 색을 나타내는 3가지 멤버를 가지고 있습니다. 3개의 멤버 뒤에는 ': ×'라는 지정이 있습니다. 이것은 '지정한 멤버를 ×비트로 한다'는 의미를 가집니다. 이와 같이 비트를 지정한 멤버를 '비트 필드'라고 합니다.

즉 'tire' 멤버의 크기는 3비트입니다. 3비트는 23=8종류의 값을 저장할 수 있기 때문에 1~4의 수치를 저장하기에는 충분합니다. 마찬가지로 'roof' 멤버의 크기는 1비트, 'color' 멤버의 크기는 4비트입니다.

이와 같이 받아들이는 값이 작은 멤버는 비트 필드를 사용하면 편리합니다. 비트 수를 지정해두면 구조체 전체의 크기를 작게 할 수도 있고 메모리를 절약할 수도 있습니다. 다음은 비트 필드의 표기 방법입니다.

비트 필드

```
struct  구조체 형 이름{
   형 이름   식별자 : 비트 수;
   형 이름   식별자 : 비트 수;
    ...

};
```

다음은 비트 필드를 사용한 구조체의 크기를 검사하는 코드입니다.

Sample7.c ▶ 비트 필드의 이용

```
#include<stdio.h>

/* 구조체 형 struct Car1의 선언 */
typedef struct Car1{              ← 비트 필드를 사용한 구조체입니다.
   int num;
   double gas;
   unsigned int tire : 3;
   unsigned int roof : 1;
   unsigned int color : 4;
}Car1;

/* 구조체 형 struct Car2의 선언 */
typedef struct Car2{              ← 비트 필드를 사용하지 않은 구조체입니다.
   int num;
   double gas;
   unsigned int tire;
   unsigned int roof;
   unsigned int color;
}Car2;
```

```
int main(void)
{                                           ┌─────────────────────┐
                                            │ 구조체의 크기를 검사합니다. │
    printf("비트 필드를 사용한 구조체의 크기는 %d바이트입니다. \n", sizeof(Car1));─┘
    printf("비트 필드를 사용하지 않는 구조체의 크기는 %d바이트입니다. \n", sizeof(Car2));─┘

    return 0;
}
```

┌─────────────────┐
│ Sample7 실행 화면 │
└─────────────────┘

비트 필드를 사용한 구조체의 크기는 **24**바이트입니다.   ┌──────────────────────┐
비트 필드를 사용하지 않는 구조체의 크기는 **32**바이트입니다. │ 비트 필드를 사용한 쪽이 크기가 │
                                              │ 작습니다.   │
                                              └──────────────────────┘

이 코드에서는 2종류의 구조체를 선언하고 있습니다. struct Car1형은 비트 필드
를 사용한 구조체이고, struct Car2형은 비트 필드를 사용하지 않는 구조체입니다.
sizeof 연산자를 사용해서 이 2가지 형의 크기를 검사해보면 실행 결과와 같이 struct
Car1형의 크기가 작습니다. 멤버를 비트 필드로 하면 구조체 전체의 크기를 작게 할
수 있습니다.

단 이미 설명한대로 구조체의 크기는 각 멤버의 크기를 더한 것과 항상 일치하지 않
습니다. 따라서 비트 필드를 사용하더라도 항상 전체 크기를 작게 할 수 있는 것은 아
니기 때문에 주의하기 바랍니다. 또한 사용하는 환경에 따라서 위의 실행 결과는 다를
수도 있습니다.

구조체에 비트 필드를 사용할 수 있다.

Lesson
11

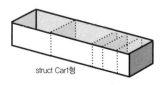

struct Car1형

그림 11-7 **비트 필드**

구조체에 비트 필드를 사용할 수 있습니다.

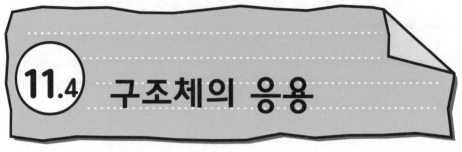

구조체의 응용

 함수의 인수와 구조체

구조체는 여러 가지 코드 안에서 사용할 수 있습니다. 이 절에서는 구조체를 응용한 코드를 작성해 보겠습니다. 먼저 처음에 구조체를 함수 안에서 이용하는 방법을 알아 보겠습니다. 구조체는 함수의 인수로서 이용할 수도 있습니다. 다음 코드를 보면서 설명하겠습니다.

Sample8.c ▶ 함수의 인수와 구조체

```c
#include <stdio.h>

/* 구조체 형 struct Car의 선언 */
typedef struct Car{
    int num;
    double gas;
}Car;

/* show 함수의 선언 */
void show(Car c);

int main(void)
{
    Car car1 = {0, 0.0};

    printf("번호를 입력하세요. \n");
    scanf("%d", &car1.num);

    printf("연료량을 입력하세요. \n");
    scanf("%lf", &car1.gas);

    show(car1);
```

구조체를 인수로 갖는 함수입니다.

구조체 car1(의 값)을 전달합니다.

```
        return 0;
    }

    /* show 함수의 정의 */            전달된 구조체(의 값)를…
    void show(Car c)
    {
        printf("자동차 번호는 %d : 연료량은 %f입니다. \n", c.num, c.gas);
    }                                                    출력합니다.
```

Sample8 실행 화면

```
번호를 입력하세요.
1234 ⏎
연료량을 입력하세요.
25.5 ⏎
자동차 번호는 1234 : 연료량은 25.500000입니다.
```

제8장과 제9장에서 배운 것처럼 인수는 원칙적으로 값 전달로 함수 안에 전달됩니다. 구조체를 인수로 사용한 경우에도 '값'이 전달됩니다. 이것은

   실인수인 구조체의 멤버 값이 각각 복사되어 함수의 본체로 전달된다

는 의미입니다. 즉, 여기에서는 구조체의 멤버인 num과 gas의 값이 복사되어 함수로 전달됩니다.

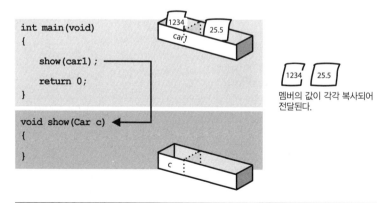

Lesson
11

그림 11-8 인수와 구조체

함수의 인수로서 구조체를 사용하면 각 멤버가 복사되어 전달됩니다.

구조체 포인터와 인수

구조체를 인수로서 사용하면 각 멤버의 값이 복사되어 함수 안에 전달됩니다. 단 멤버가 많이 있는 구조체를 인수로서 사용할 때는 주의가 필요합니다. 함수를 호출할 때마다 많은 멤버가 복사되기 때문에 함수 호출에 시간이 걸릴 수도 있습니다. 따라서 큰 구조체를 함수의 인수로서 취급할 때 구조체가 아닌

구조체 포인터를 인수로서 사용

하는 경우가 있습니다. 즉 구조체 형의 변수 어드레스가 저장된 포인터를 이용합니다.

구조체 포인터를 함수의 인수로 이용할 때 어드레스를 전달만 하면 함수가 호출됩니다. 11.3절에서 구조체 포인터가 구조체 자체보다 일반적으로 크기가 작다고 배웠습니다. 따라서 특히 큰 구조체의 경우에는 구조체 포인터를 사용하는 것이 처리 속도가 향상되는 경우가 있습니다.

또한 포인터로 전달한 경우 인수를 참조 전달(제9장)하게 되기 때문에 전달한 구조체의 멤버 값을 함수 안에서 변경할 수 있습니다.

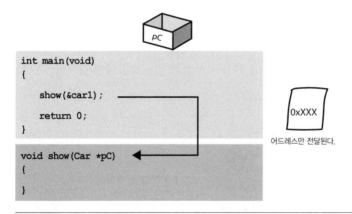

```
int main(void)
{
    show(&car1);

    return 0;
}

void show(Car *pC)
{

}
```

어드레스만 전달된다.

그림 11-9 인수와 구조체 포인터

함수의 인수로서 구조체 포인터를 사용하면 어드레스가 전달됩니다.

단 이와 같은 함수 안에서는 구조체 포인터를 사용해서 각 멤버에 액세스하는 처리를 표기합니다. 포인터에서 멤버로 액세스하는 경우 화살표 연산자(arrow operator, ->)를 사용하면 편리합니다.

구문

구조체 포인터에서 멤버로 액세스

구조체 포인터 -> 구조체 멤버

Sample9는 인수로서 구조체 포인터를 전달하는 함수를 이용한 코드입니다.

Sample9.c ▶ 구조체 포인터를 함수의 인수로 이용

```
#include <stdio.h>

/* 구조체 형 struct Car의 선언 */
typedef struct Car{
    int num;
    double gas;
}Car;

/* show 함수의 선언 */
void show(Car *pC);
```
┌── 구조체 포인터를 인수로 갖는 함수입니다.
```
int main(void)
{
    Car car1 = {0, 0.0};

    printf("번호를 입력하세요. \n");
    scanf("%d", &car1.num);

    printf("연료량을 입력하세요. \n");
    scanf("%lf", &car1.gas);

    show(&car1);
```
        └── 구조체 car1의 어드레스를 전달합니다.
```
    return 0;
}
```

Lesson
11

```
/* show 함수의 정의 */
void show(Car *pC)
{
    printf("자동차 번호는 %d : 연료량은 %f입니다. \n", pC->num, pC->gas);
}
```

포인터에서 멤버로 액세스합니다.

show() 함수 안의 처리를 보기 바랍니다.

```
printf("자동차 번호는 %d : 연료량은 %f입니다. \n", pC->num, pC->gas);
```

이 함수 안에서는 포인터가 전달되기 때문에 멤버에 액세스하는 경우 도트 연산자
(.)가 아닌 화살표 연산자(->))를 사용하고 있습니다. 실행 결과는 Sample8과 같습니
다.

이 코드와 같이 작은 구조체에서는 인수로 포인터를 이용하지 않아도 호출 속도는
거의 변하지 않습니다. 그러나 멤버를 많이 갖는 큰 구조체를 사용할 경우에는 그 차
이를 무시할 수 없습니다.

구조체 포인터에서 멤버로 액세스할 때 화살표 연산자를 사용하면 편리하다.

구조체의 배열

이번에는 '구조체의 배열'을 작성해 보겠습니다. 구조체 형은 일반적인 형처럼 취급
할 수 있기 때문에 구조체의 배열도 작성할 수 있습니다. 다음 코드를 보기 바랍니다.

```
#include <stdio.h>

/* 구조체 형 struct Car의 선언 */
typedef struct Car{
    int num;
    double gas;
}Car;

int main(void)
{
    Car cars[3];              구조체의 배열 cars[ ]를 선언합니다.
    int i;
                                    3개의 구조체인 각 요소에
                                    값을 저장합니다.
    cars[0].num = 1234; cars[0].gas = 25.5;
    cars[1].num = 4567; cars[1].gas = 52.2;
    cars[2].num = 7890; cars[2].gas = 20.5;

    for(i=0; i<3; i++){
        printf("자동차 번호는 %d : 연료량은 %f입니다. \n", cars[i].num, cars[i].gas);
    }

    return 0;
}
```

Sample10 실행 화면

```
자동차 번호는 1234 : 연료량은 25.500000입니다.
자동차 번호는 4567 : 연료량은 52.500000입니다.
자동차 번호는 7890 : 연료량은 20.500000입니다.
```

Lesson
11

　여기에서는 자동차 3대의 번호와 연료량을 관리하는 코드를 작성했습니다. struct
Car형의 배열을 사용해서 자동차 3대를 나타내는 구조체의 데이터를 모아서 관리할
수 있습니다. 배열의 각 요소는 구조체로 되어 있습니다. 이렇게 하면 복잡한 코드를
반복문을 사용해서 간단하게 표기할 수 있기 때문에 매우 편리합니다.

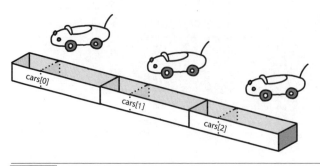

그림 11-10 **구조체의 배열**
구조체의 배열을 취급할 수 있습니다.

 구조체와 리스트

구조체는 이외에도 여러 가지 사용방법이 있습니다. 구조체의 멤버로서 같은 형 포인터를 멤버로 할 수도 있습니다.

```
typedef struct Car{
    int num;
    double gas;
    struct Car *next;    ← 같은 형 포인터를 포함할 수 있습니다.
} Car;
```

이와 같은 구조체 형을 선언하면 내부의 포인터에 의해 같은 형의 구조체를 지시할 수 있습니다. 즉 어떤 자동차가 다른 자동차를 지시할 수 있습니다. 이 방법을 사용하면 구조체를 구슬 목걸이처럼 관리할 수 있습니다. 다음 코드를 보기 바랍니다.

Sample11.c ▶ 구조체로 리스트 만들기

```
#include <stdio.h>

/* 구조체 형 Car의 선언 */
typedef struct Car{
    int num;
```

○

```
    double gas;
    struct Car *next;          ← struct Car형 포인터를 포함합니다(①).
}Car;

int main(void)
{
    Car car0;
    Car car1;
    Car car2;
    Car *pcar;

    car0.num = 1234; car0.gas = 25.5;
    car1.num = 4567; car1.gas = 52.2;
    car2.num = 7890; car2.gas = 20.5;

    car0.next = &car1;          ← car0 다음을 car1로 합니다(②).
    car1.next = &car2;          ← car1 다음을 car2로 합니다(③).
    car2.next = NULL;           ← car2를 마지막으로 합니다(④).
    for(pcar = &car0; pcar!=NULL; pcar = pcar->next){
        printf("자동차 번호는 %d : 연료량은 %f입니다. \n", pcar->num, pcar->gas);
    }                           ← 구슬 목걸이가 구조를 순서대로 찾아갑니다.

    return 0;
}
```

Sample11 실행 화면

```
자동차 번호는 1234 : 연료량은 25.50000입니다.
자동차 번호는 4567 : 연료량은 52.20000입니다.
자동차 번호는 7890 : 연료량은 20.50000입니다.
```

Lesson
11

이 코드에서는 struct Car라는 구조체 형에 포인터를 포함해서 다른 struct Car 구조체를 나타낼 수 있습니다(①). 즉 어떤 자동차가 다른 자동차를 지시할 수 있습니다. 이와 같은 방법을 사용해서 자동차를 구슬 목걸이처럼 관리할 수 있습니다. 실제로 자동차를 구슬 목걸이처럼 만드는 방법을 알아보겠습니다.

처음에 car0의 next 멤버에 car1의 어드레스를 대입하면 car0와 car1이 연결됩니다(②). 다음에 car1의 next 멤버에 car2의 어드레스를 대입하면 car1과 car2가 연결됩니다(③).

마지막으로 car2의 next 멤버에 NULL이라는 값을 대입합니다. 이것은 표준 라이브러리의 매크로로 정의된 값이며, 포인터가 아무것도 지시하지 않을 때 대입하는 값입니다. 여기에서는 car2 다음에 아무것도 지시하지 않기 때문에 car2를 마지막 데이터로 취급합니다(④). 이렇게 하면 car0, car1, car2의 순서대로 연결할 수 있습니다.

따라서 연결된 구조체에 순서대로 액세스할 수 있습니다. 조금 까다로운 구조이지만 차분히 확인하기 바랍니다.

> car0부터 시작해서…   NULL이 될 때까지   next 멤버를 찾아갑니다.

```
for(pcar = &car0; pcar!=NULL; pcar = pcar->next){
    printf("자동차 번호는 %d : 연료량은 %f입니다. \n", pcar->num, pcar->gas);
}
```

먼저 포인터 pcar에 1번째 자동차 car0의 어드레스를 대입해서 초기화합니다(①). for문 안에서는 pcar가 지시하는 자동차의 번호와 연료량을 출력합니다. 즉 1번째 자동차 car0의 내용을 출력합니다.

그리고 next 멤버를 참조해서 다음 자동차로 이동합니다(②). 이것을 pcar가 NULL(마지막)이 될 때까지 반복합니다(③). 즉 for문에서는 '(구슬 목걸이처럼 연결된) 자동차를 처음부터 마지막까지 순서대로 출력'하는 처리를 합니다. 이 구슬 목걸이처럼 연결된 구조를 리스트(list)라고 합니다. C 언어는 구조체를 이용해서 리스트를 구성할 수 있습니다.

앞의 코드에서 배운 것처럼 많은 데이터를 관리할 때는 구조체의 배열을 이용할 수도 있습니다. 단 배열을 사용하면 사전에 데이터의 개수나 배치가 정해지지만, 리스트를 사용하면 따로따로 존재하는 구조체를 연결할 수 있습니다. 리스트는 순서를 바꾸거나 사용자 입력에 따라 유연한 처리가 필요할 때 편리한 구조입니다.

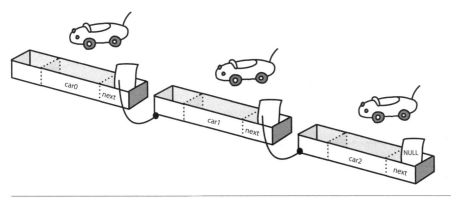

그림 11-11 리스트

구조체에 포인터를 포함하면 구슬 목걸이처럼 구조체를 연결할 수 있습니다.

데이터 구조

리스트와 배열 등 프로그램에서 사용되는 데이터를 관리하기 위한 구조를 데이터 구조(data structure)라고 합니다. 여기에서 배운 리스트에서는 미리 준비한 3개의 구조체를 연결했지만, 실무에서 사용되는 리스트에서는 사용자의 조작에 따라 필요한 수의 데이터를 연결하는 것이 일반적입니다.

Lesson
11

공용체 형의 구조

이 절에서는 구조체 형과 매우 비슷한 형태를 가진 공용체 형(union type)에 대해서
배워보겠습니다. 공용체 형의 선언은 다음과 같습니다.

> **구문** **공용체 형의 선언**
>
> ```
> union 공용체 형 이름 {
>     형 이름   식별자;        ┌─ union을 붙여서 선언합니다.
>     형 이름   식별자;
>     ...
> };
> ```

공용체 형은 구조체 형의 예약어 struct 대신에 union이라는 예약어를 사용합니다.
공용체 형도 공용체 형의 변수를 준비해서 값을 저장할 수 있습니다. 단, 공용체 형의
각 멤버는

동시에 값을 기억할 수 없고

전체적으로 1개밖에 값을 기억할 수 없다

는 특징이 있습니다. 다음 코드를 보기 바랍니다.

Sample12.c ▶ 공용체 형의 이용

```c
#include <stdio.h>

/* 공용체 형 union Year의 선언 */         ← 공용체 형을 선언합니다.
typedef union Year{
    int ad;
    int old;
}Year;                    ← 이름을 붙입니다.
int main(void)
{
    Year myyear;          ← 공용체의 변수를 선언합니다.
    int a, o;

    printf("연도를 입력하세요. \n");
    scanf("%d", &a);

    myyear.ad  = a;       ← myyear의 멤버 ad에 값을 저장하면…

    printf("올해는 %d년입니다. \n", myyear.ad);
    printf("나이는 %d살입니다. \n", myyear.old);  ←
                                            멤버 old도 같은 값이 됩니다.
    printf("나이를 입력하세요. \n");
    scanf("%d",&o);

    myyear.old = o;

    printf("나이는 %d살입니다. \n", myyear.old);
    printf("연도는 %d년입니다. \n", myyear.ad);

    return 0;
}
```

Sample12 실행 화면

```
연도를 입력하세요.
2000 ↵
올해는 2000년입니다.        ┐   ad와 old는 같은 메모리를 공유하기
나이는 2000살입니다.        ┘   때문에 같은 값이 됩니다.
나이를 입력하세요.
12 ↵
나이는 12살입니다.
연도는 12년입니다.
```

Lesson
11

이 코드에서는 공용체 형인 union Year을 선언해서 새로운 형으로 이용했습니다. 또한 형 이름에는 typedef을 사용해서 Year라는 간단한 이름을 할당하고 있습니다. 코드의 실행 결과를 확인해 봅니다. 공용체의 멤버인 ad와 old는

동시에 다른 값을 기억할 수 없다

는 것을 알 수 있습니다. 어떤 멤버의 값을 변경하면 다른 멤버의 값도 같은 값으로 변경됩니다.

공용체의 멤버는 모두 메모리의 같은 위치에 값을 저장하기 때문에 ad에 값을 대입하면 old의 값도 ad와 같게 됩니다. 공용체는 제한된 메모리를 절약하기 위해 사용되는 형입니다.

공용체의 멤버는 한번에 1개의 값만을 기억할 수 있다.

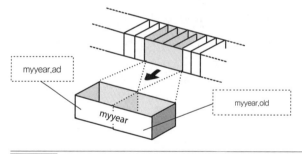

그림 11-12 공용체

공용체의 각 멤버는 전체적으로 1개의 값만을 기억할 수 있습니다.

11.6 열거형

 열거형

마지막으로 열거형(enumerated type)에 대해서 설명하겠습니다. 열거형 역시 처음에 무슨 형인지를 선언합니다. 다음의 열거형 선언의 형식을 살펴봅니다.

 열거형의 선언

> **enum** 열거형 이름 {식별자1, 식별자2, 식별자3, ···}
> └─ enum을 붙여서 선언합니다.

열거형은 식별자를 값으로 저장할 수 있는 형입니다. 예를 들어 다음과 같은 것이 열거형입니다.

```
enum    Week{SUN, MON, TUE, WED, THU, FRI, SAT};
                └─ enum Week형은 이들의 값을 저장합니다.
```

이 열거형 enum Week는 SUN, MON··· 이라는 식별자의 값을 저장할 수 있는 형입니다. 실제로 열거형을 사용해서 열거형의 변수를 선언해 보겠습니다. 다음 코드를 보기 바랍니다.

Sample13.c ▶ 열거형의 이용

```
#include <stdio.h>

/* 열거형 enum Week의 선언 */
typedef enum Week{SUN, MON, TUE, WED, THU, FRI, SAT} Week;
                  ●──────[열거형을 선언합니다.]              ●──[Week라는 이름을 붙입니다.]
int main(void)
{
    Week w; ●──────[열거형의 변수를 선언합니다.]
    w = SUN; ●──────[식별자의 값을 저장할 수 있습니다.]

    switch(w){
        case SUN: printf("일요일입니다. \n"); break;
        case MON: printf("월요일입니다. \n"); break;
        case TUE: printf("화요일입니다. \n"); break;
        case WED: printf("수요일입니다. \n"); break;    [식별자를 이용해서 이해
        case THU: printf("목요일입니다. \n"); break;     하기 쉬운 코드를 작성
        case FRI: printf("금요일입니다. \n"); break;     할 수 있습니다.]
        case SAT: printf("토요일입니다. \n"); break;
        default: printf("무슨 요일인지 모르겠습니다. \n"); break;
    }

    return 0;
}
```

Sample13 실행 화면

일요일입니다.

이 코드에서는 열거형인 enum Week형 변수 w를 선언했습니다. enum Week형 변수 w에는 SUN, MON… 이라는 값을 저장할 수 있습니다. 이 코드에서는 w의 값에 따라 서로 다른 출력을 합니다.

열거형의 값은 식별자이기 때문에 이해하기 쉬운 코드를 표기할 수 있습니다. 여기에서는 일요일부터 토요일까지의 값을 사용하고 있는 코드임을 쉽게 알 수 있습니다.

열거형을 사용해서 이해하기 쉬운 코드를 표기할 수 있다.

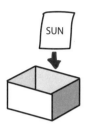

그림 11-13 열거형

열거형의 변수에는 식별자를 저장할 수 있습니다.

열거형의 수치 지정

또한 열거형은 식별자의 값을 저장할 수 있지만 내부적으로는 순서대로 0부터 하나
씩 증가하는 변수의 값이 배정되는 구조로 되어 있습니다.

```
typedef    enum Week{SUN, MON, TUE, WED, THU, FRI, SAT} Week;
```

SUN=`0` MON=`1` TUE=`2` WED=`3` THU=`4` FRI=`5` SAT=`6이 됩니다.`

따라서 Sample13의 코드는 다음과 같이 표기해도 같은 동작을 합니다.

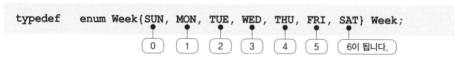

열거형 변수의 값은…

실제로는 정수 값이 됩니다.

```
switch(w) {
    case 0 : printf("일요일입니다. \n"); break;
    case 1 : printf("월요일입니다. \n"); break;
    case 2 : printf("화요일입니다. \n"); break;
    case 3 : printf("수요일입니다. \n"); break;
    case 4 : printf("목요일입니다. \n"); break;
    case 5 : printf("금요일입니다. \n"); break;
    case 6 : printf("토요일입니다. \n"); break;
    default : print("무슨 요일인지 모르겠습니다. \n"); break;
}
...
```

Lesson
11

그러나 식별자를 사용해서 값을 표기하는 쪽이 이해하기 쉬운 코드를 작성할 수 있는 열거형의 장점을 최대한 활용할 수 있습니다.

또한 열거형을 선언할 때 배정되는 정수 값을 변경할 수도 있습니다. 코드에 따라서는 이 정수 값을 스스로 지정하면 편리한 경우도 있습니다. 이 경우 선언할 때 대입 연산자인 =를 사용해서 수치를 지정합니다.

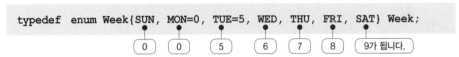

열거형이 나타내는 수치는 위와 같이 중복되어도 상관이 없습니다. 지정하지 않은 부분에서는 원칙적으로 하나씩 증가합니다.

열거형과 매크로의 비교

그런데 열거형처럼 코드를 읽기 쉽게 작성하는 방법에는 제7장에서 배운 매크로가 있습니다. 매크로를 사용할 때도 수치를 이해하기 쉬운 이름으로 치환할 수 있었습니다.

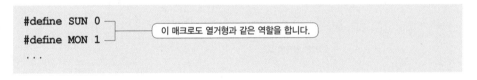

그러나 무언인가 의미가 있는 정리된 수치를 중복해서 사용할 경우에는 열거형을 사용하는 쪽이 코드를 이해하기 쉽게 작성할 수 있습니다.

이 장에서는 다음과 같은 내용을 배웠습니다.

- 기본형 이외에 새로운 형을 작성할 수 있습니다.
- 구조체는 서로 다른 형의 값을 하나로 정리할 수 있는 형입니다.
- 구조체의 멤버에 액세스하기 위해서는 도트 연산자(.)를 사용합니다.
- typedef를 사용해서 독자적인 형 이름을 사용할 수 있습니다.
- 구조체에 같은 형의 구조체를 대입할 수 있습니다.
- 구조체에 비트 필드를 적용할 수 있습니다.
- 구조체의 포인터에서 멤버로 액세스할 때 화살표 연산자(->)를 이용하면 편리합니다.
- 구조체의 배열을 작성할 수 있습니다.
- 공용체의 각 멤버는 같은 메모리를 공유합니다.
- 열거는 식별자의 값을 저장할 수 있습니다.

이 장에서 배운 대로 C 언어에서는 여러 가지 형을 선언하고 이용할 수 있습니다. 특히 구조체는 서로 다른 형의 값을 하나로 정리해서 저장할 수 있는 편리한 기능입니다. 여러 가지 형을 정의하는 방법을 익혀두기 바랍니다.

Lesson
11

연습

1. 구조체 형 struct Person을 선언하고 2개의 구조체 변수에 나이(int형 age)·몸무게(double형 weight)·키(double형 height)를 입력시켜서 다음과 같이 출력하는 코드를 작성하시오.

```
나이를 입력하세요.
28 ↵
몸무게를 입력하세요.
52.2 ↵
키를 입력하세요.
165.3 ↵
나이를 입력하세요.
32 ↵
몸무게를 입력하세요.
62.5 ↵
키를 입력하세요.
168.8 ↵
나이 28 몸무게 52.200000 키 165.300000입니다.
나이 32 몸무게 62.500000 키 168.800000입니다.
```

2. 1번의 구조체 배열을 작성해서 1번과 같은 결과가 되도록 코드를 작성하시오.

3. 1번의 구조체 포인터를 인수로 받아서 나이를 하나씩 증가시키는 함수 void aging(Person *p)을 작성하시오. 실제로 한 사람의 정보를 입력하고 1년 후의 정보를 출력하는 코드를 작성하시오.

```
나이를 입력하세요.
28 ↵
몸무게를 입력하세요.
52.2 ↵
키를 입력하세요.
165.3 ↵
나이 28 몸무게 52.200000 키 165.300000입니다.
1년이 경과했습니다.
나이 29 몸무게 52.200000 키 165.300000입니다.
```

Lesson

12

파일 입출력

지금까지 살펴본 프로그램 중에는 처리결과를 화면으로 출력하거나 키보드로부터 입력을 받는 것이 있었습니다. 마지막으로 화면·키보드 등의 입출력에 관한 기능에 대해서 자세히 설명하겠습니다. C 언어에서는 파일을 취급할 때 이 지식을 응용할 수 있습니다. 이 장을 학습한 후 보다 실용적인 프로그램을 작성하도록 합니다.

Check Point

- ●스트림
- ●변환 사양
- ●파일 입출력
- ●바이너리 파일
- ●랜덤 액세스
- ●커맨드라인 인수

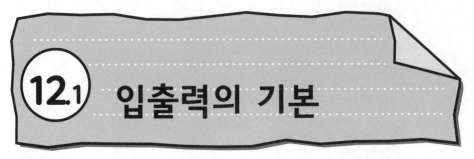

12.1 입출력의 기본

스트림 구조

지금까지 작성해온 프로그램 가운데 화면에 문자나 수치를 출력하거나, 키보드로부터 입력된 정보를 처리하는 프로그램들이 있었습니다. 입출력은 화면이나 키보드 또는 파일에 대해서 이루어집니다. 이런 장치들은 언뜻 보기에는 서로 다르지만, C 언어에서는 이런 장치들에 대한 입출력을 통일적인 방법으로 취급할 수 있습니다. 이런 입출력 기능을 지원하는 개념을 스트림(stream)이라고 합니다.

스트림은 여러 가지 서로 다른 장치를 동일하게 취급하기 위한 추상적인 구조입니다. 이 장에서는 여러 가지 입출력을 실행하는 프로그램을 작성해 보겠습니다.

그림 12-1 스트림
입출력은 스트림의 개념을 사용해서 실행됩니다.

입출력 함수의 서식

C 언어의 표준 라이브러리 함수에는 입출력을 실행하기 위한 함수가 다수 포함되어 있습니다. 지금까지 사용해온 printf() 함수나 scanf() 함수도 이 함수의 일종입니다. 이 표준적인 입출력 함수들은 stdio.h라는 파일을 인클루드해서 사용할 수 있습니다. 이 장에서는 먼저 printf() 함수와 scanf() 함수를 사용한 코드를 복습하겠습니다.

printf() 함수는 표준 출력(화면)으로 문자열을 출력하는 함수였고, scanf() 함수는 표준 입력(키보드)으로부터 입력된 값을 변수 등에 저장하는 함수였습니다.

Sample1.c ▶ 입출력 함수의 서식

```c
#include <stdio.h>

int main(void)
{
    int i;
    double d;
    char str[100];

    printf("정수 값을 입력하세요. \n");
    scanf("%d", &i);

    printf("소수 값을 입력하세요. \n");
    scanf("%lf", &d);

    printf("문자열을 입력하세요. \n");
    scanf("%s", str);

    printf("입력한 정수 값은 %d입니다. \n", i);
    printf("입력한 소수 값은 %lf입니다. \n", d);
    printf("입력한 문자열은 %s입니다. \n", str);

    return 0;
}
```

scanf() 함수는 서식 지정 입력을 합니다.

printf() 함수는 서식 지정 출력을 합니다.

Sample1 실행 화면

```
정수 값을 입력하세요.
5 ↵
소수 값을 입력하세요.
2.6 ↵
문지열을 입력하세요.
Hello ↵
입력한 정수 값은 5입니다.
입력한 소수 값은 2.600000입니다.
입력한 문자열은 Hello입니다.
```

수치나 문자열을 입력할 수 있습니다.

수치나 문자열을 출력할 수 있습니다.

Lesson
12

이 2개의 함수는 표준 출력·표준 입력에 대해서 일정한 서식을 지정해서 입출력을 하는 함수입니다. 변환 사양을 사용해서 2번째 이후의 인수를 어떤 서식으로 입출력할 것인지 지정합니다.

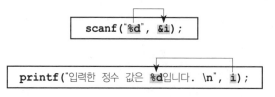

특히, scanf() 함수는 2번째 이후의 인수로서 포인터를 전달합니다. 따라서 지금까지는 scanf() 함수를 사용할 때, 입력된 값을 저장하는 변수 이름 앞에 & 연산자를 사용했습니다.

그러나 문자열을 입력할 때는 배열 이름에 & 연산자를 사용하지 않았습니다. 배열 이름은 그 자체가 1번째 요소를 지시하는 포인터의 역할을 가지고 있기 때문에 & 연산자는 표기할 필요가 없었습니다.

그런데 이 2개의 함수에서는 여러 가지 변환 사양을 사용할 수 있습니다. 그 외의 변환 사양을 표 12-1과 표 12-2에 정리해 두었습니다.

표 12-1 : printf() 함수의 변환 사양

변환 사양	내용
%c	문자로 출력한다.
%d	10진수로 출력한다.
%f	부동소수점수로 출력한다.
%e	지수(e)를 붙여서 출력한다.
%E	지수(E)를 붙여서 출력한다.
%s	문자열로 출력한다.
%p	포인터로 출력한다.
%o	8진수로 표기한다.
%x	16진수(소문자)로 출력한다.
%X	16진수(대문자)로 출력한다.
%u	부호 없는 10진수로 출력한다.

표12-2 : scanf() 함수의 변환 사양

변환 사양	내용
%c	문자로 입력한다.
%d	10진수로 입력한다.
%f	부동소수점수(float형)로 입력한다.
%lf	부동소수점수(double형)로 입력한다.
%s	문자열로 입력한다.
%p	포인터로 입력한다.
%o	8진수로 입력한다.
%x	16진수로 입력한다.
%u	부호 없는 10진수로 입력한다.

변환 사양에는 지금까지 사용해 온 정수·소수·문자 등을 취급하는 기호 이외에도 여러 가지 종류가 있습니다. 따라서 이 절에서는 몇 가지 변환 사양을 이용해서 출력을 해 보겠습니다.

과학적 기수법

N X 10n이라는 수치의 표기 방법을 과학적 기수법(scientific notation)이라고 합니다. 원주율의 경우 314 X 10-2나 31.4 X 10-1이 됩니다. C 언어에서는 과학적 기수법을 '가수 E 부호 지수'라는 형식으로 나타냅니다. 즉 원주율이면 314E-2나 31.4e-1로 나타냅니다. E를 e로 표기해도 상관없습니다.

Lesson
12

✒ 출력 자릿수의 지정

먼저 출력 자릿수를 지정하는 변환 사양을 이용해 보겠습니다. 출력할 문자나 수치 등의 자릿수를 지정할 수 있습니다. 다음 코드를 입력해보기 바랍니다.

Sample2.c ▶ 출력 자릿수의 지정

```
#include <stdio.h>

int main(void)
{
    int i;

    for (i=1; i<=10; i++){
        printf("%3d", i);
    }

    printf("\n");

    return 0;
}
```

10진수의 정수를 3자리수로 출력합니다.

Sample2 실행 화면

```
  1   2   3   4   5   6   7   8   9  10
```

3자릿수 간격으로 출력됩니다.

이 코드에서는 1부터 10까지의 수치를 3자릿수 간격으로 반복해서 출력하고 있습니다. 변환 사양에 수치를 지정하면 출력 자릿수를 지정할 수 있습니다.

3자릿수 간격으로 출력합니다.

```
printf("%3d", i);
```

만약, 출력할 값이 지정한 자릿수보다 큰 경우 출력 자릿수는 무시되고 그 값의 자릿수로 출력됩니다. 5자릿수 등도 확인해보기 바랍니다.

```
  1   2   3   4   5
```
%3d

또한 출력 자릿수 안에서 출력의 오른쪽 맞춤 또는 왼쪽 맞춤을 지정할 수 있습니다. 아무것도 지정하지 않거나 +를 붙이면 위와 같이 오른쪽 맞춤으로 출력됩니다. 만약 왼쪽 맞춤으로 지정하고 싶으면 %의 뒤에 −를 붙입니다.

왼쪽 맞춤으로 출력합니다.

```
printf("%-3d", i);
```

Sample2를 printf() 함수로 수정하면 실행 결과는 다음과 같이 왼쪽 맞춤으로 변합니다.

변경 후 Sample2 실행 화면

```
1   2   3   4   5   6   7   8   9   10
```
왼쪽 맞춤으로 출력합니다.

출력 자릿수를 지정하기 위해서는 변환 사양에 수치를 지정한다.
출력 위치를 지정하기 위해서는 변환 사양에 + 또는 ?를 지정한다.

정밀도 지정

printf() 함수로 수치를 출력할 때 출력되는 소수점 이하의 자릿수(정밀도)를 지정할 수 있습니다. 정밀도를 지정하기 위한 변환 사양은 마침표(.)를 붙인 수치를 이용합니다.

```
printf("소수점 이하 3자릿수로 출력하면 %.3f입니다. \n", num);
```
소수점 이하 3자릿수로 출력합니다.

다음과 같은 코드를 작성해보기 바랍니다.

Sample3.c ▶ 정밀도 지정

```
#include <stdio.h>

int main(void)
```

Lesson
12

```
{
    double num;

    printf("소수를 입력하세요. \n");
    scanf("%lf", &num);

    printf("소수점 이하 3자릿수로 출력하면 %.3f입니다. \n", num);

    return 0;
}
```

소수점 이하 3자릿수로 출력합니다.

Sample3 실행 화면

```
소수를 입력하세요.
3.141592 ⏎
소수점 이하 3자릿수로 출력하면 3.141입니다.
```

소수점 이하 3자릿수로 출력됩니다.

이 코드에서 소수값을 입력하면 소수점 이하의 자릿수를 3자릿수로 제한해서 표시합니다. 부동소수점수는 보통 6자리로 표시되기 때문에 자릿수를 지정하면 출력을 읽기 쉽게 할 수 있습니다.

3.141592

%.3

 정밀도를 지정하기 위해서는 .(마침표) 뒤에 수치를 지정한다.

🖊 변환 사양의 조합

여기까지 소개한 변환 사양을 조합해서 복잡한 서식 지정을 할 수 있습니다. 다음 지정은 '부동소수점수를 왼쪽 맞춤, 6자릿수, 소수점 이하 2자릿수로 출력'하는 지정입니다.

```
printf("원주율은 %-6.2f입니다. \n", 3.141592);
```

↓

원주율은 **3.14**   입니다.

여기에서 출력 자릿수 등의 서식을 지정하는 구문은 다음과 같습니다.

출력 서식의 지정

%±출력 자릿수.정밀도 서식

10진수 이외의 출력

마지막으로 8진수와 16진수로 출력하는 방법을 살펴보겠습니다. 변환 사양을 사용하면 10진수 이외의 표기로 수치를 출력할 수도 있습니다. 다음 Sample4는 10진수 이외의 표기로 수치를 출력하는 코드입니다.

Sample4.c ▶ 여러 가지 표기법의 출력

```
#include <stdio.h>

int main(void)
{
    printf("10을 10진수로 표기하면 %d입니다. \n", 10);
    printf("10을 8진수로 표기하면 %o입니다. \n", 10);
    printf("12를 8진수로 표기하면 %o입니다. \n", 12);
    printf("10을 16진수로 표기하면 %x입니다. \n", 10);

    return 0;
}
```

8진수로 출력합니다.

16진수로 출력합니다.

Lesson
12

Sample4 실행 화면

10을 **10**진수로 표기하면 **10**입니다.
10을 **8**진수로 표기하면 **12**입니다.
12를 **8**진수로 표기하면 **14**입니다.
10을 **16**진수로 표기하면 **a**입니다.

　지금까지 가장 자주 사용해온 %d라는 변환 사양은 10진수로 정수를 출력하는 지정입니다. 이 외에도 8진수로 출력할 때는 %o, 16진수로 출력할 때는 %x를 사용합니다. 8진수와 16진수의 의미에 대해서는 제2장을 복습하기 바랍니다.

8진수로 출력할 때는 변환 사양 %o를 사용한다.
16진수로 출력할 때는 변환 사양 %x를 사용한다.

12.2 여러 가지 입출력 함수

한 줄씩 입출력하기

지금까지 문자열 등을 입력할 때 scanf() 함수를 사용했습니다. 단, scanf() 함수를 사용하면 곤란한 경우가 생길 때도 있습니다. 다음 코드를 입력해보기 바랍니다.

Sample5.c ▶ 공백을 읽지 못한다

```
#include <stdio.h>

int main(void)
{
    char str[100];

    printf("문자열을 입력하세요. \n");
    scanf("%s", str);  ●────── scanf() 함수로 입력해도…

    printf("입력한 문자열은 %s입니다. \n", str);

    return 0;
}
```

Sample5 실행 화면

```
문자열을 입력하세요.
This is a pen. ↵
입력한 문자열은 This입니다. ●────── 공백을 읽을 수 없습니다.
```

scanf() 함수를 이용해서 문자열을 입력하면 공백을 저장할 수 없습니다. 따라서 공백을 포함하는 문자열을 저장하고 싶을 때는 다른 입력용 함수를 사용해야 됩니다. 이와 같은 함수 가운데 하나가 표준 입력으로부터 1줄 전체의 입력을 받아들이는 gets_s() 함수입니다. Sample5의 코드를 다음과 같이 수정합니다.

Sample6.c ▶ gets() 함수의 이용

```
#include <stdio.h>

int main(void)
{
    char str[100];

    printf("문자열을 입력하세요. \n");
    gets_s(str);        ● ─── [ gets_s() 함수를 사용하면… ]

    printf("입력한 문자열은 %s입니다. \n", str);

    return 0;
}
```

Sample6 실행 화면

```
문자열을 입력하세요.
This is a pen.                    ─── [ 공백까지 읽어 들일 수 있습니다. ]
입력한 문자열은 This is a pen.입니다. ●
```

이번에는 gets_s() 함수를 사용했습니다. gets_s() 함수는 공백까지 읽어 들이는 것을 알 수 있습니다. gets_s() 함수는 줄 바꿈(Enter 키)을 입력할 때까지 1줄을 그대로 읽어 들이는 함수입니다. 읽어 들인 문자열은 줄 바꿈 하는 곳에서 \0이 붙여진 배열에 저장됩니다.

그리고 gets_s() 함수에 대해 1줄을 출력하는 함수로서 puts() 함수가 있습니다. puts() 함수는 문자열을 그대로 출력할 때 사용할 수 있기 때문에 함께 기억해두기 바랍니다. 또한 puts() 함수는 printf() 함수와 같이 서식을 사용할 수 없고, \n 기호가 없어도 마지막에 줄 바꿈이 됩니다. printf() 함수와 puts() 함수의 차이점을 잘 알아두기 바랍니다.

> \n이 없어도 이곳에서 줄 바꿈이 됩니다.

```
puts("문자열을 입력하세요.");
```

> 1줄을 입력할 때는 gets_s() 함수를 사용한다.
> 1줄을 출력할 때는 puts() 함수를 사용한다.

한 글자씩 입출력하기

C 언어에서는 또 1줄 입력 대신에 표준 입출력으로부터 1문자씩 입출력하는 함수도 있습니다. 이것이 putchar() 함수와 getchar() 함수입니다. 함께 호출해 보겠습니다.

Sample7.c ▶ 1문자 입출력 함수의 이용

```c
#include <stdio.h>

int main(void)
{
    int ch;

    printf("문자를 계속 입력하세요. \n");

    while((ch=getchar()) != EOF){        // 1문자씩 입력합니다.
        putchar(ch);                     // EOF가 있을 때까지 반복합니다.
    }                                    // 1문자씩 출력합니다.

    return 0;
}
```

Lesson
12

Sample7 실행 화면

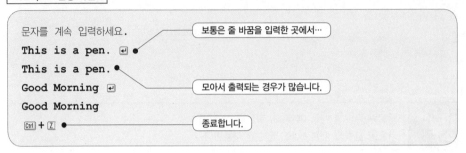

문자를 계속 입력하세요.

This is a pen. ⏎ ●———— 보통은 줄 바꿈을 입력한 곳에서…

This is a pen. ●

Good Morning ⏎ ———— 모아서 출력되는 경우가 많습니다.

Good Morning

Ctrl + Z ●———— 종료합니다.

문자를 입력할 때 getchar() 함수를 사용하고 있습니다. 이 코드는 1문자 입력을 하면 1문자 출력하는 처리를 반복하도록 표기한 코드입니다. 매크로 정의된 EOF 값이 반환될 때까지 반복 처리를 계속합니다.

ch에 1문자씩 입력해도…

```
while((ch=getchar()) != EOF){
    putchar(ch);
}
```

이것이 EOF가 있을 때까지 반복됩니다.

1문자씩 출력합니다.

Windows(명령 프롬프트)에서는 Ctrl + Z 로, UNIX 등에서는 Ctrl + D 를 키보드로 입력하면 EOF가 반환됩니다. 따라서 이 키들을 입력한 시점에서 프로그램 실행이 종료됩니다.

단, 1문자 입출력을 하는 코드는 일반적으로 1문자씩 입출력되는 것을 화면으로 확인할 수 있는 것은 아닙니다. 하드디스크 등에 입출력할 때는 버퍼링(buffering) 처리가 이루어지는데, 이것은 문자를 1문자씩 입출력하지 않고 모아서 입출력을 하는 기능입니다. 하드디스크에 데이터를 입출력하는 처리는 시간이 걸리기 때문에, 줄 바꿈을 입력하면 버퍼링 기능에 의해 한번에 입출력이 이루어집니다. 실행 화면에서도 줄 바꿈이 입력되었을 때 한번에 문자가 출력되고 있습니다.

또한 일반적으로 EOF는 −1이라는 정수 값으로 표현되는 경우가 많기 때문에 반환 값을 받는 변수 ch는 char형이 아닌 int형을 사용합니다.

1문자를 입력할 때는 getchar() 함수를 사용한다.
1문자를 출력할 때는 putchar() 함수를 사용한다.

12.3 파일 입출력의 기본

 ## 파일 구조

표준 라이브러리 함수를 사용하면 화면이나 키보드로 입출력을 할 수 있었습니다. 또한 데이터를 오래 보존하거나 대량의 데이터를 취급하기 위해서는 파일을 사용해서 데이터를 관리해야 합니다.

C 언어는 파일을 사용해서 데이터를 읽고 쓰는 코드 역시 지금까지 설명한 입출력 코드와 거의 비슷한 방식으로 작성할 수 있습니다. 파일로 쓰기는 '출력', 파일로부터의 읽기는 '입력' 작업에 해당합니다. 이 절에서는 파일을 이용한 입출력 조작의 기본을 배우겠습니다.

먼저 파일을 취급하는 기본 과정을 기억하기 바랍니다. 코드 상에서 파일을 처리하는 과정은 다음과 같은 순서로 조작합니다.

파일 '열기'와 '닫기'는 조작을 시작하기 전에 입출력에 사용되는 스트림의 개념과 실제 파일을 결합해서 조작이 끝난 후에 결합을 해제하는 처리를 의미합니다. 따라서 파일을 사용할 때 처음에 열고 마지막에 닫는 작업이 필요합니다.

① 열기   ② 읽기   ③ 닫기

그림 12-2 **파일 조작의 기본**
파일 조작은 ①열기, ②읽기, ③닫기 순서로 이루어집니다.

그러면 이 순서에 따라서 파일을 취급하는 코드를 작성해 보겠습니다. 또한 파일을
취급하는 프로그램의 실행 방법은 이 책의 앞부분에서 소개한 내용을 참고하기 바랍
니다.

Sample8.c ▶ 파일 조작의 기본

```c
#include <stdio.h>

int main(void)
{
    FILE *fp;

    fp = fopen("test1.txt", "w");          파일 열기를 합니다.

    if(fp == NULL){
        printf("파일을 열 수 없습니다. \n");    열기가 안되면 에러 처리를 합니다.
        return 1;
    }
    else{
        printf("파일을 열었습니다. \n");
    }
                              파일 닫기를 합니다.
    fclose(fp);
    printf("파일을 닫았습니다. \n");

    return 0;
}
```

Sample8 실행 화면

파일을 열었습니다.
파일을 닫았습니다.

이 코드를 실행하면 화면에 위와 같이 출력되고, test1.txt라는 빈 파일이 작업 중인 폴더 안에 작성됩니다.

이 코드에서는 파일 열기와 닫기만을 실행하고 있습니다. 파일 열기는 fopen() 함수를 사용해서 실행합니다. 이 함수에는

- 파일 이름
- 오픈 모드

라는 2개의 인수를 전달합니다. 여기에서는 "w"라는 오픈 모드를 지정했습니다. 파일이 열리고 파일을 지시하는 포인터(FILE *형)가 반환됩니다. 이것을 파일 포인터 또는 스트림 포인터라고 합니다.

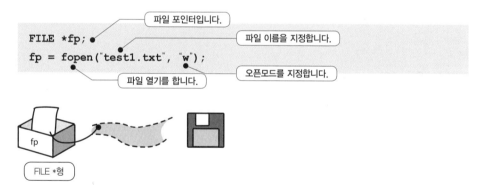

```
FILE *fp;
fp = fopen("test1.txt", "w");
```

파일 포인터입니다.
파일 이름을 지정합니다.
오픈모드를 지정합니다.
파일 열기를 합니다.

FILE *형

또한 어떤 이유로 파일 열기가 안되고 에러가 발생한 경우 fopen() 함수로부터 매크로 정의된 'NULL' 포인터가 반환됩니다.

따라서 에러가 발생해서 파일 포인터가 NULL이 된 경우 '열 수 없다'는 메시지를 출력하고 프로그램을 종료하는 처리도 함께 표기했습니다.

Lesson
12

```
if(fp == NULL){ ●        파일 열기가 안되면 · · ·
    printf("파일을 열 수 없습니다. \n");
    return 1;                          에러 처리를 합니다.
}
```

그리고 이 코드의 마지막에는 파일 닫기를 하는 fclose() 함수를 호출해서 파일을 닫습니다. 이 조작을 하지 않으면 파일에 문제가 발생하기 때문에 잊지 말도록 합니다.

```
fclose(fp); ●        파일 닫기를 합니다.
```

파일 열기와 닫기의 구문은 다음과 같습니다.

 구문

fopen() 함수, fclose() 함수

```
FILE *파일 포인터 = fopen("파일 이름", 오픈 모드);
fclose(파일 포인터);
```

또한 열기를 할 때 fopen() 함수로 지정할 수 있는 오픈 모드는 표 12-3과 같은 종류가 있습니다.

표 12-3 : 오픈 모드

오픈 모드	의미
"w"	쓰기용 텍스트 파일 열기
"r"	읽기용 텍스트 파일 열기
"a"	추가용 텍스트 파일 열기
"w+"	갱신용 텍스트 파일 열기(신규 작성)
"r+"	갱신용 텍스트 파일 열기(파일 열기)
"a+"	갱신하기 위한 추가용 텍스트 파일 열기
"wb"	쓰기용 바이너리 파일 열기
"rb"	읽기용 바이너리 파일 열기
"ab"	추가용 바이너리 파일 열기

파일 열기는 fopen() 함수를 사용한다.
파일 닫기는 fclose() 함수를 사용한다.

파일 함수

VisualStudio 환경에서는 fopen() 함수 외에도 보안을 고려한 fopen_s() 함수를 사용할 수 있습니다. 그러나 fopen_s() 함수는 fopen() 함수와 사용법이 다르므로 주의해야 합니다.

```
if(fopen_s (&파일포인터, "파일 이름", 모드)! = 0){
    printf( "파일을 열 수 없습니다.");
    return1;
}
...
```

> 파일을 열 수 없을 경우의 처리입니다.

파일 출력 – fputs() 함수

파일을 열고 닫는 기본적인 프로그램의 실행이 잘 됐습니까? 이전 코드에서 작성된 파일은 내용이 아무것도 없었기 때문에 이번에는 처리를 추가해서 실제로 데이터를 파일로 출력해 보겠습니다.

Sample9.c ▶ 파일 출력

```
#include <stdio.h>

int main(void)
{
    FILE *fp;

    fp = fopen("test1.txt", "w");
```

Lesson
12

```
    if(fp == NULL){
        printf("파일을 열 수 없습니다. \n");
        return 1;
    }
    else{
        printf("파일을 열었습니다. \n");
    }

    fputs("Hello!\n", fp);
    fputs("Goodbye!\n", fp);
    printf("파일로 출력했습니다. \n");

    fclose(fp);
    printf("파일을 닫았습니다. \n");

    return 0;
}
```

fputs("Hello!\n", fp); / fputs("Goodbye!\n", fp); → **파일로 출력합니다.**

Sample9 실행 화면

파일을 열었습니다.
파일로 출력했습니다.
파일을 닫았습니다.

이 코드에서는 파일 열기를 한 후 파일로 데이터를 출력하는 처리를 추가했습니다. 파일로 1줄씩 출력하기 위해서는 fputs() 함수를 사용합니다.

이 함수는 지정한 파일 포인터가 지시하는 파일로 문자열을 1줄씩 출력하는 처리를 합니다. 단, 이 함수를 사용하면 자동적으로 줄 바꿈이 안되기 때문에 줄 바꿈을 할 때는 \n을 붙여야 합니다. test1.txt를 열면 2개의 문자열이 출력되어 있을 것입니다.

test1.txt

Hello!
Goodbye! ● → **파일에 출력되어 있습니다.**

텍스트 파일로 1줄씩 출력을 할 때는 fputs() 함수를 사용한다.

파일 출력의 서식 지정

이번에는 취급할 데이터의 양을 조금 더 늘려보겠습니다. 키보드로 입력한 학생의 시험 점수를 파일로 출력해 보겠습니다. 이때 fputs() 함수와 같이 그대로 출력하는 것이 아니고, 출력 자릿수를 지정해서 데이터를 파일로 출력합니다.

Sample10.c ▶ 파일 출력의 서식 지정

```c
#include <stdio.h>
#define NUM 5

int main(void)
{
    FILE *fp;
    int test[NUM];
    int i, j;

    fp = fopen("test2.txt", "w");

    if(fp == NULL){
        printf("파일을 열 수 없습니다. \n");
        return 1;
    }
    else{
        printf("파일을 열었습니다. \n");
    }

    printf("%d명의 점수를 입력하세요. \n", NUM);
    for(i=0; i<NUM; i++){
        scanf("%d", &test[i]);
    }

    for(j=0; j<NUM; j++){
        fprintf(fp, "No.%-5d%d\n", j+1, test[j]);
```

서식을 지정해서 파일로 출력합니다.

Lesson
12

407

```
    }
    printf("파일로 출력했습니다. \n");

    fclose(fp);
    printf("파일을 닫았습니다. \n");

    return 0;
}
```

Sample10 실행 화면

```
파일을 열었습니다.
5명의 시험 점수를 입력하세요.
80 ↵
60 ↵
22 ↵
55 ↵
30 ↵
파일로 출력했습니다.
파일을 닫았습니다.
```

이번에는 파일로 출력할 때 fputs() 함수가 아니고 fprintf() 함수를 사용했습니다. 이 함수는 12.1절의 printf() 함수와 비슷하지만 파일에 연결된 스트림에 대해서 서식을 지정·출력할 수 있습니다. 이 함수는 printf() 함수와 같은 변환 사양을 사용해서 서식을 설정할 수 있습니다.

여기에서는 출력할 때 출력할 자릿수를 지정했습니다. 이 장의 처음에 설명한 화면으로 출력할 때 자릿수를 지정하는 것과 거의 같습니다. 코드를 실행하면 다음과 같이 test2.txt라는 파일이 작성되고 시험 성적이 일정한 자릿수로 출력됩니다.

test2.txt

```
No.1    80
No.2    60
No.3    22
No.4    55
No.5    30          일정한 간격으로 출력됩니다.
```

서식을 지정해서 텍스트 파일로 출력하기 위해서는 fprintf() 함수를 사용한다.

파일 입력 – fgets() 함수

이번에는 데이터를 읽는 코드를 표기해 보겠습니다. 여기에서는 Sample9에서 파일로 출력된 test1.txt의 문자열을 이용해서 이 파일 내용을 화면으로 출력합니다.

Sample11.c ▶ 파일 입력

```
#include <stdio.h>
#define NUM 20

int main(void)
{
    FILE *fp;
    char str1[NUM];
    char str2[NUM];

    fp = fopen("test1.txt", "r");        오픈 모드로 읽기를 합니다.

    if(fp == NULL){
        printf("파일을 열 수 없습니다. \n");
        return 1;
    }
    else{
        printf("파일을 열었습니다.\n");
    }
                                          지정한 파일로부터 최대 NUM–1개의 문자를
    fgets(str1, NUM-1, fp);               str1에 저장해서 문자열로 합니다.
    fgets(str2, NUM-1, fp);

    printf("파일로 출력된 문자열은 \n");
    printf("%s", str1);
    printf("%s", str2);

    fclose(fp);                                                         ●
```

Lesson
12

```
    printf("파일을 닫았습니다. \n");

    return 0;
}
```

Sample11 실행 화면

파일을 열었습니다.
파일로 출력된 문자열은
Hello!
Goodbye!
파일을 닫았습니다.

이 코드에서는 파일로 출력되어 있는 2개의 문자열을 읽어 들여서 그것을 화면으로 출력하고 있습니다. 파일 입력을 할 때는 오픈 모드로서 읽기용 "r"을 지정합니다. 열린 파일로부터 데이터를 입력할 때는 fgets() 함수를 사용할 수 있습니다. 이 함수는 파일 출력용 fputs() 함수와는 반대 처리를 하며, 줄 바꿈할 때까지 문자열을 읽어 들이고 줄 바꿈 문자가 입력될 때마다 저장합니다.

만약, 실행 결과와는 달리 '파일을 열 수 없습니다'라는 메시지가 출력되면 컴파일 후 생성된 폴더(CSample\12\Sample11)에 Sample9에서 작성된 text1.txt 파일을 복사한 후 실행해야 됩니다.

 main() 함수는 프로그램의 본체가 된다.

대량의 데이터 입력

파일을 취급하는 프로그램은 매우 편리합니다. 예를 들어 제7장의 시험 점수를 처리하는 코드에서는 키보드로 점수를 하나씩 입력했습니다. 그러나 시험 점수를 미리 파일로 준비해두면 대량의 데이터를 읽어 들이는 유연한 코드를 표기할 수 있습니다.

그러면 다음과 같은 파일을 텍스트 에디터(Windows의 경우 메모장)로 작성한 후 확인해 보겠습니다.

test3.txt

80	이와 같은 데이터를 준비해 둡니다.
68	
22	
33	
56	
78	
33	
56	

이것은 학생 8명의 시험 점수를 나타내는 데이터입니다. 이것을 읽어 들여서 시험 성적을 처리하는 코드를 작성해 보겠습니다. test3.txt는 컴파일과 링크 이후에 생성된 실행 프로그램(.exe 파일)과 같은 위치에 두세요.

Sample12.c ▶ 대량의 데이터 입력

```c
#include <stdio.h>
#define NUM 8

int main(void)
{
    FILE *fp;
    int test[NUM];
    int max, min;
    int i, j;

    fp = fopen("test3.txt", "r");

    if(fp == NULL){
        printf("파일을 열 수 없습니다. \n");
        return 1;
    }

    for(i=0; i<NUM; i++){
        fscanf(fp, "%d", &test[i]);
    }

    max = test[0];
    min = test[0];
    for(j=0; j<NUM; j++){
        if(max < test[j])
```

Lesson
12

```
            max = test[j];
        if(min > test[j])
            min = test[j];
        printf("No.%-5d%d\n", j+1, test[j]);
    }

    printf("최고 점수는 %d입니다. \n", max); ●
    printf("최저 점수는 %d입니다. \n", min); ●

    fclose(fp);

    return 0;
}
```

최고 점수와 최저 점수를 구합니다.

Sample12 실행 화면

```
No.1      80
No.2      68
No.3      22
No.4      33
No.5      56
No.6      78
No.7      33
No.8      56
최고 점수는 80점입니다.
최저 점수는 22점입니다.
```

이 코드에서는 미리 저장해둔 파일로부터 데이터를 읽어 들여 최고 점수와 최저 점수를 출력하는 성적관리를 하고 있습니다. 또한 데이터를 읽어 들일 때는 scanf( )함수와 비슷한 fscanf() 함수를 사용했습니다.

여기에서는 8명의 데이터를 준비했지만 이와 같이 파일을 사용하면 많은 데이터를 대량으로 입력할 수 있기 때문에 여러 가지 데이터를 취급하는 프로그램을 작성할 수 있습니다.

텍스트 파일로부터 서식을 지정해서 읽어 들일 때는 fscanf() 함수를 사용한다.

바이너리 파일과 랜덤 액세스

12.4

바이너리 파일 쓰기

지금까지 읽고 쓰기를 한 파일은 모두 텍스트 에디터로 읽고 쓰기가 가능한 파일입니다. 이와 같은 파일을 텍스트 파일(text file)이라고 합니다. 텍스트 파일은 텍스트 에디터로 읽고 쓰기에는 매우 편리하지만, 내용에 따라서는 파일 크기가 커지거나 처리속도가 느려지는 경우가 있습니다.

이때 바이너리 파일(binary file, 이진 파일)이라고 하는 파일을 이용하면 편리합니다. 바이너리 파일은 컴퓨터 내부에서 취급되는 데이터 형식 그대로 저장된 파일입니다.

바이너리 파일을 취급해야 할 경우도 있기 때문에 바이너리 파일을 조작하는 코드를 작성해 보겠습니다.

Sample13.c ▶ 바이너리 파일 쓰기

```c
#include <stdio.h>
#define NUM 5

int main(void)
{
    FILE *fp;
    int test[NUM] = {80, 60, 22, 50, 75};
    int i;

    fp = fopen("test1.bin", "wb");          바이너리 파일을 쓰기용으로 열었습니다.

    if(fp == NULL){
        printf("파일을 열 수 없습니다. \n");
```

```
    return 1;
}

for(i=0; i<NUM; i++){
    fwrite(&test[i], sizeof(int), 1, fp);
}
printf("파일로 출력했습니다. \n");

fclose(fp);

return 0;
}
```

배열의 각 요소를 파일로 출력합니다.

파일로 출력했습니다.

Sample13의 실행 결과로 test1.bin이라는 바이너리 파일이 작성됐습니다. 바이너리 파일을 취급하는 방법도 지금까지 배운 조작과 거의 비슷합니다. 바이너리 파일을 취급하기 위해서는 파일을 열 때 오픈 모드로서 "b"를 추가합니다. 여기에서는 쓰기용으로 열기 때문에 w와 조합해서 "wb"로 지정하고 있습니다.

바이너리 파일을 쓰기용으로 엽니다.

```
fp = fopen("test1.bin", "wb");
```

이 바이너리 파일에는 fwrite() 함수를 사용해서 쓰기를 할 수 있습니다. 이 함수는 쓰기용 요소 포인터(요소의 어드레스를 저장하는 포인터)와 데이터 크기를 지정합니다. 여기에서는 배열 요소를 하나씩 쓰기 때문에 다음과 같이 지정합니다.

```
for(i=0; i<NUM; i++){
    fwrite(&test[i], sizeof(int), 1, fp);
}
```

개수입니다.
데이터 크기입니다.
요소 포인터입니다.

또한 배열의 경우 반복문을 사용해서 하나씩 쓰지 않고 한번에 다음과 같이 쓰기를
할 수도 있기 때문에 기억해두기 바랍니다.

```
배열 1번째 요소의 포인터입니다.

fwrite(test, sizeof(test), 1, fp);

배열 전체의 크기입니다.
```

fwrite() 함수

fwrite(데이터 포인터, 데이터 크기, 개수, 파일 포인터**);**

> 지정 크기의 데이터를 쓰기 위해서는 fwrite() 함수를 사용한다.

바이너리 파일 읽기

프로그램을 실행하고 작성된 test1.bin을 텍스트 에디터로 열면 지금까지와는 다르
게 읽을 수 없는 데이터로 되어 있습니다.

그러나 Sample13에서 작성된 바이너리 파일로부터 데이터를 읽어서 화면으로 출력
할 수 있습니다. 이번에는 다음과 같은 코드를 작성해 보겠습니다.

Sample14.c ▶ 바이너리 파일 읽기

```c
#include <stdio.h>
#define NUM 5

int main(void)
{
    FILE *fp;
    int test[NUM];
    int i, j;
                                바이너리 파일을 읽기용으로 엽니다.

    fp = fopen("test1.bin", "rb");                              ○
```

Lesson
12

```
    if(fp == NULL){
        printf("파일을 열 수 없습니다. \n");
        return 1;
    }

    for(i=0; i<NUM; i++){
        fread(&test[i], sizeof(int), 1, fp);
    }

    for(j=0; j<NUM; j++){
        printf("%d\n", test[j]);
    }

    fclose(fp);

    return 0;
}
```

파일로부터 데이터를 읽어 들여 배열의 각 요소에 저장합니다.

Sample14 실행 화면

```
80
60
22
50
75
```

이번에는 바이너리 파일로 저장되어 있는 데이터를 읽어서 화면으로 출력하고 있습니다. 바이너리 파일을 읽을 때는 "rb"를 지정하고, 데이터를 읽기 위해서는 fread() 함수를 사용합니다. 이전의 쓰기와 비슷합니다.

```
for(i=0; i<NUM; i++){
    fread(&test[i], sizeof(int), 1, fp);
}
```

개수입니다.

데이터 크기입니다.

요소 포인터입니다.

Sample14에서도 반복문을 사용하지 않고 다음과 같이 작성할 수도 있습니다.

> 배열 1번째 요소의 포인터입니다.

```
fread(test, sizeof(test), 1, fp);
```

> 배열 전체의 크기입니다.

바이너리 파일로부터 읽어 들인 데이터는 배열 test[ ]로 저장되기 때문에 같은 값을 출력하게 됩니다.

 fread() 함수

> **fread(**영역 포인터, 데이터 크기, 개수, 파일 포인터**);**

 지정된 크기의 데이터를 읽기 위해서는 fread() 함수를 사용한다.

 # 랜덤 액세스

이번에는 파일로 액세스하는 방법에 대해서 배우겠습니다. 지금까지 파일에서는 파일의 처음부터 순서대로 데이터를 읽고 쓰기를 하게 되어 있었습니다. 이와 같이 처음부터 순서대로 파일을 취급하는 방법을 순차 접근(sequential access)이라고 합니다.

이에 반해서 파일 중간에 액세스하는 방법을 랜덤 액세스(random access)라고 합니다. 이 액세스 방법을 이용하면 효율 좋은 프로그램을 작성할 수 있기 때문에 기억해 두기 바랍니다.

랜덤 액세스를 하려면 '파일 안의 어느 위치에서 데이터를 읽고 쓰는지'라는 지정이 필요합니다. 따라서 데이터를 읽고 쓰기를 하고 있는 '현재 위치'의 개념이 필요합니다. 이 위치를 파일 포지션이라고 합니다.

Lesson
12

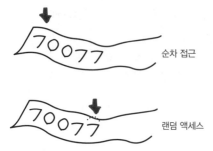

순차 접근

랜덤 액세스

그림 12-3 **파일 액세스**

파일 처음부터 순차적으로 읽고 쓰는 방법을 '순차 접근'이라고 합니다(위).
파일 임의의 장소에서 읽고 쓰는 방법을 '랜덤 액세스'라고 합니다(아래).

랜덤 액세스를 처리하는 코드를 작성하겠습니다. 여기에서는 Sample13에서 작성한 바이너리 파일의 test1.bin을 사용해 봅니다. 이 파일에 대해서 지정된 부분의 데이터만을 읽어보도록 하겠습니다.

Sample15.c ▶ 랜덤 액세스

```c
#include <stdio.h>
#define NUM 5

int main(void)
{
    FILE *fp;
    int num;
    int i;

    fp = fopen("test1.bin", "rb");

    if(fp == NULL){
        printf("파일을 열 수 없습니다. \n");
        return 1;
    }

    printf("몇 번째 데이터를 읽을까요? (1~5) \n");
    scanf("%d", &i);
```

○

```
    fseek(fp, (i-1)*sizeof(int), SEEK_SET);

    fread(&num, sizeof(int), 1, fp);

    printf("%d몇 번째 데이터는 %d입니다. \n", i, num);

    fclose(fp);

    return 0;
}
```

읽은 데이터 위치로 이동합니다.

Sample15 실행 화면

```
몇 번째 데이터를 읽을까요? (1~5)
3 ↵
3번째 데이터는 22입니다.
```

랜덤 액세스를 하기 위해서는 fseek() 함수를 사용해서 액세스할 데이터의 위치로 '현재 위치'를 이동합니다.

파일의 처음부터 세어서···

```
fseek(fp, (i-1)*sizeof(int), SEEK_SET);
```

이 크기만큼 이동합니다.

이 함수는 3번째 인수에서 지정한 시작 위치로부터, 2번째 인수에서 지정한 크기만큼 이동하는 지정이 됩니다. 시작 위치는 다음 3가지 매크로 정의를 사용할 수 있습니다.

SEEK_SET	파일의 처음
SEEK_CUR	현재 위치
SEEK_END	파일의 마지막

구문

fseek() 함수

fseek(파일 포인터, 이동할 크기, 시작 위치**);**

Lesson
12

이동하면 그 위치로부터 int형 데이터를 하나씩 읽기 때문에 다음과 같은 fread() 함수를 사용해서 읽어 들입니다.

변수 포인트입니다.

```
fread(&num, sizeof(int), 1, fp);
```

데이터 크기입니다.

이와 같은 코드를 작성해서 키보드로부터 지정한 위치의 데이터를 읽어 들일 수 있습니다.

파일 처음부터 순차 접근할 수 있다.
파일의 특정 장소로 랜덤 액세스할 수 있다.

12.5 커맨드라인 입력

커맨드라인 인수의 이용

지금까지 배운 코드에서는 읽고 쓰는 파일 이름은 모두 'test●.txt'라는 이미 정해진 파일 이름을 사용했지만 프로그램을 실행할 때 읽고 쓰는 파일 이름을 사용자가 지정할 수 있으면 보다 편리한 프로그램이 될 것입니다.

C 언어는 사용자가 지정한 문자열을 실행할 때 받아 들이는 구조로서 커맨드라인 인수(command line argument)라는 기능을 사용할 수 있습니다. 커맨드라인 인수는 다음과 같이 main() 함수의 인수 형식으로 문자열을 받아 들입니다.

구문 커맨드라인 인수

```
int main(int argc, char *argv[])
{
    ...

}
```

입력한 문자열을 받아들입니다.
입력한 문자열의 개수를 받아들입니다.

이 코드를 실행하면 1번째 인수인 argc에는 사용자가 입력한 문자열의 개수가 저장됩니다. 또한 2번째 인수인 배열 argv[]에는 사용자가 입력한 문자열 포인터(문자열의 어드레스가 저장된 포인터)가 저장됩니다.

예를 들어, 사용자가 다음과 같이 입력해서 프로그램을 실행한 경우 argc와 argv[]에 다음과 같은 값이 저장됩니다.

```
Sample1 myfile.txt ↵
```

Lesson
12

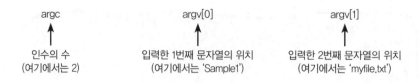

	argc	argv[0]	argv[1]
	↑	↑	↑
	인수의 수 (여기에서는 2)	입력한 1번째 문자열의 위치 (여기에서는 'Sample1')	입력한 2번째 문자열의 위치 (여기에서는 'myfile.txt')

프로그램을 실행할 때 1번째로 입력하는 것은 프로그램 이름입니다. 그 뒤에 공백
(Space Bar 키)으로 구분해서 2번째, 3번째… 문자열을 계속해서 입력하면 이것이
main() 함수의 인수로서 전달됩니다. 이 문자열들은 char *argv[]라는 문자열 포인
터의 배열로서 취급됩니다. 이 배열의 형식에 대해서는 제10장을 참고하기 바랍니다.

이 기능을 사용한 코드를 표기해보겠습니다. 이번에는 다음과 같이 텍스트가 입력
되어 있는 myfile.txt를 준비합니다.

myfile.txt

```
A long time ago,
There was a little girl.
```

이 예제를 실행할 때 이 책의 머리말에서 설명한대로 명령 프롬프트에서 파일 이름
을 지정해서 실행할 수 있습니다. 단, 제공된 예제 파일 myfile.txt는 컴파일 · 링크
후에 작성된 실행 프로그램(.exe 파일)과 같은 디렉터리에 저장하기 바랍니다.

Sample16.c ▶ 커맨드라인 인수의 이용

```
#include <stdio.h>

int main(int argc, char *argv[])
{
    FILE *fp;
    int ch;
```
○

```
    if(argc != 2){
        printf("매개변수의 수가 다릅니다. \n");
        return 1;
    }

    fp = fopen(argv[1], "r");

    if(fp == NULL){
        printf("파일을 열 수 없습니다. \n");
        return 1;
    }

    while((ch = fgetc(fp)) != EOF){
        putchar(ch);
    }

    fclose(fp);

    return 0;
}
```

- 입력한 문자열의 개수를 검사합니다.
- 입력한 2번째 문자열(파일 이름)을 지정해서 파일을 엽니다.
- 파일 마지막까지 1문자씩 읽어 들입니다.

Sample16 실행 방법

```
Sample16 myfile.txt ⏎
```

Sample16 실행 화면

```
A long time ago,
There was a little girl.
```

Lesson
12

　여기에서는 프로그램을 실행할 때 읽고 쓰는 파일 이름을 프로그램 이름과 함께 입력했습니다. 이 프로그램은 먼저 인수 argc를 검사해서 정확한 수의 인수(문자열)가 대입되었는지 검사를 합니다. 여기에서는 2개의 인수가 입력되기 때문에 다음과 같이 코드를 작성합니다.

```
if(argc != 2){
    printf("매개변수의 수가 다릅니다. \n");
    return 1;
}
```

argc의 값을 검사합니다.

다르면 프로그램을 종료합니다.

그 후 인수 argv[1](파일 이름을 나타내는 문자열 포인터)을 사용해서 지금까지와 마찬가지로 파일을 열고 있습니다.

```
fp = fopen(argv[1], "r");
```

argv[1]은 지정된 파일 이름입니다.

따라서 읽고 쓰는 파일 이름이 'myfile.txt'가 아니라도 프로그램을 다시 수정해서 작성하지 않고 다른 파일 이름을 지정할 수 있습니다.

이와 같이 커맨드라인 인수를 사용하면 실행할 때 사용자가 정보를 부여하는 프로그램을 작성할 수 있습니다. 또한 이렇게 지정된 파일 내용을 1문자씩 읽어 내는 프로그램도 작성할 수 있습니다.

또한 파일로 1문자를 입출력하려면 fgetc() 함수, fputc() 함수를 사용할 수 있습니다. 이 함수들은 지정한 파일로부터 1문자를 입출력 합니다. 함수의 형식에 대해서는 이 책 후반부의 Appendix B를 참고하기 바랍니다.

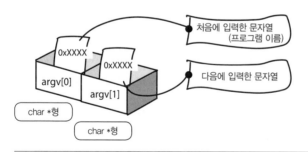

처음에 입력한 문자열
(프로그램 이름)

다음에 입력한 문자열

0xXXXX

0xXXXX

argv[0]

argv[1]

char *형

char *형

그림 12-4 커맨드라인 인수

main() 함수에 커맨드라인 인수를 지정할 수 있습니다.

커맨드라인에서 인수를 전달할 수 있다.

중요

 디버그

지금까지 여러 가지 프로그램을 만들어 보았는데 어땠습니까? 오류 없이 코드를 작성할 수 있었습니까? 그러나 사람은 실수를 할 수 있기 때문에 코드를 작성할 때 여러 가지 오류를 범할 가능성이 있습니다.

예를 들어 C 언어의 문법을 잘못 사용해서 코드를 컴파일할 수 없는 경우가 발생할 수도 있고, 또 얼핏 보기엔 제대로 동작하고 있는 프로그램이라도 예상했던 동작과는 다르게 작동할 수도 있습니다.

이런 프로그램 내의 오류를 버그(bug)라고 합니다. 프로그램을 완성시키기 위해서는 프로그램에 포함되는 버그를 없애야 합니다. 코드 내의 버그를 찾아서 수정하는 작업을 디버그(debug)라고 합니다.

C 언어는 디버그 작업을 하기 위해 몇 가지 편리한 기능을 준비해두고 있습니다. 따라서 마지막으로 이 절에서는 C 언어의 디버그 기능에 대해서 설명하겠습니다.

 조건부 컴파일

디버그 작업 가운데 하나로서 변수의 내용이 어떤 값을 가지고 있는지를 확인할 때가 있습니다. 또한 프로그램 가운데 실행은 가능하더라도 예상과는 다른 결과가 발생하는 경우도 있습니다. 이때 변수의 내용을 화면 등으로 출력하는 코드를 작성해서, 적절한 값이 저장되어 있는지 확인하는 작업을 합니다.

그러나 버그를 수정한 후, 디버그용으로 작성된 코드는 필요가 없습니다. 즉 사용자에게 배포할 최종적인 프로그램은 컴파일 과정에서 작성한 디버그용 코드가 필요 없습니다. 따라서 C 언어의 프리프로세서는 상황에 따라 컴파일을 할 수 있는 조건부 컴파일(conditional compilation)이라는 지정을 준비해 두고 있습니다. 다음 코드를 보기 바랍니다.

Sample17.c ▶ 조건부 컴파일

```
#include <stdio.h>
#define DEBUG        ① 매크로를 정의합니다.

int main(void)
{
   int i;
   int sum = 0;

   for(i=1; i<=5; i++){       ② 매크로가 정의되어 있는 경우에···
      #ifdef DEBUG
         fprintf(stderr, "변수 sum의 값은 %d가 되었습니다. \n", sum);
      #endif
      sum = i + sum;          ③ 이 코드를 컴파일 합니다.
   }
   printf("1~5까지의 합계는 %d입니다. \n", sum);

   return 0;
}
```

Sample17 실행 화면

```
변수 sum의 값은 0이 되었습니다.
변수 sum의 값은 1이 되었습니다.
변수 sum의 값은 3이 되었습니다.      디버그 정보가 표시됩니다.
변수 sum의 값은 6이 되었습니다.
변수 sum의 값은 10이 되었습니다.
1~5까지의 합계는 15입니다.
```

이 코드에서는 다음과 같은 표기를 하고 있습니다.

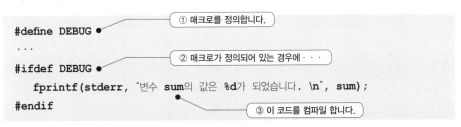

```
#define DEBUG ●─────── ① 매크로를 정의합니다.
...
#ifdef DEBUG ●─────── ② 매크로가 정의되어 있는 경우에···
    fprintf(stderr, "변수 sum의 값은 %d가 되었습니다. \n", sum);
#endif ─────── ③ 이 코드를 컴파일 합니다.
```

여기에서 #ifdef ~ #endif라는 지시는 조건에 따라서 컴파일하는 코드를 바꾸는 기능을 가지고 있습니다. 이 코드에서는 먼저 ① 'DEBUG'라는 매크로를 정의합니다. 이 매크로에는 치환할 문자열을 지정하지 않습니다. 그러나 이것도 매크로 정의입니다.

② #ifdef에서는 DEBUG 매크로가 정의되어 있는지를 검사합니다. 만약 DEBUG 매크로가 정의되어 있으면 #ifdef ~ #endif까지의 문이 컴파일됩니다. 여기에서는 DEBUG 매크로가 정의되어 있기 때문에 변수의 내용을 표시하는 코드가 컴파일됩니다.

디버그 작업에 의해 변수의 내용이 정확한지 확인되면 디버그 작업을 끝내고, 사용자가 실제로 사용할 프로그램을 컴파일할 때는 ①에서 정의한 매크로를 삭제한 후 다시 한번 컴파일해서 실행해보기 바랍니다. 실행 결과는 다음과 같습니다.

Sample17 실행 화면

1~5까지의 합계는 15입니다.

이번에는 변수의 내용이 표시되지 않습니다. 매크로 정의가 없기 때문에 #ifdef ~ #endif 부분의 코드는 컴파일되지 않았기 때문입니다. 조건부 컴파일에서는 이와 같이 조건에 따라서 컴파일하는 부분을 변경할 수 있습니다.

Lesson 12

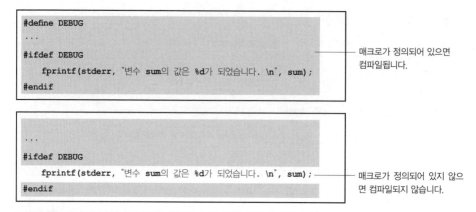

```
#define DEBUG
...
#ifdef DEBUG
    fprintf(stderr, "변수 sum의 값은 %d가 되었습니다. \n", sum);
#endif
```
매크로가 정의되어 있으면 컴파일됩니다.

```
...
#ifdef DEBUG
    fprintf(stderr, "변수 sum의 값은 %d가 되었습니다. \n", sum);
#endif
```
매크로가 정의되어 있지 않으면 컴파일되지 않습니다.

그림 12-5 조건부 컴파일

조건부 컴파일을 할 수 있습니다.

또한 여기에서는 변수의 내용을 표시하기 위해 fprintf() 함수를 사용하고 있습니다. 첫 번째 인수인 stderr은 표준 에러 출력이라고 부르는 장치에 연결되어 있는 스트림입니다. 표준 에러 출력이란 디버그 정보 등을 표기하기 위한 장치를 말합니다. 여기에서는 표준 출력과 같은 화면 장치로 되어 있지만 실행 환경에 따라서는 다른 장소가 되는 경우도 있습니다. 그때는 표준 에러 출력으로 지정되어 있는 장소로 변수의 내용이 표시됩니다.

이와 같이 조건부 컴파일에 의해 디버그에 필요한 코드를 디버그할 때만 컴파일할 수 있습니다. 프로그램을 완성할 때는 디버그용 코드를 제외할 수 있으니까 유용합니다. 조건부 컴파일에는 다음과 같이 다양한 방법도 있으니 확인해보기 바랍니다.

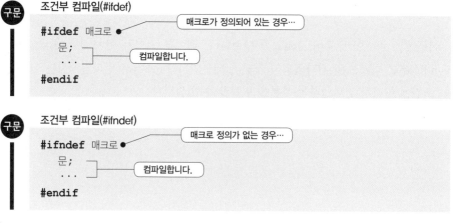

구문 **조건부 컴파일(#ifdef)**

매크로가 정의되어 있는 경우…

```
#ifdef 매크로
    문;
    ...
#endif
```
컴파일합니다.

구문 **조건부 컴파일(#ifndef)**

매크로 정의가 없는 경우…

```
#ifndef 매크로
    문;
    ...
#endif
```
컴파일합니다.

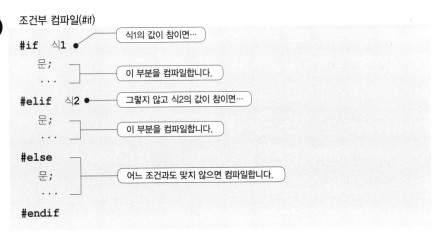

구문

조건부 컴파일(#if)

```
#if    식1 ●────── 식1의 값이 참이면…
    문;
    ...    ────── 이 부분을 컴파일합니다.
#elif   식2 ●────── 그렇지 않고 식2의 값이 참이면…
    문;
    ...    ────── 이 부분을 컴파일합니다.
#else
    문;    ────── 어느 조건과도 맞지 않으면 컴파일합니다.
    ...
#endif
```

 표준 매크로

마지막으로 디버그 작업에서 편리한 구조를 소개하겠습니다. C 언어의 환경에는 다음과 같이 미리 준비된 표준적인 매크로(Predefined Macro)가 정의되어 있습니다.

표 12-4 : 표준 매크로

매크로 이름	치환되는 내용
__LINE__	소스 파일의 줄 번호
__FILE__	소스 파일의 파일 이름
__DATE__	소스 파일을 컴파일할 때 날짜
__TIME__	소스 파일을 컴파일할 때 시간
__TIMESTAMP__	소스 파일이 최종 변경된 시간
__STDC__	ANSI C에 대응하면 1

Lesson
12

이 매크로들은 소스 파일에 관한 정보를 나타냅니다. #define을 사용해서 정의하지 않아도 코드 안에서 사용할 수 있습니다. 그러면 몇 가지 매크로를 이용해서 코드를 작성해 보겠습니다.

Sample18.c ▶ 표준 매크로

```
#include <stdio.h>
int main(void)
{
    int i;
    int sum = 0;

    fprintf(stderr, "소스 파일 이름 : %s\n",__FILE__);
    fprintf(stderr, "작성일자 : %s\n", __DATE__);
    fprintf(stderr, "작성시간 : %s\n", __TIME__);
    for(i=1; i<=5; i++){
        sum = i + sum;
    }
    printf("1~5까지의 합계는 %d입니다. \n", sum);

return 0;
}
```

> 표준 매크로입니다.

Sample18 실행 화면

```
소스 파일 이름 : c:\CSample\12\Sample18.c
작성일자 : MAY 10 2016
작성시간 : 12:34:56
1~5까지의 합계는 15입니다.
```

표준 매크로를 사용하면 소스 파일의 이름, 작성일자, 작성시간을 표시하기 때문에 소스 파일에 관한 정보를 얻을 수 있습니다. 조건부 컴파일과 조합하면 디버그를 할 때 도움이 될 것입니다. 이와 같이 C 언어에 포함된 기능을 이용하면 디버그 작업을 쉽게 처리할 수 있습니다.

함수의 이름 찾기

여기에서 언급한 내장 매크로 외에도 __func__ 라는 식별자를 디버깅에 사용할 수 있습니다. 이 식별자를 사용하면, 실행 중인 함수의 이름을 찾을 수 있습니다.

12.7 이 장의 요약

이 장에서는 다음과 같은 내용을 배웠습니다.

- 입출력 기능을 사용하기 위해서는 표준 라이브러리 〈stdio.h〉를 이용합니다.
- scanf() 함수 · printf() 함수를 사용해서 표준 입출력의 서식 지정 입출력을 할 수 있습니다.
- gets_s() 함수 · puts() 함수를 사용해서 표준 입출력의 1줄 출력을 할 수 있습니다.
- getchar() 함수 · putchar() 함수를 사용해서 표준 입출력의 1문자 입출력을 할 수 있습니다.
- fscanf() 함수 · fprintf() 함수를 사용해서 스트림의 서식 지정 입출력을 할 수 있습니다.
- fgets() 함수 · fputs() 함수를 사용해서 스트림의 1줄 입출력을 할 수 있습니다.
- fgetc() 함수 · fputc() 함수를 사용해서 스트림의 1문자 입출력을 할 수 있습니다.
- fopen() 함수 · fclose() 함수를 사용해서 파일의 열기 · 닫기를 할 수 있습니다.
- fread() 함수 · fwrite() 함수를 사용해서 지정한 데이터 크기의 입출력을 할 수 있습니다.
- fseek() 함수를 사용해서 파일 포지션을 이용할 수 있습니다.
- 커맨드라인 인수를 이용하면 프로그램에 문자열을 전달할 수 있습니다.
- 조건부 컴파일을 할 수 있습니다.
- 표준 매크로를 사용할 수 있습니다.

Lesson
12

이 장에서는 입출력과 디버그에 관한 기능을 배웠습니다. 화면이나 키보드를 통한 입출력과 파일의 읽고 쓰기를 이해했습니까? 파일 등을 이용하면 풍부하고 실용적인 프로그램을 작성할 수 있습니다. 입출력 함수의 서식은 이 책의 Appendix B에 소개한 일람표를 참고하기 바랍니다.

연습

1. 다음과 같이 화면에 3자릿수 간격으로 출력하는 코드를 작성하시오.

```
1   2   3   4   5
2   4   6   8  10
3   6   9  12  15
4   8  12  16  20
5  10  15  20  25
```

2. 1번과 같은 결과를 result.txt라는 파일로 출력하는 코드를 작성하시오.

3. 2번에서 결과를 출력하는 파일 이름을 커맨드라인으로부터 지정할 수 있도록 수정해서 작성하시오.

Appendix A

연습문제 해답

Lesson 1 첫걸음

1. (1) X　　　(2) O　　　(3) X　　　(4) X　　　(5) X

Lesson 2 C 언어의 기본

1. 이 코드는 문법상 오류가 없기 때문에 컴파일하고 실행할 수 있습니다. 그러나 매우 이해하기 어려운 코드입니다. 줄 바꿈이나 들여쓰기 등을 이용해서 다음과 같이 이해하기 쉬운 코드로 수정합니다.

```
#include <stdio.h>

int main(void)
{
    printf("안녕하세요. \n");
    printf("안녕히 계세요. \n");

    return 0;
}
```

2.

```
/* 문자와 수치의 출력 */
#include <stdio.h>

int main(void)
{
    printf("%c는 문자입니다. \n", 'A');
    printf("%d는 정수입니다. \n", 123);
    printf("%f는 소수입니다. \n", 10.5);

    return 0;
}
```

3.

```
#include <stdio.h>

int main(void)
{
    printf("%d\n", 123);
    printf("\\100 받았다.\n");
    printf("그럼, 내일 또 만나요.\n");

    return 0;
}
```

4.

```
#include <stdio.h>

int main(void)
{
    printf("1\t2\t3\n");

    return 0;
}
```

5.

● 8진수

```
#include <stdio.h>

int main(void)
{
    printf("%d\n", 06);
    printf("%d\n", 024);
    printf("%d\n", 015);

    return 0;
}
```

● 16진수

```c
#include <stdio.h>

int main(void)
{
    printf("%d\n", 0x6);
    printf("%d\n", 0x14);
    printf("%d\n", 0xD);

    return 0;
}
```

Lesson 3   변수

1.

```c
#include <stdio.h>

int main(void)
{
    int num;

    printf("당신은 몇 살입니까? \n");
    scanf("%d", &num);

    printf("당신은 %d살 입니다. \n", num);

    return 0;
}
```

2.

```c
#include <stdio.h>

int main(void)
{
```

○

```
    double pi;

    printf("원주율은? \n");
    scanf("%lf", &pi);

    printf("원주율은 %f입니다. \n", pi);

    return 0;
}
```

3.

```
#include <stdio.h>

int main(void)
{
    char ch;

    printf("알파벳의 첫 문자는 무엇입니까? \n");
    ch = getchar();

    printf("알파벳의 첫 문자는 %c입니다. \n", ch);

    return 0;
}
```

4.

```
#include <stdio.h>

int main(void)
{
    double height, weight;

    printf("키를 입력하세요. \n");
```

```
    scanf("%lf", &height);

    printf("몸무게를 입력하세요. \n");
    scanf("%lf", &weight);

    printf("키는 %f cm입니다. \n", height);
    printf("몸무게는 %f Kg입니다. \n", weight);

    return 0;
}
```

5.

```
#include <stdio.h>

int main(void)
{
    double height, weight;

    printf("키와 몸무게를 입력하세요. \n");

    scanf("%lf", &height);
    scanf("%lf", &weight);

    printf("키는 %f cm : 몸무게는 %f Kg입니다. \n", height, weight);

    return 0;
}
```

Lesson 4   식과 연산자

1.

```
#include <stdio.h>

int main(void)
{
    int ans1, ans4;
    double ans2, ans3, ans5;

    ans1 = 0-4;
    ans2 = 3.14*2;
    ans3 = 5.0/3.0;
    ans4 = 30%7;
    ans5 = (7+32)/5.0;

    printf("0-4는 %d입니다. \n", ans1);
    printf("3.14×2는 %f입니다. \n", ans2);
    printf("5÷3은 %f입니다. \n", ans3);
    printf("30÷7의 나머지는 %d입니다. \n", ans4);
    printf("(7+32)÷5는 %f입니다. \n", ans5);

    return 0;
}
```

2.

```
#include <stdio.h>

int main(void)
{
    int width;

    printf("정사각형의 변의 길이를 입력하세요. \n");
    scanf("%d", &width);
```

```
    printf("정사각형의 면적은 %d입니다. \n", width * width);

    return 0;
}
```

3.

```
#include <stdio.h>

int main(void)
{
    double height, width;

    printf("삼각형의 높이를 입력하세요. \n");
    scanf("%lf", &height);

    printf("삼각형의 밑변을 입력하세요. \n");
    scanf("%lf", &width);

    printf("삼각형의 넓이는 %f입니다. \n", height * width / 2);

    return 0;
}
```

4.

```
#include <stdio.h>

int main(void)
{
    int num;

    printf("정수를 입력하세요. \n");
    scanf("%d", &num);
```

○

```
    printf("부호를 반전하면 %d입니다. \n", -num);

    return 0;
}
```

5.

```
#include <stdio.h>

int main(void)
{
    int sum = 0;
    int num = 0;

    printf("과목 1의 점수를 입력하세요. \n");
    scanf("%d", &num);
    sum += num;

    printf("과목 2의 점수를 입력하세요. \n");
    scanf("%d", &num);
    sum += num;

    printf("과목 3의 점수를 입력하세요. \n");
    scanf("%d", &num);
    sum += num;

    printf("과목 4의 점수를 입력하세요. \n");
    scanf("%d", &num);
    sum += num;

    printf("과목 5의 점수를 입력하세요. \n");
    scanf("%d", &num);
    sum += num;
```

```
      printf("5 과목의 합계 점수는 %d점입니다. \n", sum);
      printf("5 과목의 평균 점수는 %f점입니다. \n", (double)sum/5);

      return 0;
}
```

Lesson 5 상황에 따른 처리

1.

```
#include <stdio.h>

int main(void)
{
    int res;

    printf("정수를 입력하세요. \n");
    scanf("%d", &res);

    if((res % 2) == 0)
        printf("%d는 짝수입니다. \n", res);
    else
        printf("%d는 홀수입니다. \n", res);


    return 0;
}
```

2.

```
#include <stdio.h>

int main(void)
{
    int num1, num2;                                          ❍
```

```
   printf("두 개의 정수를 입력하세요. \n");
   scanf("%d", &num1);
   scanf("%d", &num2);

   if (num1 < num2) {
      printf("%d보다 %d이 큰 값입니다. \n", num1, num2);
   }
   else if(num1 > num2) {
      printf("%d보다 %d이 큰 값입니다. \n", num2, num1);
   }
   else{
      printf("두 개의 수는 같은 값입니다. \n");
   }

   return 0;
}
```

3.

```
#include <stdio.h>

int main(void)
{
   int res;

   printf("0부터 10까지의 정수를 입력하세요. \n");
   scanf("%d", &res);

   if(res >= 0 && res <= 10){
      printf("정답입니다. \n");
   }
   else{
      printf("틀렸습니다. \n");
   }
   return 0;
}
```

APP
A

4.

```
#include <stdio.h>

int main(void)
{
   char res;

   printf("A~C까지의 정수를 입력하세요. \n");
   res = getchar();

   if(res == 'A' || res == 'B' || res == 'C'){
      printf("정답입니다. \n");
   }
   else{
      printf("틀렸습니다. \n");
   }
   return 0;
}
```

5.

```
#include <stdio.h>

int main(void)
{
   int res;

   printf("성적을 입력하세요.  \n");
   scanf("%d", &res);

   printf("성적은 %d입니다. \n", res);

   switch(res){
   case 1:
      printf("노력이 필요합니다. \n");
```

```
         break;
     case 2:
         printf("조금 더 노력하세요. \n");
         break;
     case 3:
         printf("잘 했습니다. \n");
         break;
     case 4:
         printf("매우 잘 했습니다. \n");
         break;
     case 5:
         printf("매우 우수합니다. \n");
         break;
     }

     return 0;
}
```

Lesson 6   반복

1.

```
#include <stdio.h>

int main(void)
{
    int i;

    printf("1~10 가운데 짝수를 출력합니다. \n");
    for(i=1; i<=10; i++){
        if((i % 2) == 0)
            printf("%d\n", i);
    }
    return 0;
}
```

2.

```c
#include <stdio.h>

int main(void)
{
    int num = 0;
    int sum = 0;

    printf("시험 점수를 입력하세요. (0이면 종료)\n");
    do{
        scanf("%d", &num);
        sum += num;
    }while(num);

    printf("시험 점수의 합계는 %d입니다. \n", sum);

    return 0;
}
```

3.

```c
#include <stdio.h>

int main(void)
{
    int i,j;

    for(i=1; i<=9; i++){
        for(j=1; j<=9; j++){
            printf("%d\t", i*j);
        }
        printf("\n");
    }

    return 0;
}
```

4.

```
#include <stdio.h>

int main(void)
{
    int i,j;

    for(i=1; i<=5; i++){
        for(j=0; j<i; j++){
            printf("*");
        }
        printf("\n");
    }

    return 0;
}
```

5.

```
#include <stdio.h>

int main(void)
{
    int num, i;

    printf("2 이상의 정수를 입력하세요. \n");
    scanf("%d", &num);

    for(i=2; i<=num; i++){
        if(i == num){
            printf("%d은 소수입니다. \n", num);
        }
        else if(num % i == 0){
            printf("%d은 소수가 아닙니다. \n", num);
            break;
```

```
      }
   }
   return 0;
}
```

Lesson 7   배열

1.

```
#include <stdio.h>
#define NUM 5

int main(void)
{
   int test[NUM];
   int max;
   int i, j;

   max = 0;

   printf("시험 점수를 입력하세요. \n");
   for(i=0; i<NUM; i++){
      scanf("%d", &test[i]);

      if(max < test[i])
         max = test[i];
   }

   for(j=0; j<NUM; j++){
      printf("%d번째 사람의 점수는 %d점입니다. \n", j+1, test[j]);
   }

   printf("최고 점수는 %d점입니다. \n", max);

   return 0;
}
```

2.

```c
#include <stdio.h>
#define NUM 5

int main(void)
{
    int test[NUM];
    int num;
    int i, j;

    num = 0;

    printf("시험 점수를 입력하세요. \n");
    for(i=0; i<NUM; i++){
        scanf("%d", &test[i]);

        if(test[i] >= 70){
            num++;
        }
    }

    for(j=0; j<NUM; j++){
        printf("%d번째 사람의 점수는 %d점입니다. \n", j+1, test[j]);
    }

    printf("70점 이상인 학생은 %d명입니다. \n", num);

    return 0;
}
```

3.

```c
#include <stdio.h>

int main(void)
```

```
{
    char str[100];
    int i, c;

    c = 0;

    printf("문자열을 입력하세요. \n");
    scanf("%s", str);

    for(i=0; str[i] != '\0'; i++){
        c++;
    }

    printf("문자열 크기는 %d입니다. \n", c);

    return 0;
}
```

4.

```
#include <stdio.h>

int main(void)
{
    char str[100];
    int i, c;

    printf("문자열을 입력하세요. \n");
    scanf("%s", str);

    c = 0;

    for(i=0; str[i] != '\0'; i++){
        if(str[i] == 'a'){
            c++;
```

```
        }
    }

    printf("%s 안에 a는 %d개 있습니다. \n", str, c);

    return 0;
}
```

5.

```
#include <stdio.h>

int main(void)
{
    char str[100];
    int i;

    printf("문자열을 입력하세요. \n");
    scanf("%s", str);

    for(i=0; str[i]!= '\0'; i++){
        if(str[i] == 'a'){
            str[i] = 'b';
        }
    }

    printf("%s로 치환했습니다. \n", str);

    return 0;
}
```

Lesson 8　함수

1.

```
#include <stdio.h>

/* min 함수 선언 */
int min(int x, int y);

int main(void)
{
    int num1, num2, ans;

    printf("1번째 정수를 입력하세요. \n");
    scanf("%d",&num1);

    printf("2번째 정수를 입력하세요. \n");
    scanf("%d",&num2);

    ans = min(num1, num2);

    printf("최소값은 %d입니다. \n", ans);

    return 0;
}

/* min 함수 정의 */
int min(int x, int y)
{
    if (x < y)
        return x;
    else
        return y;
}
```

2.

```c
#include <stdio.h>

/* square 함수 선언 */
int square(int x);

int main(void)
{
    int num, ans;

    printf("정수를 입력하세요. \n");
    scanf("%d", &num);

    ans = square(num);

    printf("%d의 2제곱은 %d입니다. \n", num, ans);

    return 0;
}

/* square 함수 정의 */
int square(int x)
{
    return x * x;
}
```

3.

```c
#include <stdio.h>

/* power 함수 선언 */
int power(int x, int y);

int main(void)
{
```

```
    int num1, num2, ans;

    printf("1번째 정수를 입력하세요(1~5). \n");
    scanf("%d",&num1);

    printf("2번째 정수를 입력하세요(1~5). \n");
    scanf("%d",&num2);

    ans = power(num1, num2);

    printf("%d의 %d제곱은 %d입니다. \n", num1, num2, ans);

    return 0;
}
/* power 함수 정의 */
int power(int x, int y)
{
    int i;
    int pow = 1;

    for(i=1; i<=y; i++){
        pow = pow * x;
    }
    return pow;
}
```

4.

```
#include <stdio.h>
#define SQUARE(x) (x * x)

int main(void)
{
    int num, ans;
```

```
    printf("정수를 입력하세요. \n");
    scanf("%d", &num);

    ans = SQUARE(num);

    printf("%d의 2제곱은 %d입니다. \n", num, ans);

    return 0;
}
```

5.

myfunc.h

```
/* power 함수 선언 */
int power(int x, int y);
```

myfunc.c

```
/* power 함수정의 */
int power(int x, int y)
{
    int i;
    int pow = 1;

    for(i=1; i<=y; i++){
        pow = pow * x;
    }
    return pow;
}
```

Sample.c

```c
#include <stdio.h>
#include "myfunc.h"

int main(void)
{
    int num1, num2, ans;

    printf("1번째 정수를 입력하세요(1~5). \n");
    scanf("%d",&num1);

    printf("2번째 정수를 입력하세요(1~5). \n");
    scanf("%d",&num2);

    ans = power(num1, num2);

    printf("%d의 %d제곱은 %d입니다. \n", num1, num2, ans);

    return 0;
}
```

Lesson 9 포인터

1. (1) X   (2) O   (3) X

2. (1) pA   (2) %p   (3) pA

3.

```c
#include <stdio.h>

/* add 함수의 선언 */
void add(int *x1, int *x2, int a);
```
           ○

```c
int main(void)
{
    int num1 = 0;
    int num2 = 0;
    int ad = 0;

    printf("두 과목의 점수를 입력하세요. \n");
    scanf("%d", &num1);
    scanf("%d", &num2);

    printf("더할 점수를 입력하세요. \n");
    scanf("%d", &ad);

    add(&num1, &num2, ad);

    printf("%d점을 더했기 때문에 \n", ad);
    printf("과목 1은 %d점이 되었습니다. \n", num1);
    printf("과목 2는 %d점이 되었습니다. \n", num2);

    return 0;
}

/* add 함수의 정의 */
void add(int *x1, int *x2, int a)
{
    *x1 += a;
    *x2 += a;
}
```

Lesson 10 　배열 · 포인터의 응용

1.

```c
#include <stdio.h>

/* length 함수의 선언 */
int length(char str[]);

int main(void)
{
   char str[100];
   int ans;

   printf("문자열을 입력하세요. \n");
   scanf("%s", str);

   ans = length(str);

   printf("문자열의 길이는 %d입니다. \n", ans);

   return 0;
}

/* length 함수의 정의 */
int length(char str[])
{
   int i, c;

   c = 0;

   for(i=0; str[i]!='\0'; i++){
      c++;
   }

   return c;
}
```

2.

```c
#include <stdio.h>

/* search 함수의 선언 */
int search(char str[]);

int main(void)
{
   char str[100];
   int ans;

   printf("문자열을 입력하세요. \n");
   scanf("%s", str);

   ans = search(str);

   printf("%s 안에 a는 %d개 있습니다. \n", str, ans);

   return 0;
}

/* search 함수의 정의 */
int search(char str[])
{
   int i, c;

   c = 0;

   for(i=0; str[i]!='\0'; i++){
      if(str[i] =='a'){
         c++;
      }
   }

   return c;
}
```

3.

```
#include <stdio.h>

/* compare 함수의 선언 */
int compare(char str1[], char str2[]);

int main(void)
{
   char str1[100];
   char str2[100];
   int ans;

   printf("1번째 문자열을 입력하세요. \n", str1);
   scanf("%s", str1);

   printf("2번째 문자열을 입력하세요. \n", str2);
   scanf("%s", str2);

   ans = compare(str1, str2);

   if(ans == 1){
      printf("2개의 문자열은 같습니다. \n");
   }
   else
   {
      printf("2개의 문자열은 다릅니다. \n");
   }
   return 0;
}

/* compare 함수의 정의 */
int compare(char str1[], char str2[])
{
   int i;

   for(i=0; str1[i] == str2[i]; i++){
```

```
        if(str1[i] =='\0'){
            return 1;
        }
    }
    return -1;
}
```

4.

1번 수정

```
#include <stdio.h>

/* length 함수의 선언 */
int length(char *str);

int main(void)
{
    char str[100];
    int ans;

    printf("문자열을 입력하세요. \n");
    scanf("%s", str);

    ans = length(str);

    printf("문자열의 길이는 %d입니다. \n", ans);

    return 0;
}

/* length 함수의 정의 */
int length(char *str)
{
    int c = 0;

    c = 0;
```

```
    while(*str){
       c++;
       str++;
    }

    return c;
}
```

2번 수정

```
#include <stdio.h>

/* search 함수의 선언 */
int search(char *str);

int main(void)
{
    char str[100];
    int ans;

    printf("문자열을 입력하세요. \n");
    scanf("%s", str);

    ans = search(str);

    printf("%s 안에 a는 %d개 있습니다. \n", str, ans);

    return 0;
}

/* search 함수의 정의 */
int search(char *str)
{
    int c = 0;
```

```
   while(*str){
      if(*str =='a'){
         c++;
      }
      str++;
   }

   return c;
}
```

3번 수정

```
#include <stdio.h>

/* compare 함수의 선언 */
int compare(char *str1, char *str2);

int main(void)
{
   char str1[100];
   char str2[100];
   int ans;

   printf("1번째 문자열을 입력하세요. \n", str1);
   scanf("%s", str1);

   printf("2번째 문자열을 입력하세요. \n", str2);
   scanf("%s", str2);

   ans = compare(str1, str2);

   if(ans == 1){
      printf("2개의 문자열은 같습니다. \n");
   }
```

```
    else
    {
        printf("2개의 문자열은 다릅니다. \n");
    }
    return 0;
}

/* compare 함수의 정의 */
int compare(char *str1, char *str2)
{
    while(*str1 == *str2){
        if(*str1 =='\0'){
            return 1;
        }
        str1++;
        str2++;
    }
    return -1;
}
```

5.

```
#include <stdio.h>
#include <ctype.h>

int main(void)
{
    char str[100];
    int i, j;

    printf("문자열을 입력하세요(영문). \n");
    scanf("%s", str);

    for(i=0; str[i]!= '\0'; i++){
        str[i] = toupper(str[i]);
```

```
    }
    printf("대문자로 변환하면 %s입니다. \n", str);

    for(j=0; str[j]!='\0'; j++){
        str[j] = tolower(str[j]);
    }

    printf("소문자로 변환하면 %s입니다. \n", str);

    return 0;
}
```

Lesson 11 여러 가지 형

1.

```
#include <stdio.h>

/* 구조체 형 struct Person의 선언 */
typedef struct Person{
    int age;
    double weight;
    double height;
}Person;

int main(void)
{
    Person prs1, prs2;

    printf("나이를 입력하세요. \n");
    scanf("%d", &prs1.age);

    printf("몸무게를 입력하세요. \n");
    scanf("%lf", &prs1.weight);
```

```
    printf("키를 입력하세요. \n");
    scanf("%lf", &prs1.height);

    printf("나이를 입력하세요. \n");
    scanf("%d", &prs2.age);

    printf("몸무게를 입력하세요. \n");
    scanf("%lf", &prs2.weight);

    printf("키를 입력하세요. \n");
    scanf("%lf", &prs2.height);

    printf("나이 %d 몸무게 %f 키 %f입니다. \n",
          prs1.age, prs1.weight, prs1.height);

    printf("나이 %d 몸무게 %f 키 %f입니다. \n",
          prs2.age, prs2.weight, prs2.height);

    return 0;
}
```

2.

```
#include <stdio.h>

/* 구조체 형 struct Person의 선언 */
typedef struct Person{
   int age;
   double weight;
   double height;
}Person;

int main(void)
{
```

```
    Person prs[2];
    int i, j;

    for(i=0; i<2; i++){
        printf("나이를 입력하세요. \n");
        scanf("%d", &prs[i].age);

        printf("몸무게를 입력하세요. \n");
        scanf("%lf", &prs[i].weight);

        printf("키를 입력하세요. \n");
        scanf("%lf", &prs[i].height);
    }

    for(j=0; j<2; j++){
        printf("나이 %d 몸무게 %f 키 %f입니다. \n",
                prs[j].age, prs[j].weight, prs[j].height);
    }
    return 0;
}
```

3.

```
#include <stdio.h>

/* 구조체 형 struct Person의 선언 */
typedef struct Person{
    int age;
    double weight;
    double height;
}Person;

/* aging 함수의 선언 */
void aging(Person *p);
```

```
int main(void)
{
   Person prs;

   printf("나이를 입력하세요. \n");
   scanf("%d", &prs.age);

   printf("몸무게를 입력하세요. \n");
   scanf("%lf", &prs.weight);

   printf("키를 입력하세요. \n");
   scanf("%lf", &prs.height);

   printf("나이 %d 몸무게 %f 키 %f입니다. \n",
       prs.age, prs.weight, prs.height);

   aging(&prs);

   printf("1년이 경과했습니다. \n");

   printf("나이 %d 몸무게 %f 키 %f입니다. \n",
       prs.age, prs.weight, prs.height);

   return 0;
}

/* aging 함수의 정의 */
void aging(Person* p)
{
   p->age++;
}
```

Lesson 12 파일 입출력

1.

```
#include <stdio.h>

int main(void)
{
    int i, j;

    for (i=1; i<=5; i++){
        for(j=1; j<=5; j++){
            printf("%3d", i*j);
        }
        printf("\n");
    }

    return 0;
}
```

2.

```
#include <stdio.h>

int main(void)
{
    FILE *fp;
    int i, j;

    fp = fopen("result.txt", "w");

    if(fp == NULL){
        printf("파일을 열 수 없습니다. \n");
        return 1;
    }
    else{
```

```
            printf("파일을 열었습니다. \n");
   }

   for (i=1; i<=5; i++){
      for(j=1; j<=5; j++){
         fprintf(fp, "%3d", i*j);
      }
      fprintf(fp, "\n");
   }

   fclose(fp);
   printf("파일을 닫았습니다. \n");

   return 0;
}
```

3.

```
#include <stdio.h>

int main(int argc, char* argv[])
{
   FILE *fp;
   int i, j;

   if(argc != 2){
      printf("매개 변수의 수가 다릅니다. \n");
      return 1;
   }

   fp = fopen(argv[1], "w");

   if(fp == NULL){
      printf("파일을 열 수 없습니다. \n");
      return 1;
```

```
   }
   else{
      printf("파일을 열었습니다. \n");
   }

   for (i=1; i<=5; i++){
      for(j=1; j<=5; j++){
         fprintf(fp, "%3d", i*j);
      }
      fprintf(fp, "\n");
   }

   fclose(fp);
   printf("파일을 닫았습니다. \n");

   return 0;
}
```

Appendix

B

Quick Reference

표준 라이브러리 함수

〈stdio.h〉

반환 값	함수	처리 내용
int	printf(const char *format, …)	표준출력으로 서식지정해서 출력
int	scanf(const char *format, …)	표준입력으로부터 서식지정해서 입력
int	scanf_s(const char *restrict format, ...)	표준입력으로부터 서식지정해서 입력
int	putchar(int ch)	표준출력으로 1문자 출력
int	getchar(void)	표준입력으로부터 1문자 입력
int	puts(const char *str)	표준출력을 1줄 출력
char *	gets_s(char *str, rsize_t n)	표준입력으로부터 1줄 입력
FILE *	fopen(const char *filename, const char *mode)	파일 열기
errno_t	fopen_s(FILE *restrict fp, const char *restrict file-name, const char *restrict mode)	파일 열기
FILE *	fclose(FILE *fp)	파일 닫기
int	fprintf(FILE *fp, const char* format, …)	스트림으로 서식지정해서 출력
int	fscanf(FILE *fp, const char* format, …)	스트림으로부터 서식지정해서 입력
int	sfprintf(char*s, const char* format, …)	문자열로 서식지정해서 출력
int	sscanf(char*s, const char* format, …)	문자열로부터 서식지정해서 입력
int	sscanf_s(const char *restrict str, *restrict format, ...)	문자열로부터 서식지정해서 입력
int	fputc(int ch, FILE *fp)	스트림으로 1문자 출력
int	fgetc(FILE *fp)	스트림으로부터 1문자 입력
int	fputs(const char* str, FILE *fp)	스트림으로 1줄 출력
char *	fgets(char *string, int n, FILE *fp)	스트림으로부터 1줄 입력
size_t	fwrite(const void p, size_t size, size_t n, FILE * fp)	스트림으로 지정 크기의 요소를 출력
size_t	fread(void p, size_t size, size_t n, FILE * fp)	스트림으로부터 지정 크기의 요소를 입력
int	fseek(FILE * fp, long offset, int orgin)	파일 포지션 설정
long	ftell(FILE *fp)	파일 포지션 반환
int	feof(FILE *fp)	파일 마지막에서 참을 반환
int	ferror(FILE *fp)	에러가 발생하면 참을 반환
int	remove(const char* filename)	파일 삭제
int	rename(const char* oldname, const char*newname)	파일 이름 변경

〈string.h〉

반환 값	함수	처리 내용
size_t	strlen(const char *str)	문자열 길이를 반환
char *	strcpy(char *str1, const char *str2)	str1의 영역으로 문자열 str2를 복사
errno_t	strcpy_s(char *restrict str1, rsize_t n, const char *restrict str2)	str1의 영역으로 문자열 str2를 복사
char *	strncpy(char *str1, const char *str2, int n)	str1의 영역으로 문자열 str2를 최대 n문자 복사
char *	strstr(const char str1, const char *str2)	문자열 str1 안에서 문자열 str2와 일치하는 최초의 위치 포인터를 반환
char *	strchr(const char *str, int ch)	문자열 안에 문자가 있으면 그 최초의 문자 위치 포인터를 반환
char *	strrchr(const char *str, int ch)	문자열 안에 문자가 있으면 그 마지막의 문자 위치 포인터
char *	strcat(char *str1, const char *str2)	문자열 str1에 문자열 str2를 연결
errno_t	strcat_s(char *restrict str1, rsize_t n, const char *restrict str2)	문자열 str1에 문자열 str2를 연결
char *	strncat(char *str1, const char *str2, int n)	문자열 str1에 문자열 str2를 최대 n문자 연결
int	strcmp(const char *str1, const char *str2)	문자열 str1이 문자열 str2보다 작으면 0보다 작은 수, 크면 0보다 큰 수, 같으면 0을 반환
int	strncmp(const char *str1, const char *str2, int n)	n문자 번째까지에 대해서 문자열 str1이 문자열 str2보다 작으면 0보다 작은 수, 크면 0보다 큰 수, 같으면 0을 반환

〈stdlib.h〉

반환 값	함수	처리 내용
int	abs(int num)	절대값 반환
long	labs(long num)	절대값 반환
int	atoi(const char *str)	문자열을 정수로 변환
double	atof(const char* str)	문자열을 부동소수점수로 변환
long	atol(const char *str)	문자열을 long으로 변환
int	rand(void)	난수를 반환
void	srand(unsigned seed)	난수열을 초기화
void	abort(void)	프로그램 종료

APP
B

반환 값	함수	처리 내용
void	exit(int status)	프로그램을 정상적으로 종료
void *	malloc(size_t size)	지정 크기의 요소를 취급할 수 있는 메모리 포인터를 반환
void *	calloc(size_t n, size_t size)	지정 크기의 요소(0으로 초기화)를 취급할 수 있는 메모리 포인터를 반환
void *	realloc(void *p, size_t size)	메모리를 재 할당
void	free(void *p)	메모리 해제

〈ctype.h〉

반환 값	함수	처리 내용
int	isalnum(int ch)	문자가 알파벳이나 숫자이면 참을 반환
int	isalpha(int ch)	문자가 알파벳이면 참을 반환
int	iscntrl(int ch)	문자가 제어 문자이면 참을 반환
int	isdigit(int ch)	문자가 수치이면 참을 반환
int	isgraph(int ch)	문자가 스페이스 이외의 인쇄 가능한 문자이면 참을 반환
int	islower(int ch)	문자가 소문자이면 참을 반환
int	isprint(int ch)	문자가 인쇄 가능한 문자이면 참을 반환
int	ispunct(int ch)	문자가 구두점 문자이면 참을 반환
int	isspace(int ch)	문자가 공백 문자이면 참을 반환
int	isupper(int ch)	문자가 대문자이면 참을 반환
int	tolower(int ch)	문자이면 소문자를 반환
int	toupper(int ch)	문자이면 대문자를 반환

⟨math.h⟩

반환 값	함수	처리 내용
double	cos(double arg)	코사인을 반환
double	sin(double arg)	사인을 반환
double	tan(double arg)	탄젠트를 반환
double	acos(double arg)	아크 코사인을 반환
double	asin(double arg)	아크 사인을 반환
double	atan(double arg)	아크 탄젠트를 반환
double	cosh(double arg)	쌍곡선 코사인을 반환
double	sinh(double arg)	쌍곡선 사인을 반환
double	tanh(double arg)	쌍곡선 탄젠트를 반환
double	ceil(double num)	수치보다 큰 가장 작은 정수를 반환
double	floor(double num)	수치보다 작은 가장 큰 정수를 반환
double	fabs(double num)	절대 값을 반환
double	pow(double base, double exp)	거듭제곱을 반환
double	sqrt(double num)	제곱근을 반환
double	long(double num)	자연로그를 반환
double	ext(double arg)	지수함수 earg을 반환

〈time.h〉

반환 값	함수	처리 내용
time_t	time(time_t *tp)	현재 시간을 반환
struct tm *	localtime(const time_t *time)	시간을 날짜 · 시간 · 분…의 지역시간을 나타내는 구조체로 변환
struct tm *	gmtime(const time_t *time)	시간을 날짜 · 시간 · 분…의 표준시간을 나타내는 구조체로 변환
char *	ctime(const time_t *time)	시간을 문자열로 변환
char *	asctime(const struct tm *p)	날짜 · 시간 · 분…을 나타내는 구조체를 문자열로 변환
double	difftime(time_t time2, time_time1)	time2–time1을 초 단위로 반환

Index

● ● ㅎ ● ●

그림으로 배우는 C Programming 2nd Edition

1판 1쇄 발행	2021년 11월 5일
1판 2쇄 발행	2023년 1월 5일

저 자	다카하시 마나
역 자	서재원
발 행 인	김길수
발 행 처	(주)영진닷컴
주 소	(우)08591 서울특별시 금천구 가산디지털1로 128
	STX-V타워 4층 401호

등 록	2007. 4. 27. 제16-4189호

© 2021. (주)영진닷컴

ISBN 978-89-314-6584-6